Comunicação empresarial

COLEÇÃO **FGV** UNIVERSITÁRIA

Comunicação empresarial

ELISABETH SILVEIRA
MARY MURASHIMA

EDITORA
IDE
• online

Direitos desta edição reservados à
EDITORA FGV
Rua Jornalista Orlando Dantas, 37
22231-010 | Rio de Janeiro, RJ | Brasil
Tels.: 0800-021-7777 | 21-3799-4427
Fax: 21-3799-4430
editora@fgv.br | pedidoseditora@fgv.br
www.fgv.br/editora

Impresso no Brasil | *Printed in Brazil*

Os conceitos emitidos neste livro são de inteira responsabilidade das autoras.

1ª edição — 2011
1ª reimpressão — 2012

Preparação de originais: Mary Murashima
Editoração eletrônica: FGV Online
Revisão: Andréa Teixeira, Milena Moraes e Sandra Frank
Capa: aspecto:design

Ficha catalográfica elaborada pela
Biblioteca Mario Henrique Simonsen

Silveira, Elisabeth
    Comunicação empresarial / Elisabeth Silveira, Mary Murashima. — Rio de Janeiro: Editora FGV, 2011.
    520p. — (Coleção FGV Universitária)

    Acompanhado de CD de exercícios.
    Inclui bibliografia.
    ISBN: 978-85-225-0927-0

    1. Comunicação empresarial. 2. Redação técnica. 3. Língua portuguesa — Português escrito. 4. Língua portuguesa — Português técnico. 5. Língua portuguesa — Gramática. I. Murashima, Mary. II. Fundação Getulio Vargas. III. Título. IV. Série.

                           CDD — 808.0666

SUMÁRIO

Prefácio

O livro *Comunicação empresarial*, escrito pelas professoras Elisabeth Silveira e Mary Murashima, ambas com larga experiência no ensino superior, vem preencher uma lacuna na bibliografia existente para a disciplina comunicação empresarial em cursos de administração, economia e ciências contábeis.

No mundo dos negócios, duas formas de linguagem são bastante utilizadas: a textual e a matemática. Com este segundo livro da coleção FGV Universitária, temos a oportunidade de nos aprofundar no estudo do texto, o que corroborará a melhor compreensão da linguagem matemática, desenvolvida no primeiro livro da série, pelo professor Eduardo Wagner.

Como docente da área quantitativa, muitas vezes deparei com alunos que não conseguiam responder problemas matemáticos por não entenderem o que lhes era perguntado. Portanto, por mais paradoxal que possa parecer, um bom gestor deve dominar, com destreza, as duas formas de linguagem.

Comunicação empresarial diferencia-se dos demais livros da área por apresentar seu conteúdo dando ênfase ao texto aplicado e, a partir dele, descrever as regras gramaticais e ortográficas.

Acredito, portanto, que este texto passará a ser referência para todos os cursos da área de negócios, por cativar o aluno ao aliar teoria e prática.

Gerson Lachtermacher
Superintendente do Programa de Certificação de Qualidade (IDE/ FGV)
Professor associado (UFRJ); professor adjunto (Uerj)

Apresentação

Apesar de tudo o que se vem discutindo – exaustivamente e há bastante tempo – acerca da produção escrita em língua portuguesa, de forma geral, na escola, as atividades de redação se restringem ao ensino da gramática. Esse enfoque se baseia no ensino da terminologia gramatical, e não no uso efetivo da língua em situações concretas de comunicação, prática que tem um fim em si mesma e não é capaz de levar ninguém a melhorar seu desempenho linguístico no plano da escrita ou no da oralidade.

A proposta que defendemos para o *Comunicação empresarial*, material que teve sua origem nas Publicações FGV Online – com pequenas alterações –, é trabalhar redação e gramática em uma perspectiva mais ampla, na dimensão do funcionamento textual-discursivo dos elementos da língua. Uma proposta que, conforme acreditamos, certamente, vai nos fazer encontrar nosso lugar, como proficientes leitores e produtores de textos em nossa sociedade.

Nesse sentido, iremos refletir sobre o funcionamento da língua por meio de textos, em situações concretas de interação comunicativa. Buscamos, dessa forma, aperfeiçoar o desempenho linguístico com o exercício tanto das práticas de leitura e de interpretação de textos quanto da compreensão da funcionalidade dos elementos da língua.

As autoras

Módulo I – Ato comunicativo

Módulo I – Ato comunicativo

Neste módulo, avaliaremos a importância da linguagem como garantia de nossa capacidade de comunicação, ou seja, de compartilhar sentidos no dia a dia como agentes sociais. Analisaremos, ainda, os elementos que condicionam os processos de produção e de recepção de textos, bem como a eficácia dos processos de comunicação.

Para compreendermos como se dá o compartilhamento de sentidos entre nós e nossos interlocutores, discutiremos, também, a natureza do conhecimento e das informações que são arquivadas em nossa memória. Trabalharemos, ainda, as noções de variedade e unidade linguística, bem como as implicações entre língua e gramática.

Por fim, apresentaremos as causas mais comuns da ineficácia dos processos de comunicação.

Linguagem e comunicação

Quantas pessoas sabem, hoje, de onde vem nossa letra M? Observemos, então, o esquema cronológico que consta do quadro apresentado a seguir:

Quadro 1
ORIGENS DA LETRA M

Grafes	Nomes e valores	Épocas	Locais
M	Letra eme – com som de /m/	Atualidade	Vários países do mundo
M	Letra mü – com som de /m/	VI séc. a.C.	Roma
M	Letra em – com som de /m/	776 a.C.	Grécia
ᵛᒉ	Letra mēm – com som de /m/ e significação de "água"	2000 a.C.	Fenícia
ᴧᴧ	Hieróglifo para "água"	3000 a.C.	Egito

É fácil notar como o traçado do hieróglifo egípcio tenta reproduzir, de forma estilizada, o ondulado da água, não? Isso se deve ao fato de os primeiros sistemas de escrita do homem, que surgiram por volta de 3000 a.C., terem sido ideológicos ou ideográficos, ou seja, por meio deles, o pensamento era representado na forma de imagens, tal qual a escrita hieroglífica dos antigos egípcios.

Em seguida, por volta de 2000 a.C., pela maior estilização dos hieróglifos, surgiram as escritas semíticas segmentais, uma escrita consonantal (sem representação de vogais). O semítico é um dos ramos do afro-asiático, que é também a origem de línguas como o árabe e o hebraico.

O alfabeto grego, como o conhecemos hoje, tem origem na escrita fenícia, que é uma escrita semítica ocidental ou cananeia,[1] o que se comprova por meio de comparação entre os nomes, as formas e a ordem das letras no alfabeto grego.

Os gregos efetuaram alterações e acréscimos na escrita consonantal adotada, contudo, a mais significativa mudança talvez tenha sido a substituição dos sons que lhes eram estranhos na língua fenícia por sons vocálicos, que não eram representados nessa escrita, atribuindo, assim, valores diferentes para alguns grafes, mas conservando a ordem das letras no alfabeto e uma nomenclatura semelhante à das letras semíticas.

Outra importante alteração efetuada pelos gregos diz respeito à direção da escrita, que, para os semíticos, era feita da direita para a esquerda (←). Como é fisicamente mais natural para os destros, a escrita grega passou a ser feita da esquerda para a direita (→), contudo, antes disso, eles começaram adotando o mesmo sentido de escrita dos fenícios e, depois, passaram a traçar cada linha, seguindo uma direção diferente: a primeira, da direita para a esquerda (←); a segunda, da esquerda para a direita (→) e assim por diante, exatamente como o movimento do boi, conduzindo o arado pelos campos, evitando movimentos bruscos de uma linha para outra – *boustrophedôn* (a "volta do boi", em grego) –, e, por conta disso, tal escrita ficou conhecida como bustrofedônica. Portanto, foram os gregos que transformaram a escrita fenícia segmental em alfabética.

O alfabeto latino – do qual deriva o alfabeto utilizado não só na língua portuguesa como também em várias outras línguas ocidentais – tem origem em um alfabeto grego do tipo ocidental – o calcídico de Cumas –, utilizado na Itália meridional.

Quanto à origem grega do alfabeto latino, ninguém discute. É um fato assentado, cuja evidência não comporta contestação. Entretanto, como receberam os romanos esse alfabeto é, ainda hoje, objeto de discussão. Alguns dão-no como recebido diretamente dos gregos; outros, por intermédio dos etruscos.

---

[1] A escrita semítica também conheceu um ramo oriental ou aramaico, em que se incluem o árabe e o hebraico. Tal escrita se caracteriza pela degeneração extrema dos grafes presentes na escrita cananeia ou ocidental, adotada pelos fenícios e, por muito tempo, até pelos judeus, que a utilizaram até 300 a.C., quando, então, foi substituída pela escrita aramaica.

A data exata da introdução da escrita em Roma, como é natural, não é conhecida com certeza absoluta. A fíbula de Preneste e o vaso de Duenos, dos fins do século VII ou princípios do século VI a.C.; o cipo encontrado no Fórum em 1899, talvez do século VI a.C., são os primeiros documentos históricos da escrita. Por isso, alguns autores julgam ter sido introduzida a escrita em Roma desde o VIII século. Foi assim que tudo começou...

Da Antiguidade para cá, muita coisa mudou, mas as características fundamentais da linguagem e do processo comunicativo continuam as mesmas. Isso significa dizer que, mesmo quando não proferimos uma palavra sequer, estamos fazendo uso da linguagem. Quando falamos, quando lemos, quando escutamos, seja no trabalho, no ócio, na vigília ou no sono, estamos fazendo uso da linguagem.

Além disso, por ser conatural ao homem, a linguagem não é apenas mais uma dentre as muitas capacidades humanas. Ela é a única responsável por nos tornarmos aquilo que verdadeiramente somos como homens.

E mais ainda. Observemos as instruções a seguir:

> O peão só pode ser movido para frente e no sentido vertical. O bispo só pode ser movido na diagonal. O rei só pode ser movido uma casa por lance... Xeque-mate!

Da mesma forma que o xadrez, a linguagem é um jogo. Quando fazemos uso da linguagem, condicionamo-nos a uma série de regras previamente determinadas. São essas regras que garantem o processo de comunicação.

Comunicar, contudo, não é apenas veicular informações. Comunicamo-nos para nos fazer conhecidos, para exercermos poder, para sermos respeitados. O poder da palavra – que se concentra em nossos atos de linguagem – concretiza, pois, nossa autoridade. Ninguém, nenhuma instituição, nada sobrevive sem comunicação.

Quando falamos ou ouvimos, quando lemos ou escrevemos, muito mais do que decifrar e transcrever signos linguísticos, construímos sentidos, que são compartilhados no processo comunicativo entre agentes sociais, a partir do conhecimento que adquirimos ao longo de nossa história de vida. E esse processo difere, substancialmente, daquele que situa a nós e a nosso interlocutor como sujeitos que trocam – de forma isolada e solitária – mensagens ao longo de um canal de comunicação. Dessa forma, por construir sentidos, o processo de comunicação envolve controle, negociação e compreensão.

Nesse processo, a relação entre como falamos ou escrevemos e o que, realmente, falamos ou escrevemos reflete nossa intenção comunicativa, que nada mais é que sentir necessidade de expressar alguma coisa – motivação –; ter um objetivo – finalidade – e selecionar a forma mais adequada para fazer o que desejamos – realização.

Para além dessas características, o sucesso de nossas relações de trabalho, de nossas relações afetivas e familiares depende, essencialmente, da eficácia de nossa comunicação. E essa eficácia depende da organização de nossas ideias; de nossa habilidade de utilizar a língua; de nossa disposição para nos fazer entender; de nossa espontaneidade ao falar ou escrever.

Entretanto, não sabemos, ao certo, como se processa o fluxo de informações entre o texto que produzimos – seja ele oral ou escrito – e nosso interlocutor.

Sabemos, porém, que, ao nos ouvir e ao ler o que escrevemos, nosso interlocutor transporta para nossa fala e para nossa escrita o conhecimento que ele possui sobre o assunto de que estamos tratando. Ou seja, o sentido de um texto não está no texto nem na mente de nosso interlocutor: ele se concretiza por meio do processo de interação que se dá entre nós e nosso interlocutor por meio do texto.

Da parte de nosso interlocutor, alguns fatores também são decisivos para o sucesso do ato comunicativo: experiência suficiente para compreender nossa intenção comunicativa; habilidade no uso da língua; imaginação para romper a assimetria de conhecimentos e atenção para não se dispersar.

Contudo, não é sempre assim que o ato comunicativo acontece. Problemas de comunicação não são raros. Embora seja por meio da comunicação que procuramos compreender e nos fazer compreendidos, ninguém é obrigado a adivinhar quais são nossas intenções. Muitas vezes, temos certeza de que fomos claros e não nos preocupamos com o que nosso interlocutor apreendeu – de fato – daquilo que lhe comunicamos.

Desse modo, como comunicar significa interagir, compartilhar sentidos comuns para obter as respostas que desejamos do outro, a ausência de respostas – ou respostas que não esperávamos – significa que nossa comunicação não foi eficaz, ou seja, que não conseguimos compartilhar, com nosso interlocutor, os sentidos que construímos em nosso texto, como exemplifica a figura apresentada a seguir:

Figura 1
ATO COMUNICATIVO

A eficácia de um processo comunicativo também depende da adequação de nossa fala e de nossa escrita ao contexto social em que elas se inserem. Essa adequação requer que estejamos conscientes de que a eficácia de nossa comunicação depende dos papéis sociais que desempenhamos. Esses papéis são distintos, já que são marcas do ser social que somos – marcas de classe, gênero e escolaridade, que delimitam o espaço que ocupamos nas relações de poder com as quais nos defrontamos nos processos comunicativos.

Assim, produzir textos adequadamente – sejam eles falados ou escritos – implica ter clareza de nossos papéis sociais. Consequentemente, implica a consciência das relações de poder embutidas em um texto. Vivemos em um tempo em que a tecnologia diminui distâncias, e o poder estabelece novas moedas de troca – o domínio da informação. Vale dizer, portanto, que receber, selecionar, processar, deter e transmitir informações são ações que passaram a ser somadas ao valor de nossas experiências e de nossos conhecimentos.

É na construção de sentidos que dominamos a informação. Logo, não basta que nossos interlocutores decodifiquem os sinais que lhes enviamos. Ao construir sentidos, devemos assegurar a nossos interlocutores as condições necessárias para que eles possam reconhecer nossa intenção comunicativa.

Por outro lado, cabe a nosso interlocutor estabelecer relações de modo a compartilhar os sentidos, com os quais modelamos nosso texto. E, se, para compartilhar sentidos, precisamos conhecer, é na memória que registramos o conhecimento que adquirimos ao longo de nossa história de vida.

Para registrar informações na memória, três elementos são fundamentais: concentração, observação e atenção. Desenvolver essas três habilidades, consequentemente, significa desenvolver nossa memória, o que implica melhor desempenho no processo comunicativo.

Mais ainda: como o conhecimento advém de nossa história de vida, ele é próprio de cada um de nós, ou seja, é individual. Logo, os conhecimentos que são veiculados em um processo de comunicação são assimétricos. É justamente essa assimetria que configura as relações de poder que impactam, negativamente, os processos de interação e troca, próprios da comunicação.

Identificar relações de poder, portanto, é determinante da compreensão de como os sentidos são compartilhados entre nós e nossos interlocutores. Somente dessa forma nos tornamos capazes de transformar a comunicação em um legítimo processo de troca de conhecimentos e interação.

Percebemos, portanto, que a troca de conhecimentos – ou seja, uma troca de sentidos – concretiza-se por meio dos códigos, e, onde existe conhecimento, existe poder. Não se trata, pois, de falar do poder como se ele fosse único. Da mesma forma que as diferenças individuais, o poder é plural e se encontra em toda parte, inclusive na comunicação.

Cabe lembrar, ainda, que, embora a língua seja o principal código por nós utilizado, podemos empregar outros bastante eloquentes – como cores, formas ou movimentos – para estabelecer comunicação. E, como cada código demanda uma interpretação específica, disso depende o resgate dos sentidos impressos em cada informação.

Contrato social *versus* escolha individual

Asseguramos a inteligibilidade de um texto por meio da construção de seus sentidos, ou seja, pela utilização de códigos.

Vejamos alguns exemplos de códigos utilizados em diferentes países:

- Brasil – *casa*
- China – *fangzi*
- Rússia – *dom*
- Israel – *bait*
- Grécia – *oikía*
- Alemanha – *haus*
- França – *maison*
- Estados Unidos – *house*

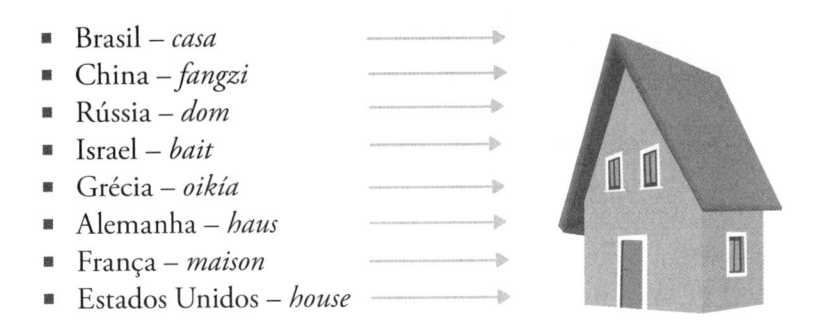

Os códigos são sistemas convencionais utilizados pelos membros de uma determinada comunidade. Como código, a língua equivale a um conjunto de signos utilizado por seus falantes para dar conta de suas necessidades comunicativas. Assim, por ser convencional, a língua – como código – equivale a um contrato estabelecido pelo grupo de falantes que a utiliza e, como as regras de um código linguístico são as mesmas para todos os membros de uma determinada comunidade, a língua é um patrimônio social.

A língua, como contrato social, é uma unidade linguística. Entretanto, essa unidade é quebrada de acordo com a utilização de cada um de nós, falantes da língua. Dessa forma, ela é capaz de abarcar inúmeras possibilidades de realização individual. Quando selecionamos certas palavras ou construções, estamos imprimindo, na língua, nossas marcas individuais.

Contudo, as variações linguísticas são bem mais abrangentes do que essas manifestações individuais. A língua portuguesa, que falamos no Brasil, por exemplo, é exatamente a mesma língua portuguesa que é falada em Portugal? em Angola? em Moçambique e em Cabo Verde? na Guiné-Bissau, em São Tomé e Príncipe? em algumas regiões da Ásia e da Oceania?

As línguas apresentam variações relacionadas a sua utilização em determinados espaços geográficos. Essas variações constituem os falares regionais – no caso das variações mais sutis em relação à língua-padrão – e os dialetos – em se tratando de variações de maior abrangência.

E aqui no Brasil? Cariocas, mineiros, baianos, paulistas e gaúchos expressam-se da mesma forma? Vamos observar os exemplos apresentados a seguir, que mostram terminologias diferentes empregadas para expressar uma mesma ideia em diferentes estados do Brasil:

- Acre, Amapá, Amazonas, Pará, Rondônia e Roraima – laranja-cravo;
- Alagoas, Bahia, Ceará, Maranhão, Paraíba, Pernambuco, Piauí, Rio Grande do Norte e Sergipe – mexerica;
- Distrito Federal, Goiás, Mato Grosso, Mato Grosso do Sul e Tocantins – poncã ou murcote;
- Espírito Santo, Minas Gerais e Rio de Janeiro – tangerina;
- Paraná, Rio Grande do Sul e Santa Catarina – bergamota;
- São Paulo – tangerina ou mandarino.

Cada país, cada região geográfica, cada grupo social, cada um de nós imprime marcas próprias na língua portuguesa, fazendo dela derivar um conjunto muito rico de variedades linguísticas, que ampliam e enriquecem o conceito de unidade linguística – nunca o depreciam. Dessa forma, nenhuma dessas variedades deve ser alvo de preconceito, de desvalorização, visto que a espontaneidade de expressão e a valorização das raízes regionais amplificam o potencial expressivo de todas as línguas.

Além disso, como espelho da realidade sociocultural, a língua reproduz as mesmas diferenças sociais da comunidade que a utiliza. Dessa forma, de grupos fechados se originam variações da língua. Algumas dessas variedades – conhecidas como gírias – são marcadas por sua fluidez, por sua constante modificação. Como exemplos, temos: "Irado!"; "Ninguém merece!"; "Show de bola!"; "Demorô!"; "Sinistro!".

Das variações socioculturais, derivam duas modalidades da língua: a variedade culta ou língua-padrão, que é a variedade linguística de maior prestígio social, e a variedade popular ou registro vulgar, que corresponde a todas as variedades linguísticas diferentes da língua padrão e, por isso, estigmatizadas. Nesse sentido, vale dizer que a língua utilizada por pessoas escolarizadas é diferente da usada por aqueles que foram privados da escola, já que falta aos sujeitos não letrados o domínio das regras que caracterizam a língua padrão. Obviamente, contudo, não cabe aqui nenhum tipo de discriminação ao falar que lhes é próprio.

Por outro lado, quando exercemos nossas atividades profissionais, acabamos também criando variedades de língua. A essa variedade chamamos "jargão". Sem dúvida, os jargões criam estranhamentos aos que não estão inseridos na mesma prática profissional. Assim, médicos aterrorizam seus pacientes com "gastroduodenopancreatomias";[2] profissionais de informática censuram incautos usuários porque o HD perdeu a "trilha zero";[3] advogados alegam a seus clientes que a *solutio repetere non potest*[4] e até professores de português rabiscam em suas correções que o mau uso dos "dêiticos" prejudicou a "coesão referencial" do período.

É certo, porém, que os jargões reforçam a identidade de um determinado grupo profissional e, por meio de um vocabulário próprio, facilitam o entendimento das informações específicas de quem se inicia em uma determinada comunidade de trabalho. Para evitarmos problemas de comunicação, portanto, precisamos, sempre, saber, exatamente, a quem estamo-nos dirigindo e por que estamos fazendo isso. Só essa clareza nos possibilitará adequar nosso discurso a como dizer o que deve ser dito. Portanto, todo o cuidado é pouco: quando usado nas comunicações externas, o jargão pode-se tornar um forte mecanismo de exclusão.

Como vemos, a língua – organismo vivo e socialmente condicionado –, como contrato social, só existe a partir de nós, falantes. E, como tal, ela é um patrimônio cultural da comunidade em que é falada e pode estabelecer com seus falantes três tipos de vínculos:

- língua como representação do pensamento – o texto é considerado um produto do pensamento do autor, cabendo ao interlocutor apenas, passivamente, captar os sentidos nele impressos;
- língua como estrutura – o texto é considerado um produto codificado pelo autor e encaminhado ao interlocutor para decodificação;
- língua como lugar de interação – o texto valoriza a posição ativa de autores e interlocutores na criação e no compartilhamento de sentidos, sem os quais não haveria comunicação.

A língua, como lugar de interação, encontra seu equilíbrio entre o sujeito – autor e interlocutor – e o sistema linguístico. Esse equilíbrio se dá via intermediação da produção social, o que assegura a eficácia do ato comunicativo.

---

[2] Cirurgia que pressupõe a retirada de parte do estômago, do intestino delgado e do pâncreas.

[3] Área do disco rígido – organizado em trilhas e setores – que guarda informações vitais sobre o funcionamento da máquina.

[4] Expressão latina utilizada em direito, que significa que o pagamento não pode ser repetido.

Por fim, é bom lembrar que línguas existiram e não existem mais, e, embora delas encontremos vestígios, ninguém mais as fala. O maior império da Antiguidade tem como marco a lendária fundação, pelos gêmeos Rômulo e Remo, em 753 a.C., de Roma, que se torna o centro político do império. Sua queda, em 476, marca o começo da Idade Média. Entre seus legados, está a língua latina, que dá origem a várias línguas contemporâneas, como o português, o italiano e o francês.

Em latim, a interação entre os níveis morfológico e sintático da língua é muito maior do que em português. O final dos nomes varia não apenas em gênero e número, como também de acordo com as funções sintáticas que essas palavras desempenham na frase. Parece complicado, não? E é. Contudo, apesar de o latim ser a língua-mãe do português, entre elas se abre não só uma profunda fenda de tempo, como de cultura e valores gramaticais, pois, como organismos vivos, as línguas nascem, crescem, transformam-se e também morrem.

Em qualquer tempo e lugar, entretanto, a criança que comunica à mãe – por meio das palavras – que tem sede, sabe a língua que fala, da mesma forma que um analfabeto que se faz entender ao comprar algo em uma loja.

Toda língua possui uma gramática interna que a sustenta, como uma espécie de esqueleto, e todos nós utilizamos, inconscientemente, essa gramática interna da língua da qual somos falantes nativos.

Contudo, ao lado dessa gramática natural, existe uma gramática normativa, em que estão descritas as regras de utilização de uma língua, que visa à descrição e – acima de tudo – à conservação de modelos de bem-falar e bem-escrever segundo as prescrições do uso oficial acadêmico da comunidade de falantes de uma determinada língua. Essa é a gramática que aprendemos na escola, ainda que, não necessariamente, a que usamos na vida, como acabamos de ver.

Comunicação com textos técnicos

A eficácia de um texto técnico depende, antes de mais nada, do grau de distorções nele presente. A escrita técnica é, eminentemente, um processo de comunicação de informações técnicas, enquanto a escrita literária apresenta outras marcas.

Entre as principais marcas de um texto literário estão a conotação e a presença de figuras de linguagem. A conotação impregna as palavras de novos sentidos e revela a potencialidade de as palavras se enriquecerem com novos sentidos para além de seu sentido literal, como reflexo de atitudes subjetivas de quem as diz, lê ou ouve. As palavras, expressões ou frases podem tornar-se plurissignificativas, sendo essa potencialidade uma das marcas dos textos literários. As figuras de linguagem, por sua vez, exploram nossas emoções, via utilização do sentido conotativo ou figurado, de modo a tornar o discurso mais expressivo.

Os textos técnicos, por outro lado, são denotativos, caracterizamse pela objetividade e são comumente divididos em:

- administrativos – textos que registram e divulgam informações relacionadas ao negócio da empresa;
- didáticos – textos que disponibilizam conhecimentos legitimados socialmente;
- manuais – textos que descrevem funcionalidades e procedimentos.

Na maioria das vezes, o escritor de um texto técnico é mais um elemento no processo de comunicação desse texto, e, raramente, um texto técnico é escrito pela fonte, ou seja, por quem produziu o conhecimento.

Desse modo, podemos afirmar que, no processo de comunicação de um texto técnico, poucas distorções ocorrem quando a fonte do conhecimento é, também, o escritor do texto, como mostra a figura 2. Nesse processo, encontramos como elementos decisivos da eficácia da comunicação:

- a fonte/o escritor – que é também a fonte do conhecimento técnico;
- o estilo técnico – pois, além do domínio do estilo técnico, falhas na comunicação, erros de avaliação, pressa e cansaço provocam distorções entre o conhecimento técnico da fonte-autor e o texto técnico disponibilizado ao leitor;
- o texto técnico – que disponibiliza informações técnicas a um leitor;
- o leitor – cujo conhecimento prévio sobre as informações técnicas não é mensurável;
- as informações técnicas – pois, a partir da apreensão das informações técnicas, o leitor reconstrói seu conhecimento;

- o novo conhecimento – visto que o conhecimento técnico obtido pelo leitor nunca é igual ao conhecimento técnico expresso pela fonte-escritor.

No processo de comunicação de um texto técnico, contudo, muitas distorções ocorrem quando a fonte do conhecimento não é o escritor do texto, como mostra a figura 3.

Nesse caso, é bom lembrar que:

- a fonte – é o autor do conhecimento técnico;
- o escritor – é aquele que elabora o texto técnico.

Figura 2
PRODUÇÃO DE TEXTO TÉCNICO I: FONTE E AUTOR IGUAIS

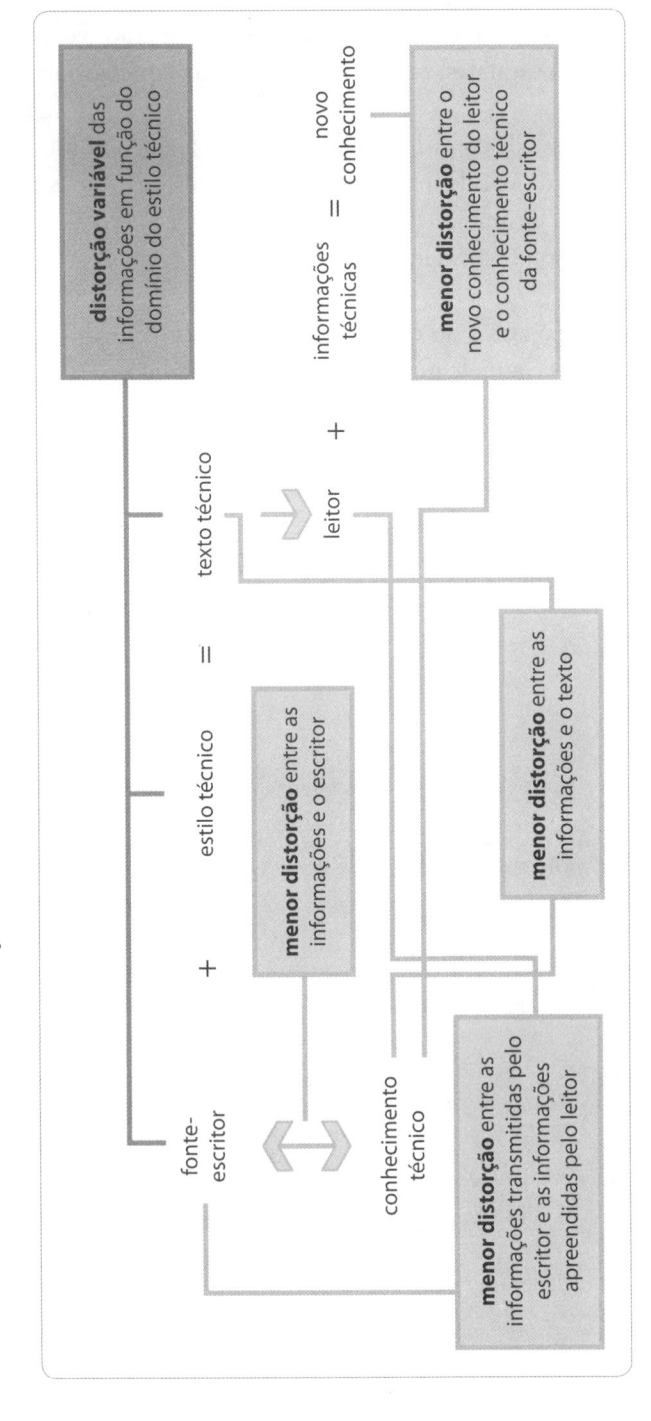

Figura 3

PRODUÇÃO DE TEXTO TÉCNICO 2: FONTE E AUTOR DIFERENTES

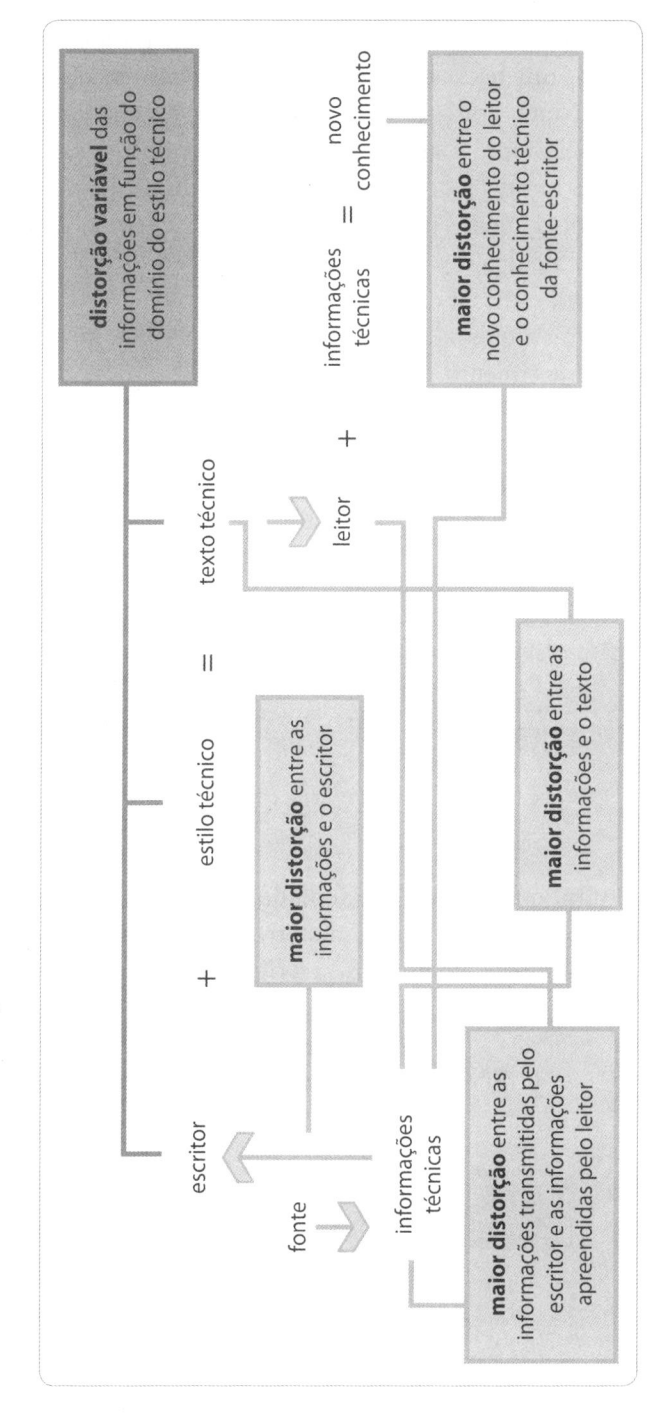

Se, mesmo com grande esforço, não conseguimos escrever, satisfatoriamente, um texto técnico, o texto que resulta desse esforço não cumpre seu papel, pois, como existem distorções entre o conhecimento produzido pela fonte e as informações disponibilizadas no texto, passam a existir também distorções entre o conhecimento adquirido pelo leitor e o conhecimento produzido pela fonte. E, como para tudo existe um culpado, a culpa dessas distorções acaba sendo atribuída à fonte do conhecimento, nunca a quem elaborou o texto que disponibilizou o conhecimento ou a quem, a partir da leitura do texto, deveria manifestar um novo conhecimento.

Portanto, quando elaborado pela fonte do conhecimento, o texto técnico apresenta poucas distorções no sentido das informações que ele disponibiliza, como demonstra a figura apresentada a seguir:

Figura 4
FONTE IGUAL AO ESCRITOR

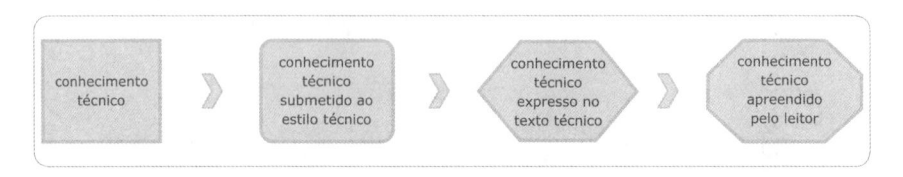

Contudo, quando não é elaborado pela fonte do conhecimento, o texto técnico apresenta muitas distorções no sentido das informações que ele disponibiliza, como mostra a figura apresentada a seguir:

Figura 5
FONTE DIFERENTE DO ESCRITOR

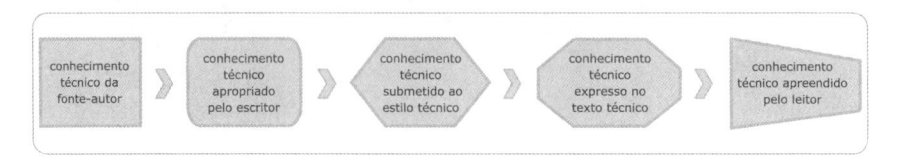

Autoavaliações

Linguagem e comunicação

Questão 1:

Quando falamos ou ouvimos, quando lemos ou escrevemos, muito mais do que decifrar e transcrever signos linguísticos, construímos sentidos, que são compartilhados no processo comunicativo entre agentes sociais, a partir do conhecimento que adquirimos ao longo de nossa história de vida.

Das expressões apresentadas a seguir, a única que não é compatível com a construção de sentidos no processo de comunicação é:

a) controle.
b) repressão.
c) negociação.
d) compreensão.

Questão 2:

Da parte de nosso interlocutor, alguns fatores são decisivos para o sucesso do ato comunicativo.

Podemos dizer que a opção que **não** apresenta um desses fatores é:

a) a habilidade no uso da língua.
b) a atenção para não se dispersar.
c) o domínio de vocabulário especializado.
d) a imaginação para romper a assimetria de conhecimentos.

Contrato social *versus* escolha individual

Questão 3:

A língua, como contrato social, é uma unidade linguística. Entretanto, essa unidade é quebrada de acordo com a utilização de cada um de nós, falantes da língua. Dessa forma, ela é capaz de abarcar inúmeras possibilidades de realização individual.

Das opções abaixo listadas, aquela em que o primeiro elemento listado corresponde a uma possibilidade de realização individual corretamente classificada é:

a) "*book*" em lugar de "livro" – variedade popular
b) "apneia" em lugar de "ronco" – variedade culta
c) "pra" em lugar de "para" – variedade profissional
d) "macaxeira" em lugar de "aipim"– variedade regional

Questão 4:

Leia o trecho da canção *Saudosa maloca*, de Adoniran Barbosa:

> Si o senhor não está lembrado
> Dá licença de contá
> Que aqui onde agora está
> Esse edifício arto
> Era uma casa veia
> Um palacete assombradado
> Foi aqui seu moço
> Que eu, Mato Grosso e o Joca

continua

> Construímos nossa maloca
> Mais, um dia
> Nóis nem pode se alembrá
> Veio os homi cas ferramentas
> O dono mandô derrubá
> [...]

Fonte: Disponível em: www.letras.terra.com.br/adoniran-barbosa/43969/>. Acesso em: 29 abr. 2011.

A letra da canção traz marcas específicas da utilização da língua. Podemos identificar essa utilização como:

a) gírias.
b) jargão.
c) marcas regionais.
d) variedade popular.

Questão 5:

É inegável que a língua pode ser utilizada como mecanismo para o exercício do poder. Isso pode ocorrer, por exemplo, operando-se a exclusão do interlocutor a partir da utilização de termos cujo conhecimento e entendimento ele não compartilha com o falante.

Termos específicos de determinada área de conhecimento constituem o que chamamos de:

a) jargão.
b) estrangeirismos.
c) variações socioculturais.
d) variedade culta da língua.

Questão 6:

A língua é um fato social e um ato individual. Contudo, sem o entendimento, por parte do interlocutor, daquilo que o emissor diz, a comunicação não se completa.

O vínculo, estabelecido pela língua com seus falantes, que valoriza essa posição ativa de falante e ouvinte é:

a) a interação.
b) a construção do pensamento.
c) o domínio da estrutura linguística.
d) a estruturação do pensamento crítico.

Comunicação com textos técnicos

Questão 7:

Os textos técnicos são denotativos, caracterizam-se pela objetividade e subdividem-se em três diferentes tipos.

A única opção que apresenta um desses tipos de textos técnicos e sua correta definição é:

a) pragmáticos – textos que disponibilizam conhecimentos legitimados socialmente.
b) didáticos – textos que buscam o desenvolvimento de habilidades e de procedimentos.
c) jurídicos – textos que pressupõem linguagem diferenciada para a apresentação de leis.
d) administrativos – textos que registram e divulgam informações relacionadas ao negócio da empresa.

Questão 8:

Na elaboração de um texto técnico, a fonte e o escritor não são a mesma pessoa.

A diferença entre eles é a seguinte:

a) a fonte é uma bibliografia consagrada, e o escritor é mais um autor dessa bibliografia.
b) a fonte é o autor do conhecimento, enquanto o escritor é aquele que elabora o texto a partir da fonte.
c) a fonte é o parâmetro de conhecimento a ser utilizado, e o escritor é aquele que, efetivamente, detém o conhecimento.
d) a fonte é um conjunto de informações de origem desconhecida, ao passo que o escritor é o autor do conhecimento elaborado a partir das informações.

Questão 9:

Em um texto técnico, a eficácia da comunicação depende de diversos elementos.

A definição **incorreta** de um desses elementos é:

a) fonte – é a fonte do conhecimento técnico.
b) texto técnico – é o que disponibiliza informações técnicas.
c) novo conhecimento – aquele que o leitor busca fora do texto técnico, para complementá-lo.
d) leitor – aquele cujo conhecimento prévio acerca das informações veiculadas não é possível medir.

Questão 10:

No processo de comunicação de um texto técnico, podem ocorrer diversas distorções.

Entre essas distorções, podemos listar aquela que ocorre entre:

a) o conhecimento adquirido pelo texto e as informações.

b) o conhecimento adquirido pela fonte e o conhecimento produzido no texto.

c) o conhecimento produzido pelo leitor e as informações disponibilizadas no texto.

d) o conhecimento produzido pela fonte e as informações disponibilizadas no texto.

Apêndice gramatical I

Este apêndice segue o pressuposto pelo Decreto nº 6.585, de 29 de setembro de 2008, que determina o cumprimento do Acordo Ortográfico da língua portuguesa, assinado em Lisboa, em 16 de dezembro de 1990, por Portugal, Brasil, Angola, São Tomé e Príncipe, Cabo Verde, Guiné-Bissau, Moçambique – com a adesão dos observadores da Galiza –, bem como o Segundo Protocolo Modificativo a esse acordo, assinado em São Tomé, em 25 de julho de 2004.

Começaremos com as regras para acentuação gráfica e as que orientam o uso do acento grave para marcação da crase.

É preciso lembrar, porém, que nosso desafio é compartilhar com você o trabalho com a gramática para além dos limites da frase, partindo de suas necessidades práticas de leitura e interpretação de textos, de produção oral e escrita, ou seja, práticas comunicativas de interação com o outro, que caracterizam e definem nossa humanidade.

Acentuação gráfica

Acento gráfico

Parece mentira, mas, a princípio, os acentos gráficos sobre os quais temos tantas dúvidas são necessários para evitar certas ambiguidades em nossa língua. Entre "sábia" e "sabiá", por exemplo, o acento gráfico é o único elemento que estabelece a oposição entre as duas palavras: a primeira, que expressa que alguém ou alguma coisa no feminino tem sabedoria, e a segunda, que indica um pássaro de bela voz. Mas isso você já sabia, não?

Falando em saber, por que é que em "sabia" não há acento gráfico? Porque a maioria de nossas palavras têm mais força em sua penúltima sílaba – que se diz tônica –, ou seja, são paroxítonas. Além disso, em grande parte, elas terminam em "a", "e", "o".

Dessa forma, foi convencionado que as paroxítonas terminadas com essas vogais não são acentuadas graficamente.

Exemplos:
- pla**ni**lha, cor**re**ta, copi**a**va, se**gun**da;
- expedi**en**te, coer**en**te, **men**te, **sem**pre;
- au**men**to, abu**si**vo, **com**pro, **mui**to.

Já as palavras oxítonas – que têm a última sílaba tônica – terminadas em "a", "e", "o", seguidas ou não de "s", são sempre acentuadas graficamente.

Exemplos:
- alva**rá**, ca**fé**, pale**tó**.

O mesmo ocorre com as paroxítonas terminadas em "em" ou "ens". Elas não recebem acento gráfico.

Exemplos:
- **que**rem, es**cre**vem, **jo**vem, **jo**vens, **hi**fens.

Só as oxítonas terminadas em "em" ou "ens" são acentuadas graficamente.

Exemplos:
- arma**zém**, arma**zéns**, re**fém**, re**féns**.

Paroxítonas e oxítonas

Já vimos que a maioria de nossas palavras são paroxítonas terminadas em "a", "e", "o" e que, por isso mesmo, elas não recebem acento gráfico.

Apenas as oxítonas com essas mesmas terminações – e que existem em muito menor número na língua – são acentuadas graficamente. Que bom, não?

Contudo, nossa língua também possui palavras paroxítonas com terminações mais raras. Nesses casos, elas são acentuadas graficamente, ao contrário das oxítonas com as mesmas terminações, ou seja, o jogo se inverte!

Observemos o quadro apresentado a seguir:

Quadro 2
PAROXÍTONAS E OXÍTONAS: TERMINAÇÕES MAIS RARAS

Terminações	Paroxítonas	Oxítonas
"i"/"is"	júri, júris, lápis, tênis	aqui, caqui, dividi, gentis
"ons"	elétrons	bombons
"us"	vírus, bônus	urubus, bambus
"um"/"uns"	fórum, álbum, álbuns	comum, comuns

continua

Terminações	Paroxítonas	Oxítonas
ditongo	memória, fáceis, imóveis, órgão, órgãos	bebeu, partiu
"ã"/"ãs"	órfã, órfãs, ímã	anã, campeã

Entre as paroxítonas, existem também aquelas terminadas em "ps", "r", "x", "n" e "l", que são acentuadas graficamente, ao contrário das oxítonas, caso apresentem essas terminações. É muito fácil guardar essas terminações. Basta que nos recordemos de **PS**: **RouXiNoL**.

Vejamos o esquema a seguir, que mostra que as paroxítonas terminadas nessas consoantes têm acento gráfico, enquanto as oxítonas, nas mesmas circunstâncias, não:

Quadro 3
Paroxítonas e oxítonas: terminações em "ps", "r", "x", "n" e "l"

Terminações	Paroxítonas	Oxítonas
"ps"	bíceps, fórceps	-
"r"	caráter, mártir, revólver	falar, memorizar, patamar
"x"	tórax, ônix, látex	xerox
"n"	hífen, pólen, mícron, próton	cation
"l"	fácil, amável, indelével	pastel, anel, tonel

Maiores e menores: proparoxítonas e monossílabos

Além das paroxítonas e das oxítonas, a língua portuguesa apresenta ainda palavras proparoxítonas, que possuem a antepenúltima sílaba tônica.

Por serem raras na língua, todas as proparoxítonas levam acento gráfico.

Exemplos:
- **lâm**pada, pa**rá**frase, **lês**semos, **pên**dulo.

Palavras de uma única sílaba – monossílabos – podem ser tônicas ou átonas.

Todos os monossílabos tônicos terminados em "a", "e", "o"– seguidos ou não de "s" – são marcados com acento gráfico.

Exemplos:
- **pá, pé, nó, pás, pés, pós** (substantivos), **lê, vê, dê, hás, crês** (verbos).

Contudo, as formas átonas não são acentuadas graficamente.

Exemplos:
- **nas, mas, de** (preposição).

Acentos diferenciais

O acento diferencial é utilizado para demarcar, graficamente, na língua, uma diferença entre algumas formas gramaticais foneticamente semelhantes, mas com sentidos diferentes, como em:

A) "pôr" (igual a "colocar"), que é diferente de "por" (preposição):

- Não iremos **pôr** novas máquinas nas salas.
- Não trocaremos essas máquinas **por** outras.

B) "porquê" (igual a "motivo"), que é diferente de "porque" (igual a "pois", antes do fim da oração):

- Não sei o **porquê** dessa atitude.
- Está aqui **porque** foi convocado.

C) "pôde" (3ª pessoa do singular do pretérito perfeito), que é diferente de "pode" (3ª pessoa do singular do presente do indicativo):

- A empresa não **pôde** realizar a entrega no prazo.
- Ele não **pode** nos tratar assim.

D) "tem" e "vem" (3ª pessoa do singular), que são diferentes de "têm" e "vêm" (3ª pessoa do plural):

- Ele nos **tem** escrito várias cartas./Ele **vem** sempre aqui.
- Eles nos **têm** escrito várias cartas./Eles **vêm** sempre aqui.

Os verbos derivados de "ter" e "vir" – todos tônicos – levam acento agudo na 3ª pessoa do singular e acento circunflexo na 3ª pessoa do plural do presente do indicativo: "retém" e "intervém" (3ª pessoa do singular) que são diferentes de "retêm" e "intervêm" (3ª pessoa do plural).

Exemplos:
- O departamento sempre **retém** parte das verbas./Ele **intervém** durante as reuniões quando é necessário.
- Os departamentos sempre **retêm** parte das verbas./Eles **intervêm** durante as reuniões quando é necessário.

Atenção! Não utilizamos mais o acento diferencial em pares como:

- "pára" (verbo) e "para" (preposição). Exemplo: Você não **para** de falar!;
- "pêlo" (substantivo) e "pelo" (contração de preposição e artigo). Exemplo: Os **pelos** do meu gato são castanhos;
- "pólo" (que significa "extremidade") e "polo" (que significa "gavião"). Exemplo: Ficarei no outro **polo** da região.

Trema

Usamos o trema somente em palavras derivadas de nomes próprios estrangeiros, como *mülleriano*, de *Müller*. Portanto, segundo o Novo Acordo Ortográfico da Língua Portuguesa, não há mais trema em palavras que antes grafavam-se com "güi", "güe", "qüi" e "qüe", tais como:

- lin**guí**stica, a**gue**ntar, tran**qui**lo, conse**quê**ncia.

Dupla possibilidade

Os verbos terminados em "-guar", "-quar" e "-quir" admitem duas diferentes pronúncias em algumas formas do presente do indicativo, do presente do subjuntivo e do imperativo. Vejamos em que circunstâncias isso ocorre:

A) Quando pronunciados com "a" e "i" tônicos, essas formas devem ser acentuadas graficamente:

- en**xá**guo, en**xá**guem, o**blí**quas, o**blí**que, de**lín**qua, de**lín**ques.

B) Contudo, quando pronunciados com "u" tônico, não recebem acento gráfico:

- enxa**gu**o, enxa**gu**em, obli**qu**as, obli**qu**e, delin**qu**a, delin**qu**es.

No Brasil, a pronúncia mais comum é a que considera o "a" e o "i" tônicos.

Observações finais

Agora, para nos libertarmos, definitivamente, dos corretores ortográficos – que, aliás, muito deixam a desejar –, só falta estarmos atentos para mais algumas possibilidades de acentuação. Vamos a elas:

A) As formas verbais terminadas em "a", "e", "o" tônicos seguidas de "-lo", "-la", "-los", "-las" também são acentuadas como as palavras paroxítonas ou oxítonas:

- **amá**-lo, di**zê**-lo, re**pô**-lo, **fá-lo-á, pô**-lo, com**prá**-la-**á**.

B) Acentuamos os ditongos de pronúncia aberta "eu", "ei" e "oi" apenas nas palavras oxítonas:

- **céu**, cha**péu**, he**rói**, pa**péis**, tro**féus**.

C) Nas palavras oxítonas, usamos acento agudo nas vogais "i" e "u" tônicas que estiverem em posição final – ou seguidas de "s":

- tuiui**ú**, tuiui**ús**, Piau**í**.

D) Nas palavras oxítonas e paroxítonas, as vogais "i" e "u" levam acento agudo quando tônicas e quando sozinhas na sílaba ou seguidas de "s", desde que não sejam precedidas por ditongo ou seguidas de "nh":

- ba**í**a, ci**ú**me, ego**í**smo.

Por isso, cuidado! Não usamos acentos gráficos em palavras como "ideia", "joia", "feiura", "juiz", "rainha", etc.

E) Também não mais se acentuam, graficamente, os hiatos finais "eem" e "oo(s)".

- cre**em**, le**em**, ve**em**, aben**çoo**, en**joo**, v**oo**s.

Crase

A palavra "crase" significa fusão, junção. Em língua portuguesa, a crase é a fusão das vogais idênticas "a" + "a", indicada por meio do acento grave "à".

Pode ocorrer a fusão da preposição "a" com:

- o artigo feminino "a" ou "as". Exemplo: Fui a + a reunião = Fui **à** reunião;
- o "a" dos pronomes "aquele(s)", "aquela(s)", "aquilo". Exemplo: Fui a + aquele lugar = Fui **àquele** lugar;
- o "a" do pronome relativo "a qual" e flexão ("as quais"). Exemplo: A cidade a + a qual nos referimos fica longe = A cidade **à** qual nos referimos fica longe;
- o pronome demonstrativo "a" ou "as" (= "aquela", "aquelas"). Exemplo: Esta caneta é semelhante a + a que você me deu = Esta caneta é semelhante à que você me deu.

Casos de utilização da crase

Já dissemos que haverá crase sempre que o termo anterior exigir preposição "a" e o termo posterior exigir artigo "a" ou "as".

Exemplo:
- Eu me referi a + a diretora = Eu me referi **à** diretora.

Nesses casos, é fácil descobrir se haverá ou não crase. Se, ao trocarmos o termo posterior por um masculino correspondente, obtivermos "ao", constataremos a presença da preposição "a" e do artigo "o" e, portanto, da crase antes dos termos femininos.

Exemplo:
- Eu me referi **ao** diretor.

Portanto, para que ocorra crase, é necessário que o termo anterior exija a preposição "a" e o termo posterior exija o artigo "a". Se um desses fatos não ocorrer, evidentemente, não haverá crase.

Exemplos:
- Eu conheço **a** diretora.

O verbo conhecer não pede a preposição "a".

- Eu me refiro **a** ela.

  O pronome pessoal ela não pede o artigo "a".

  Trocando pelo masculino, percebemos que não existe o encontro "ao":

- Eu conheço **o** diretor.
- Eu me refiro **a** ele.

Casos de crase obrigatória

Sempre haverá crase:

A) Na indicação de horas, desde que, ao trocarmos esse número por "meio-dia", obtenhamos "ao meio-dia":

- Chegou **à** uma hora em ponto./Chegou **ao** meio-dia em ponto.

B) Diante da palavra "moda" – na expressão "à moda de" –, mesmo que essa expressão esteja subentendida:

- Fez um gol **à** Pelé./Fez um gol **à moda de** Pelé.

C) Nas expressões adverbiais femininas:

- Chegaram **à noite**.
- Agia **às escondidas**.
- Caminhava **às pressas**.
- Estava **à disposição**.
- Sentaram-se **à sombra**.
- Estou **à procura** de ajuda.

Nas expressões adverbiais femininas, já se consagrou, na língua, o uso do acento grave sem que tenha ocorrido a crase, isto é, a fusão de duas vogais idênticas.

Exemplos:
- Vendi **à vista** o relógio.

Substituindo pelo masculino, teríamos: Vendi a prazo o relógio, o que não justificaria o uso do acento gráfico. Por esse mesmo motivo – ausência de crase –, em várias expressões adverbiais femininas, não usamos o acento gráfico:

- A educação **a distância** apresenta uma nova proposta de ensino-aprendizagem.

Nas expressões adverbiais femininas de instrumento, não costumamos usar o acento grave.

Exemplos:
- Eles escreveram **a máquina**.
- Saíram em um barco **a vela**.

D) Nas locuções conjuntivas e prepositivas formadas por palavras femininas, também se emprega o acento indicativo da crase:

- **À medida que** caminhava, ficava mais longe de casa.
- **À proporção que** estuda, sua nota vai melhorando.

Casos de não utilização da crase

Nunca haverá crase:

A) Diante de palavras masculinas:

- Não assisto **a filme** de terror.

B) Diante de verbos:

- Estou disposto **a estudar**.

C) Nas expressões formadas por palavras repetidas:

- Ficamos **frente a frente**.

D) Quando um "a" – sem o "s" de plural – ficar diante de palavra feminina plural – nesse caso, temos apenas a preposição:

- Refiro-me **a pessoas** interessadas.

E) Diante de pronomes que repelem o artigo:

- Dirijo-me **a Vossa Excelência**.
- Isto não interessa **a ninguém**.

Evidentemente, se o pronome admitir artigo, haverá crase, como em:

- Dirijo-me **à senhora**, dona Lurdes, contando com seu apoio.
- Fiz alusão **à mesma aluna**.

Casos de crase facultativa

Em algumas circunstâncias, podemos optar por usar ou não o acento grave, pois a crase pode ou não ocorrer. São elas:

A) Diante de nomes de pessoas do sexo feminino:

- Ele fez referência **a (à) Sandra**.

B) Diante de pronomes possessivos femininos:

- Obedeço **a (à) minha** consciência.

C) Depois da preposição "até":

- Fomos **até a (à)** sala de reuniões.

Outros casos

Vejamos agora outros casos de emprego do acento grave para a marcação da crase:

Diante de nomes de lugar – para verificar se um nome de lugar aceita ou não o artigo "a", usamos o seguinte artifício: se, ao formularmos uma frase com um nome de lugar mais o verbo "vir", obtivermos a combinação "da", cabe o artigo. Se obtivermos, simplesmente, a preposição "de", claro está que não cabe o artigo.

- Vou **à Itália**./Venho **da Itália**.
- Vou **a Roma**./Venho **de Roma**.

Se o nome de lugar que repele o artigo vier determinado, passará a aceitá-lo e, por conseguinte, haverá crase, como em:

- Vou **à Roma antiga**./Venho **da Roma antiga**.

D) Diante das palavras "casa" e "terra" – não ocorre crase diante das palavras "casa" – no sentido de lar, moradia – e "terra" – no sentido de chão firme –, a menos que venham especificadas.

- Voltamos cedo **a casa**./Voltamos cedo **à casa dos amigos**.
- Os marinheiros desceram **a terra**./Os marinheiros desceram **à terra dos anões**.

E) Diante dos pronomes demonstrativos "aquele(s)", "aquela(s)", "aquilo" – haverá crase com os demonstrativos "aquele(s)", "aquela(s)", "aquilo" sempre que o termo antecedente exigir a preposição "a".

- **Assisti àqueles** filmes.
- **Aspiro àquela** vaga.
- **Prefiro** isto **àquilo**.

F) Diante de pronomes relativos – poderá ocorrer crase com o pronome relativo "a qual" e sua flexão, "as quais".

- A cidade **à qual** nos **dirigimos** possui praias **às quais** você **se referiu**.

Crase junto a pronomes relativos

É fácil constatar a crase no caso de pronomes relativos, utilizando-se o mesmo artifício de trocar os termos femininos por termos masculinos correlatos.

Exemplos:
- O país **ao qual** iremos possui problemas **os quais** desconhecemos.
- A empresa **à qual** iremos possui características **as quais** desconhecemos.

Nunca ocorre crase diante dos relativos "quem" e "cuja".

Exemplos:
- Esta é a pessoa **a quem** obedeço.
- Este é o autor **a cuja** obra me refiro.

Diante do pronome relativo "que", geralmente, não há crase, uma vez que ele repele o artigo.

Exemplo:
- Esta é a cidade **a que** iremos.

No entanto, ocorrerá crase antes do relativo "que" quando, antes dele, aparecer o demonstrativo "a" ou "as" (igual a "aquela", "aquelas").

Exemplo:
- Sua caneta era igual **à que** comprei./Sua caneta era igual **àquela que** comprei.

Em caso de dúvida, podemos verificar se há ou não crase pelo recurso da substituição de termos femininos por masculinos.

Exemplo:
- Seu lápis era igual **ao que** comprei.

Acentuação gráfica

Questão 1:

As palavras paroxítonas são aquelas que possuem, em sua penúltima sílaba, sua maior força, ou seja, seu acento tônico, que pode ser expresso graficamente ou não.

A alternativa em que todas as palavras paroxítonas foram acentuadas corretamente é:

a) dólar – ítens – tórax – hífen
b) táxi – taxis – fórum – bônus
c) secretária – secretaría – úteis – decência
d) paranoia – apoio (verbo "apoiar") – estreia – ideia

Questão 2:

As palavras oxítonas são aquelas que possuem, em sua última sílaba, sua maior força, ou seja, seu acento tônico, que pode ser expresso graficamente ou não.

A opção em que todas as palavras oxítonas foram corretamente acentuadas é:

a) será – você – freguês – cipó
b) dividí – destruí – baú – saí
c) elogiá-la – vendê-los – partí-lo – compô-las
d) armazém – contém (3ª pessoa do singular) – deténs – detém (3ª pessoa do plural)

Questão 3:

As palavras proparoxítonas são aquelas que possuem, em sua ante-penúltima sílaba, sua maior força, ou seja, seu acento tônico.

A série em que todas as palavras proparoxítonas foram corretamente acentuadas encontra-se em:

a) esplêndido – umido – estômago – pálido
b) público – fêmea – area – desânimo (substantivo)
c) rapido – término (substantivo) – números – lógica
d) fôssemos – discutíamos – falávamos – construíramos

Questão 4:

Os monossílabos são palavras que possuem uma única sílaba e po-dem ser átonos ou tônicos.

A alternativa que encerra monossílabos corretamente acentuados é:

a) dô (de + o) – pó – há – hás
b) véu – dói – têu – réis (moeda)
c) pá – más (adjetivo) – dô (de + o) – fez
d) pés – dó (igual a "piedade") – mês – pôs

Questão 5:

O acento diferencial é utilizado para demarcar, graficamente, na língua, uma diferença entre algumas formas gramaticais foneticamente semelhantes, mas com sentidos diferentes.

A opção em que os acentos diferenciais foram corretamente marcados é:

a) "pôr" (preposição) em oposição a "por" (o mesmo que "colocar").
b) "têm" (3ª pessoa do plural) em oposição a "tém" (3ª pessoa do singular).

c) "mantêm" (3ª pessoa do plural) em oposição a "mantém" (3ª pessoa do singular).

d) "pode" (3ª pessoa do singular, presente do indicativo) em oposição a "póde" (3ª pessoa do singular, pretérito perfeito do indicativo).

Questão 6:

Na língua portuguesa, nem todas as palavras possuem sua sílaba tônica acentuada graficamente.

Todas as palavras estão acentuadas corretamente na seguinte opção:

a) dó – rape – orfã – ínterim
b) má – mocotó – biceps – levedo
c) pá – armazém – álbum – síndrome
d) pés – maracujas – flexível – lâmpada

Questão 7:

As formas verbais são acentuadas graficamente segundo as mesmas regras válidas para as demais palavras.

A alternativa em que todas as formas verbais estão acentuadas corretamente é:

a) mandarás – lês – dá – perdêramos
b) dá-lo – entendê-la – cumprí-los – repô-las
c) fazíeis – cumprías – escrevíamos – construíamos
d) enxagúo – frequentarem – argüiu (pretérito perfeito do indicativo) – argúi (presente do indicativo)

Questão 8:

Os ditongos "ei", "eu" e "oi" possuem diferentes regras de acentuação em função de sua presença em palavras paroxítonas ou oxítonas.

A opção em que todos os ditongos foram corretamente acentuados é:

a) chapéu – céus – atêu – réu
b) areia – jôio – comeu – anzóis
c) herói – Niterói – corrói – destrói
d) estreio – odisséia – idéia – epopéia

Questão 9:

As vogais "i" e "u" seguem regras especiais de acentuação quando formam hiatos.

A sequência em que as vogais "i" ou "u" foram acentuadas corretamente é:

a) saíu – reúne – saída – país
b) egoísta – raínha – caí – moinho
c) saúde – ruím – sairmos – uísque
d) juízo – saímos – proíbem – influí (pretérito perfeito do indicativo)

Questão 10:

O acento agudo (′) e o acento circunflexo (^) são os sinais gráficos da língua para marcação de acento tônico.

Observe o fragmento apresentado a seguir:

"Ve-se que, nos ultimos meses, temos adiado reformas imprescindiveis, e que, agora, a falta de iniciativas vem pressionar nossa empresa, forçandonos a rever tais mudanças mais atentamente. Para isso, e da maxima urgencia que obtenhamos os papeis necessarios para que possamos adquirir os itens listados no arquivo anexo."

No fragmento apresentado, não foi utilizado nenhum desses sinais de acentuação. A opção em que as palavras foram acentuadas corretamente é:

a) Vê-se – últimos – imprescindíveis – é – máxima – urgência – papéis – necessários
b) Vê-se – últimos – imprescindíveis – vêm – é – máxima – urgência – papéis – necessários
c) Vê-se – últimos – imprescindíveis – vém – é – máxima – urgência – papéis – necessários
d) Vê-se – últimos – imprescindíveis – vêm – é – máxima – urgência – papéis – necessários – ítens

Crase

Questão 1:

A palavra "crase" significa fusão, junção. Em língua portuguesa, a crase é a fusão das vogais idênticas "a" + "a", indicada por meio do acento grave "à".

Considerando esse pressuposto, marque (1) para as frases corretas e (2) para as incorretas:

( ) Obedeça às leis do trânsito.
( ) O álcool é prejudicial a saúde.
( ) Daqui à alguns anos, estarei formado.
( ) Anexa àquela bagagem, havia uma carta.

A sequência correta dos números nos parênteses é:

a) 1 – 2 – 2 – 1
b) 2 – 2 – 1 – 1
c) 1 – 2 – 1 – 1
d) 2 – 2 – 2 – 2

Questão 2:

Para que ocorra crase, é necessário que o termo anterior exija a preposição "a" e o termo posterior exija o artigo "a".

Assinale a opção em que a crase foi corretamente demarcada pelo uso do acento grave:

a) Todos se referiram à mesma opção.
b) A equipe se dedicou à todas as tarefas.
c) As pessoas respeitam à suas próprias leis.
d) Nunca se obedeceu aqui à mais de uma regra.

Questão 3:

A crase pode demarcar a fusão da preposição "a" com o artigo feminino "a" ou "as".

Em: "_____ professora, pedi _____ revisão da minha nota.", a opção que preenche, corretamente, as lacunas do enunciado é:

a) A – a
b) A – à
c) À – à
d) À – a

Questão 4:

Quando o termo anterior ou o termo posterior não exigirem "a", não haverá crase.

Considerando essa afirmativa, marque (1) para as frases corretas e (2) para as incorretas:

( ) Vou a Roma.
( ) Vou à Alemanha.
( ) O presidente pediu paciência a nação.
( ) O funcionário pediu desculpas à todos.

A sequência correta dos números nos parênteses é:

a) 1 – 2 – 2 – 1
b) 2 – 2 – 1 – 1
c) 1 – 2 – 1 – 1
d) 1 – 1 – 2 – 2

Questão 5:

Os pronomes relativos exigem cuidados especiais no que se refere à crase. Observe as construções apresentadas a seguir:

- Esta é a casa _____ qual conheço.
- Esta é a carta _____ qual me referi.
- Esta é a revista _____ que me referi.
- Esta é a moça com _____ qual estudei no primário.

A opção que preenche, corretamente, as lacunas apresentadas é:

a) à – a – à – a
b) a – à – a – a
c) à – à – à – a
d) a – a – à – à

Questão 6:

Nossa língua apresenta valores diferentes para as formas "a(s)", "à(s)" e "há".

A construção em que uma dessas formas foi corretamente utilizada é:

a) A anos que o conheço.
b) A festa estará animada.
c) Daqui há pouco, vai escurecer.
d) Já está na hora de apagarmos às velas do bolo!

Questão 7:

Haverá crase com alguns pronomes demonstrativos sempre que o antecedente desses termos exigir a preposição "a".

A opção em que o uso da crase com pronomes demonstrativos **não** está correta é:

a) Na certa, não se deu a devida atenção àquele pronunciamento.
b) Dava-se àquilo mais importância do que, de fato, era necessário.
c) Na empresa, todos já haviam esquecido àqueles dias de dificuldade.
d) De todas as queixas, a comissão atendia às que pareciam ser mais urgentes.

Questão 8:

Em algumas situações, o uso da crase é optativo e, portanto, usá-la ou não está de acordo com a norma culta da língua portuguesa.

Das frases a seguir, a única **incompatível** com a norma culta está presente em:

a) Dedico-me a sua filha porque gosto de crianças.
b) Dedico-me à sua filha porque disponho de tempo.

c) Dedico-me a minha tia porque ela não tem ninguém.

d) Dedico-me à pescar porque não tive grandes oportunidades na vida.

Questão 9:

Com alguns nomes e pronomes, bem como com os artigos indefinidos, nunca haverá crase.

Das frases a seguir, a única **incompatível** com a norma culta é:

a) Dedico-me à uma proposta nova de ensino.

b) Dedico-me a você porque considero-o honesto.

c) Dedico-me a esta escola porque aqui aprendi muito.

d) Dedico-me à Maria porque ela não tem quem olhe por ela.

Questão 10:

Algumas expressões adverbiais utilizam o acento grave diferencial.

Das construções apresentadas a seguir, a única **incompatível** com a norma culta é:

a) O ensino à distância tem muitas vantagens.

b) Comprei o carro a prazo, pois estava muito caro.

c) Finalmente a tarde chegou! Tenho um compromisso urgente!

d) À tarde, chegou. Finalmente! Eu já não aguentava mais esperar!

Módulo II – Leitura

Módulo II – Leitura

Neste módulo, abordaremos o processo de leitura como atividade dinâmica e interativa entre autor, texto e leitor, na interpretação e na compreensão de sentidos.

Examinaremos, também, os diferentes enfoques sobre os processos de leitura e as estratégias de interpretação.

Processamento da leitura

Ler é o que nos faz distinguir frases soltas, desconexas, como as que se seguem:

Tamires não estuda nesta universidade. Ela não sabe que a primeira universidade do mundo românico foi a de Bolonha. Esta universidade possui imensos viveiros de plantas. A universidade possui um laboratório de genética.

...de textos bem-estruturados, como o que se apresenta a seguir:

Comemora-se, neste ano, o sesquicentenário de Machado de Assis. As comemorações devem ser discretas para que dignas de nosso maior escritor. Seria ofensa à memória do Mestre qualquer comemoração que destoasse da sobriedade e do recato que ele imprimiu a sua vida.

Ler é o que faz com que possamos parafrasear ou parodiar o texto de Gonçalves Dias, *Canção do exílio*:[5]

Minha terra tem palmeiras/onde canta o Sabiá;/As aves, que aqui gorjeiam/não gorjeiam como lá.

...criando um novo texto a partir dele, como nos versos de Oswald de Andrade, e intitulando-o *Canto de regresso à pátria*:[6]

Minha terra tem palmares/onde gorjeia o mar/os passarinhos daqui/não cantam como os de lá.

---

[5] DIAS, Gonçalves. *Canção do exílio*. Disponível em: <www.horizonte.unam.mx/brasil/gdias.html>. Acesso em: 11 set. 2010.

[6] ANDRADE, Oswald. *Canção de regresso à pátria*. Disponível em: <www.horizonte.unam.mx/brasil/oswald6a.html>. Acesso em: 11 set. 2010.

Ler é, também, o que faz com que possamos resumir o texto apresentado a seguir:[7]

> *Há muito tempo os cientistas correlacionam o crescimento populacional às emissões de gases do efeito estufa, mas até agora eles não haviam estudado os efeitos das mudanças demográficas que devem acompanhar o aumento populacional. A tendência para este século é que a população envelheça e se urbanize, e que se concentre em grupos menores – em vez das grandes famílias –, conforme o estudo de pesquisadores de EUA, Alemanha e Áustria, publicado na Revista Procedings, da Academia Nacional de Ciências dos EUA.*

...em poucas palavras:

> Pesquisadores internacionais correlacionam as mudanças demográficas oriundas do crescimento populacional e o efeito estufa.

Ler é o que faz com que saibamos que este texto não foi gerado em nossos tempos:[8]

> *E à quarta-feira seguinte, pela manhã topamos aves, a que chamam furabuchos. E neste dia, a horas de véspera, houvemos vista de terra, isto é, primeiramente d'um grande monte, mui alto e redondo, e d'outras serras mais baixas a sul dele e de terra chã com grandes arvoredos, ao qual monte alto o capitão pôs nome o Monte Pascoal e à terra a Terra de Vera Cruz.*

---

[7] ZABARENKO, Deborah. *Mudanças demográficas afetarão o clima, dizem especialistas.* Disponível em: <www. noticias.uol.com.br/ultimas-noticias/reuters/2010/10/11/mudancas-demograficas-afetarao-o-clima-dizem-especialistas.jhtm>. Acesso em: 11 set. 2010.

[8] CAMINHA, Pero Vaz. *Carta a El-Rei Dom Manuel sobre o achamento do Brasil.* Disponível em: <www.dominio-publico.gov.br/download/texto/bv000292.pdf>. Acesso em: 11 set. 2010.

Ler é o que nos faz distinguir um grito solto no ar dos seguintes versos de Luís de Camões:[9]

> *As armas e os Barões assinalados/Que da ocidental praia Lusitana/Por mares nunca de antes navegados/Passaram ainda além da Taprobana.*

Ler é, ainda, o que nos faz distinguir uma receita de papos de anjo de uma música de Chiquinha Gonzaga:[10]

> *Se na massa me dizem que acerto/Isso creia que disso não creio/Pois se alguém... de perto/Deste mundo esqueci o recheio/No trabalho não morro de inveja/Sou feliz e é pra todos.../Se não der na... da igreja/Que forrei com o meu tabuleiro.*

...ou de frases históricas como:[11]

> *Vim, vi e venci.*

Ler é, enfim, o que nos faz distinguir trechos de um memorando:

---

[9] CAMÕES, Luís Vaz de. *Os lusíadas*. Disponível em: <www.dominiopublico.gov.br/download/texto/bv000162.pdf>. Acesso em: 11 set. 2010.

[10] GONZAGA, Chiquinha. *A baiana dos pastéis*. Disponível em: <www.letras.com.br/chiquinha-gonzaga/a-baiana-dos-pasteis>. Acesso em 11 set. 2010.

[11] Em latim: *veni, uidi, uici*. Famosa frase do general romano Caio Júlio César, em mensagem enviada ao Senado, após sua vitória sobre Farnaces, na Ásia menor, em 47 a.C.

Figura 6
MEMORANDO

MEMORANDO INTERNO

PARA: Sr. diretor
DE: Romilson Guimarães
ASSUNTO: Posição das ações na Bolsa
DATA: 8-12-2003
CC:

Sr. diretor,

Tendo recebido, em 20 do corrente, o *e-mail* em que V. Sa. nos solicitava a atual posição na Bolsa de valores das ações da empresa *COLONUS*, nossa concorrente, fui apurar as informações requeridas, chegando aos seguintes dados...

...de uma citação de Jean-Paul Sartre:[12]

> *O objeto literário é um estranho pião, que só existe em movimento. Para o fazer aparecer, é preciso um ato concreto, que se chama leitura, e ele dura o tempo que esta leitura durar. Fora disso, só existem traços pretos sobre o papel.*

Todos sabemos – mesmo que intuitivamente – distinguir amontoados de frases de textos coerentes como este:[13]

> *A retomada da infância distante, buscando a compreensão do meu ato de "ler" o mundo particular em que me ouvia – e até onde não sou traído pela memória me é absolutamente significativa. Neste esforço a que me vou entregando, re-crio, re-vivo, no texto que escrevo, a experiência vivida no momento em que ainda não lia a palavra.*

---

[12] SARTRE, Jean-Paul. *Que é escrever? Por que escrever? Que é a literatura?* Tradução: Carlos Felipe Moisés. São Paulo: Ática, 1993.
[13] FREIRE, Paulo. *A importância do ato de ler.* 12. ed. São Paulo: Cortez,1986.

A competência textual é uma habilidade que tangencia os processos de significação: criar e compartilhar sentidos. A leitura é parte constitutiva desse processo, pois, quando lemos, estamos produzindo ou recriando sentidos. Desse modo, todos somos capazes de parafrasear ou parodiar textos, de resumi-los, de atribuir-lhes um título. Essas habilidades – e muitas outras mais – explicitam uma competência que todos nós falantes temos: a competência textual.

Além disso, quando lemos, estamos participando do processo sóciohistórico de produção dos sentidos. E o fazemos de um lugar específico e com uma direção histórica determinada.

Na leitura, estão implicados, além do locutor, que, ao escrever, deixa suas marcas no texto, seus interlocutores, elementos ausentes aos quais tudo que é produzido na escrita irremediavelmente se dirige. Portanto, no processo que começa na escritura – que desencadeia a leitura –, estão contidos três elementos fundamentais: autor; texto e leitor.

Entretanto, determinar as marcas, as funções e os direitos de cada um desses componentes não é uma tarefa fácil. É da compreensão desses componentes que depende nosso bom desempenho, não só como autores mas também como leitores dos diferentes tipos de textos.

Tipos de leitores

Desde o momento em que chega a nossas mãos – mãos de leitores –, o texto fica a nossa mercê, escapando ao domínio de seu autor. Nossa presença – tácita, muda, expectante – faz-se, na reconstrução dos sentidos, presença ativa. Como leitores, nossa presença é tão viva que cabe ao autor relacionar o texto que está produzindo à imagem que ele supõe de nós – conhecidos ou não. Isso significa que nossa presença faz com que, ao escrever, o autor de um texto expresse sentimentos e ideias que não experimentaria se não as escrevesse ou as dissesse a alguém.

Considerando essas informações, há dois tipos diferentes de leitores que enfocaremos a seguir: o leitor construtor e o leitor analisador.

O leitor construtor se apoia em seus conhecimentos prévios para prever as informações veiculadas em um texto. Esse leitor prediz muito do que é dito no texto e, mais ainda, inventa coisas que o texto não diz. A desvantagem desse tipo de procedimento é evidente: por falta de precisão, as adivinhações do leitor construtor prejudicam a integridade das informações veiculadas no texto.

Vamo-nos colocar no papel de um leitor construtor? Vamos ler, atentamente, o fragmento apresentado a seguir:

> Tínhamos esperado ansiosos por aquele fim de semana na praia. Havia sol, uma brisa fresca soprando do mar e ondas macias tocando de leve os pés das crianças que brincavam na beira da praia. Muitos guarda-sóis coloridos pontuavam a areia e balançavam-se ao vento. Deitado de bruços, sobre uma toalha, alheio a tudo e a todos, havia, contudo, um homem enrolado em um grosso cobertor...

Na primeira linha desse texto, a palavra "praia" nos remete a uma série de informações específicas e, nesse contexto, todas as frases seguintes são previsíveis, com exceção da última: "havia, contudo, um homem enrolado em um grosso cobertor". Por se referir a algo inesperado, essa frase quebra nossa expectativa e desacelera o ritmo de construção de sentidos, por meio de nossa leitura.

O leitor analisador é aquele que analisa, linearmente, as informações do texto. Para tal, ele processa, vagarosamente, o significado de todas as partes do texto para atingir a compreensão do todo. A compreensão do texto pode ser afetada pela leitura excessivamente linear, ou seja, pouco ousada e sem predições.

Vejamos como nos saímos como leitores analisadores. Observemos o fragmento a seguir:

> É justamente quando o jogo e também o sonho se chocam com a carência de material taxiemático para representar as articulações lógicas da causalidade, da contradição, da hipótese que eles demonstram ser, um e outro, um caso de escrita, e não de pantomima.

No fragmento apresentado, o próprio vocabulário cria uma espécie de estranhamento, que diminui o ritmo de leitura, aumentando o grau de atenção ao texto. Assim, a menos que sejamos psicanalistas, faremos uma leitura linear, lenta e cautelosa desse texto.

Vamos, agora, a um desafio. Leia o texto apresentado a seguir:[14]

> Um grupo de alpinistas chineses que tentava escalar o monte Everest foi vítima de uma imensa avalanche na fronteira entre o Nepal e o Tibete. Em que país os sobreviventes deveriam ser enterrados?

Se respondermos à pergunta refletindo sobre o local em que seria o enterro, usamos as estratégias de leitura de um leitor construtor. Contudo, se achamos graça, usamos as estratégias de leitura de um leitor analisador, pois, afinal, trata-se de sobreviventes, e não de mortos!

O que nos importa, agora, é considerar qual das duas estratégias deveria ser utilizada pelos leitores, de fato, proficientes.

Podemos dizer que o leitor proficiente é aquele que faz uso apropriado dessas duas estratégias. Os textos, normalmente, contêm informações novas, demandando, para sua compreensão, as estratégias do leitor analisador. Todavia, os textos também contêm informações mais previsíveis, demandando, para sua compreensão, as estratégias do leitor construtor.

Estratégias de leitura

Outra questão a considerar, quando falamos de leitura, é que, por vezes, escondemo-nos por trás do texto que lemos, como se nada tivéssemos a ver com o que ele enuncia. Entretanto, essa neutralidade não existe. Quando lemos, construímos sentidos, e, livre dos limites do tempo e do contexto em que foi produzido, um único texto possibilita múltiplas leituras.

A apreensão dos sentidos inerentes a essas múltiplas leituras otimiza-se por meio das seguintes estratégias:

- identificar os objetivos do texto, a intenção do autor e as informações mais importantes;
- distribuir a atenção entre as informações mais relevantes e os detalhes;
- relacionar as diferentes partes do texto;

---

[14] Adaptado de MORTON, J. Word recognition. In: MORTON, J. ; MARSHALL, J. (Orgs.). *Psycholonguistic series*, 2. Londres: ELEK, 1979 apud. KATO (2007).

- avaliar a consistência das informações e
- reler o texto quando falhas de compreensão são detectadas.

É preciso considerar, então, que os sentidos são desencadeados na produção da linguagem. Quando lemos, não são apenas informações que são transmitidas. Constroem-se, sim, sentidos entre nós – leitores – e os autores do texto. Daí decorre o que podemos chamar de efeito-leitor, que está diretamente relacionado à coerência, à consistência, à não contradição, à progressão e à unidade do texto.

Dessa forma, os sentidos de um texto não são propriedades privadas do autor, não derivam da intenção e da consciência dos leitores e, por fim, não nascem nem se extinguem no momento em que escrevemos. Os sentidos são partes de um processo. Realizam-se em um contexto, mas não se limitam a eles: eles têm historicidade, têm passado e se projetam no futuro.

A prática de dizer – responsável e disciplinada – deixa transparecer o efeito da relação do autor com aquilo que ele produziu. Portanto, o que o autor escreve repercute em nós – seus leitores –, configurando o efeito-leitor, que é determinado historicamente por nossa interação social. Nossa identidade de leitura é configurada por nosso lugar social, e nosso lugar social define nossas estratégias de leitura.

Desse modo, a relação autor/texto/nós, leitores, não é nem direta nem mecânica. Ela passa por mediações, por variadas determinações, que dizem respeito a nossa experiência de linguagem. E é justamente essa experiência que nos sinalizará o que é inteligível, interpretável e compreensível.

O leitor que produz uma leitura a partir de sua posição social, decodifica. O leitor que se relaciona, criticamente, com sua posição social, que a problematiza, explicitando as condições de produção de sua leitura, interpreta e compreende. Assim, compreender, com a intermediação da interpretação, também é um ato de criação.

Alguns fatores influenciam os processos de compreensão e interpretação dos textos – falados ou escritos. São eles:

- conhecimentos compartilhados – pois, mais do que o simples domínio de regras gramaticais, é necessário compartilhar os sentidos do texto;
- coerência – visto que a falta de coerência afeta tanto a produção quanto a recepção de um texto;

- cooperação – porque a compreensão exige negociações bilaterais, que se evidenciam na colaboração entre o autor e o leitor;
- abertura – já que o texto deve proporcionar possibilidades interpretativas, a partir de alternativas mutuamente aceitáveis;
- contexto – haja vista que a contextualização situa o texto no tempo e no espaço;
- tipologia – pois cada tipo de texto carrega em si condições restritivas a sua produção.

Por outro lado, a compreensão não é fruto da simples apreensão de sentidos literais. Compreender um texto não significa parafraseá-lo, traduzi-lo nem resumi-lo, pois os sentidos implícitos em suas entrelinhas exigirão complexas estratégias de leitura; tampouco quer dizer memorizá-lo, pois a memorização não garante a compreensão. Compreender envolve percepção, seleção de saliências textuais, predição de hipóteses, confrontação, confirmação, reconstrução, donde, mais do que um jogo de adivinhações, compreender é um jogo de inferências.

Como leitores, imprimimos ao texto nosso próprio ritmo, nossas pausas de devaneio e de reflexão. Cada um de nós retira do texto diferentes formas de prazer. E isso se dá não só nos espaços vazios da escrita mas também nos espaços que inventamos. Ler e escrever se tornam, dessa forma, processos complementares, marcados pela circularidade de sentidos.

Leitor do texto técnico

E o que dizer acerca do leitor de um texto técnico? Bem, antes de começarmos a escrever um texto técnico, mais do que nunca, devemos responder a duas questões: "quem é nosso leitor?" e "no lugar dele, o que esperaríamos encontrar nesse texto?". O leitor é o alvo de nosso texto; por isso, se o ignorarmos, aumentaremos muito a chance de fracassarmos como escritores de textos técnicos.

Definir, com clareza, o perfil do leitor é determinante da eficácia de um texto técnico. Portanto, a variável mais significativa é o grau de conhecimento desse leitor sobre o conhecimento técnico que nosso texto vai transmitir. Se escrevermos para leitores com o mesmo nível de conhecimento que nós, tudo fica mais fácil. Se o contrário é verdadeiro, todo cuidado é pouco.

Dessa forma, ao delinearmos o perfil desse leitor, temos de tentar verificar se todas as informações técnicas disponibilizadas são totalmente novas para ele; se parte das informações técnicas disponibilizadas lhe são totalmente novas ou se todas as informações técnicas disponibilizadas são por ele totalmente conhecidas.

Entretanto, não é apenas o grau de conhecimento do leitor que é importante. Ao definirmos o perfil do leitor de um texto técnico, devemos considerar, ainda, as seguintes variáveis:

- nível de escolaridade – a escolaridade é a variável que mais interfere no processamento da leitura. Poucas pessoas conseguem, durante a leitura, acompanhar raciocínios muito longos, porque, quanto mais escolarizados, mais facilidade temos de ler;
- tipo de inteligência – alguns textos técnicos exigem do leitor elevado grau de abstração. Por exemplo, a leitura de um memorando é mais fácil do que a leitura de um relatório sobre a performance de um equipamento;
- conhecimento específico – a compreensão de alguns textos exige conhecimentos que são pré-requisitos aos assuntos neles tratados, ou seja, devemos sempre considerar que conhecimentos o leitor deve ter para entender o texto que vamos escrever;
- motivação – a leitura pode-se dar por imposição ou por curiosidade; desse modo, precisamos determinar que razões o leitor tem para ler nosso texto;
- interesse – se o texto não for interessante para o leitor, dificilmente a leitura será produtiva. Ficamos mais interessados quando encontramos, no texto, exemplos que nos remetam ao que já conhecemos, a nosso conhecimento prévio sobre um determinado assunto.

Também vale a pena lembrar alguns cuidados que sempre devem estar presentes, no que diz respeito ao leitor de textos técnicos. Dentre eles, a consideração de que as pessoas leem pior do que a previsão mais pessimista que possamos fazer de sua capacidade de leitura. Por isso, ao escrever um texto técnico, nossa meta deve ser neutralizar todas as variáveis que possam interferir na apreensão do conhecimento que estamos disponibilizando. Simplificando: quando escrevemos um texto técnico, todo cuidado é pouco!

Autoavaliações

Processamento da leitura

Competência textual é uma habilidade característica de todos os usuários de uma língua.

Essa competência implica a capacidade de:

a) criar empatia.
b) resumir textos.
c) buscar informações.
d) analisar argumentos.

Quando lemos, estamos participando do processo sócio-histórico de produção dos sentidos.

Nesse processo que começa na escritura – que desencadeia a leitura –, estão contidos os seguintes elementos fundamentais, com **exceção** do seguinte:

a) leitor.
b) texto.
c) autor.
d) assunto.

Tipos de leitores

Questão 3:

A presença do leitor faz com que, ao escrever, o autor de um texto expresse sentimentos e ideias que não experimentaria se não as escrevesse ou as dissesse a alguém.

Nesse contexto, podemos dizer que o leitor construtor é aquele que:

a) é capaz de inventar o que o texto não diz.
b) é incapaz de atingir as intenções do autor do texto.
c) tem sempre em mente a integralidade das informações veiculadas.
d) desconsidera informações prévias para prever informações contidas no texto.

Questão 4:

Leitores construtores e analisadores possuem características diferentes. Ao contrário do leitor construtor, o leitor analisador é:

a) mais rápido.
b) mais atento.
c) mais criativo.
d) mais ousado.

Estratégias de leitura

Questão 5:

Quando lemos, construímos sentidos, e, livre dos limites do tempo e do contexto em que foi produzido, um único texto possibilita múltiplas leituras.

A apreensão dos sentidos inerentes a essas múltiplas leituras otimiza-se por meio das estratégias apresentadas a seguir, **com exceção** de:

a) buscar reescrever as ideias do autor.
b) avaliar a consistência das informações.
c) relacionar as diferentes partes do texto.
d) distribuir a atenção entre as informações mais relevantes e os detalhes.

Questão 6:

Os sentidos de um texto não são propriedades privadas do autor, não derivam da intenção e da consciência dos leitores.

Dessa constatação, surge o conceito de efeito-leitor, que está diretamente relacionado à:

a) identidade do autor.
b) progressão do texto.
c) decifração de segredos.
d) inconsistência da escritura.

Questão 7:

Alguns fatores influenciam os processos de compreensão e interpretação dos textos – falados ou escritos.

Entre esses fatores, podemos listar os seguintes, **com exceção** de:

a) tipologia.
b) ideologia.
c) coerência.
d) cooperação.

Leitor do texto técnico

Questão 8:

Definir, com clareza, o perfil do leitor é determinante da eficácia de um texto técnico.

Nesse contexto, a variável mais significativa é:

a) a ideologia desse leitor acerca do tema a ser tratado.
b) a titulação desse leitor na área de conhecimento do texto.
c) a visão de mundo desse leitor em outras áreas de conhecimento.
d) o grau de conhecimento desse leitor sobre o conhecimento técnico.

Questão 9:

O tipo de inteligência do leitor também é uma variável significativa no processo de leitura de textos técnicos.

Isso se dá porque alguns textos técnicos demandam a seguinte habilidade em alto grau:

a) empatia.
b) abstração.
c) persuasão.
d) imaginação.

Questão 10:

Se o texto não for interessante para o leitor, dificilmente a leitura será produtiva.

Nesse sentido, para aumentar o interesse do leitor de textos técnicos, uma estratégia possível a ser utilizada pelo autor é:

a) utilizar exemplos que remetam ao conhecimento de mundo de seus possíveis leitores.

b) criar cenários imaginários que motivem a capacidade criativa de seus possíveis leitores.

c) utilizar argumento de autoridade que comprove a veracidade dos fatos apresentados a seus possíveis leitores.

d) listar todas as fontes que assegurem a coerência das informações apresentadas a seus possíveis leitores.

Apêndice gramatical II

Neste apêndice, vamos enfocar as regras que orientam a correção ortográfica segundo as normas cultas da língua portuguesa.

Abordaremos, também, algumas palavras e expressões que, geralmente, oferecem mais dificuldade de aplicação em nossa língua.

Veremos, ainda, as novas regras de utilização do hífen segundo o Novo Acordo Ortográfico da Língua Portuguesa.

Devemo-nos lembrar, contudo, de que apenas a leitura de bons textos e a prática escrita constantes são eficientes para a correção dos muitos problemas ortográficos que, em geral, assombram os usuários do português.

Correção ortográfica

Uso do "h"

Utilizamos a letra "h" na língua portuguesa:

A) Ao fim de algumas interjeições:

- **ah!**, **oh!**

B) Quando a etimologia ou a tradição escrita de nosso idioma determina essa forma para o início de algumas palavras:

- **h**ábito, **h**álito, **h**élice, **h**erança, **h**erói, **h**esitar, **h**iato, **h**ífen, **h**igiene, **h**onesto.

A letra "h" só aparece no interior dos vocábulos quando:

A) Faz parte dos dígrafos "ch", "lh" e "nh":

- fe**ch**o, fo**lh**a, rai**nh**a.

B) Se faz presente nos compostos em que o segundo elemento se une ao primeiro com hífen:

- pré-**h**istória, anti-**h**igiênico.

Devemos observar que, nos compostos sem hífen, eliminamos o "h" do segundo elemento.

Exemplos:
- reaver, desabitado, desonra.

Por tradição, grafa-se com "h" o nome do estado "Bahia". Já o acidente geográfico é grafado sem "h": "baía de Todos os Santos".

Uso do "s"

Utilizamos a letra "s" na língua portuguesa:

A) Nos adjetivos terminados pelos sufixos "-oso", "-osa", indicadores de abundância, estado pleno:

- form**oso**, horror**osa**.

B) Nos sufixos "-ês", "-esa", "-isa", indicadores de origem, título de nobreza ou profissão:

- franc**ês**, duqu**esa**, poet**isa**.

C) Depois de ditongos:

- c**ois**a, m**aus**oléu.

D) Nas formas dos verbos "pôr" e "querer":

- pu**s**, pu**s**er, pu**s**esse; qui**s**, qui**s**er, qui**s**esse.

E) Nos substantivos cognatos de verbos terminados em "-ender":

- defe**s**a – de "defender" –, repre**s**a – de "prender".

Uso do "z"

Empregamos a letra "z" na língua portuguesa:

A) Nos sufixos "-ez", "-eza", formadores de substantivos abstratos a partir de adjetivos:

- insensat**ez** – que vem de "insensato" –, magr**eza** – que vem de "magro".

B) Nos derivados em "-zal", "-zeiro", "-zinho(a)", "-zito(a)":

- cafe**zal**, cafe**zeiro**, ave**zinha**, ave**zita**.

C) No sufixo "-izar", formador de verbo:

- canal**izar** – que vem de "canal" –, atual**izar** – que vem de "atual".

D) Nos derivados de palavras cujo radical termina em "–z":

- cruzeiro – que vem de "cruz" –, enraizar – que vem de "raiz".

Muito cuidado! Em palavras como "analisar" e "pesquisar", não ocorre o sufixo verbal "-izar".

Exemplos:
- análi**s**e + ar = anali**s**ar;
- pesqui**s**a + ar = pesqui**s**ar.

Uso de "-inho" e "-zinho"

Os sufixos "-inho" e "-zinho" são utilizados na língua para a formação do grau diminutivo. Para formar o grau diminutivo com esses sufixos, devemos considerar a terminação da palavra primitiva, que deu origem ao grau diminutivo:

A) Se a palavra primitiva termina em "s" ou "z", basta acrescentar o sufixo "-inho(a)".

B) Se ela apresentar outra terminação, devemos acrescentar o sufixo "-zinho(a)":

- pire**s** + inho = pire**s**inho, rai**z** + inha = rai**z**inha, pé + **z**inho = pe**z**inho.

Uso de "g"/"j"

Empregamos a letra "g":

A) Nas palavras terminadas em "-ágio", "-égio", "-ígio", "-ógio", "-úgio":

- ped**ágio**, col**égio**, lit**ígio**, rel**ógio**, subterf**úgio**.

B) Nos substantivos terminados em "-gem", exceção feita a "pajem", "lajem" e "lambujem":

- verti**gem**, cora**gem**, ara**gem**.

Atenção! O substantivo "viagem" se escreve com "g", mas "viajem" – forma do verbo "viajar" – grafa-se com "j".

Empregamos a letra "j":

A) Em palavras de origem indígena ou africana:

- pa**j**é, can**j**ica, **j**iboia.

B) Nos verbos terminados em "-jar" ou "-jear":

- despe**j**ei, gor**j**eavam.

Uso de "x"/"ch"

A) Depois de ditongo, normalmente, empregamos "x":

- am**eix**a, c**aix**a, f**aix**a.

B) Depois da sílaba inicial "en-" ou "me-", empregamos "x":

- **enx**ame, **enx**oval, **enx**ada, **mex**er, **mex**icano, **mex**erica.

Os verbos "encher", "encharcar" e derivados, contudo, escrevem-se com "ch". "Mecha" e derivados também escrevem-se com "ch".

C) Palavras de origem indígena ou africana são grafadas com "x":

- **X**angô, **x**ará, **x**ingar.

D) Palavras do inglês aportuguesadas trocam o "sh" original por "x":

- **x**ampu – de *shampoo* –, **x**erife – de *sheriff.*

Uso de "e"/"i"

No que se refere ao emprego de "e"/ "i", devemos considerar que:

A) Os verbos terminados em "-uar" e "-oar" escrevem-se com "e" nas formas do presente do subjuntivo:

- efet**uar** – efetu**e**s, efetu**e** –; abenç**oar** – abenço**e**s, abenço**e**.

B) Os verbos terminados em "-uir", "-air" e "-oer" escrevem-se com "i" na 2ª e na 3ª pessoa do singular do presente do indicativo:

- poss**uir** – possu**i**s, possu**i** –; c**air** – ca**i**s, ca**i** –; m**oer** – mó**i**s, mó**i**.

C) Nas palavras formadas com o prefixo "ante" – antes –, utilizamos "e":

- **ante**cipar, **ante**diluviano.

D) Nas palavras formadas com o prefixo "anti" – contra –, utilizamos "i":

- **anti**aéreo, **anti**tetânica.

Uso de "s"/"ç"/"ss"

No que diz respeito ao uso de "s"/"ç"/"ss", podemos afirmar que:

A) Verbos grafados com "-ced-", "-gred-", "-mit-", "-prim-" originam substantivos e adjetivos com "-cess-", "-gress-", "-miss-", "-press-":

- **ced**er > **cess**ão, a**gred**ir > a**gress**ão, o**mit**ir > o**miss**ão, com**prim**ir > com**press**ão.

B) Verbos grafados com "-nd-", "-vert-", "-pel-" originam substantivos e adjetivos com "-ns-", "-vers-", "-puls-":

- asce**nd**er > asce**ns**ão, prete**nd**er > prete**ns**ão, con**vert**er > con**vers**ão, ex**pel**ir > ex**puls**ão.

C) Verbos grafados com "-ter" originam substantivos grafados com "-tenção":

- abs**ter** > abs**tenção**, con**ter** > con**tenção**.

Uso de "k"/"w"/"y"

Utilizamos "k", "w" e "y":

A) Em abreviaturas e símbolos de termos científicos:

- **k**m – quilômetro –, **w** – watt –, **Y** – ítrio.

B) Em palavras estrangeiras não aportuguesadas:

- *kart, show, hobby.*

C) Em nomes próprios estrangeiros e derivados:

- Kant, Wagner, Hollywood, kantismo.

Formas variantes

Há palavras que podem ser grafadas de duas maneiras, ambas aceitas pela norma culta.

Exemplos:
- **co**ta/**qu**ota, **c**atorze/**qu**atorze, **c**ociente/**qu**ociente, **c**otidino/**qu**otidiano, conta**ct**o/contato, ó**pt**ica/ótica, se**cç**ão/se**ç**ão.

As regras de correção ortográfica segundo as normas cultas da língua não justificam todas as construções hoje a nossa disposição.

É importante lembrar sempre que as palavras – como organismos vivos – nascem e geram outras palavras antes de morrerem, permanecendo, portanto, sempre em transformação.

Conhecer as palavras, sua origem, sua história é o que determina o conhecimento – a cada momento – da correta grafia.

De fato, apenas a prática contínua da leitura de bons textos garante uma boa performance aos usuários da língua.

Uso do hífen

O hífen é comumente utilizado nas palavras compostas para ligação de elementos que mantêm unidade de sentido e acento próprios, tais como:

- arco-íris, decreto-lei, tenente-coronel, tio-avô, turma-piloto, norte-americano, azul-escuro, segunda-feira, guarda-chuva, mato-grossense, couve-flor, Grã-Bretanha, bem-estar, recém-nascido.

Também empregamos o hífen para ligar duas ou mais palavras que, ocasionalmente, combinam-se para formar encadeamentos vocabulares e não, propriamente, novos vocábulos.

Exemplos:
- ponte Rio-Niterói, a relação Angola-Brasil.

Utilizamos o hífen, ainda, para marcação dos pronomes átonos em ênclise ou mesóclise.

Exemplos:
- comprá-los, lê-la, veja-as, amá-lo-ei, atribuir-lhe-emos.

Para clareza gráfica, se, no final de uma linha, a presença de palavra composta ou a combinação de palavras coincidir com o hífen, o Novo Acordo Ortográfico da Língua Portuguesa recomenda que ele seja repetido na linha seguinte.[15]

Exemplos:
- ex- -presidente, tranquilizá- -los, Rio- -Niterói.

O uso do hífen costuma oferecer dúvidas quando se trata da formação por prefixação ou sufixação. É o que veremos a seguir.

Hífen nas formações por prefixação e sufixação

Nas formações com prefixos, com elementos não autônomos, também conhecidos como "falsos prefixos", bem como com sufixos, só empregamos o hífen nos seguintes casos:

A) Diante de palavras iniciadas por "h":

- **anti-h**istórico, **sobre-h**umano, **super-h**omem.

Observação:
Não se usa, porém, o hífen nas formações que contêm, em geral, os prefixos "des-" e "in-", nas quais o segundo elemento perdeu o "h" inicial.

Exemplos:
- **desu**mano, **desu**midificar, **in**ábil, **inu**mano.

---

[15] Vale dizer, contudo, que essa prática ainda não foi bem-aceita no Brasil.

B) Quando o prefixo termina em vogal idêntica à do segundo elemento:

Exemplos:
- ant**i-i**bérico, aut**o-o**bservação, micr**o-o**ndas, contr**a-a**taque, sem**i-**interno.

Contudo, nas formações com o prefixo "co-", em geral, há a justaposição do prefixo ao segundo elemento, mesmo quando ele começa com "o":

Exemplos:
- **coo**brigação, **coo**rdenar, **coo**peração.

C) Nas formações com os prefixos "circum-" e "pan-", quando o segundo elemento começa com vogal, "m" ou "n" – além, é claro, do "h":

- **circum-e**scolar, **circum-n**avegação, **pan-a**mericano, **pan-m**ágico.

D) Nas formações com os prefixos "inter-", "hiper-", "super-" e "sub-", quando combinados com elementos iniciados por "r":

- **inter-r**acial, **hiper-r**equintado, **super-r**esistente, **sub-r**egião.

E) Nas formações com o prefixo "ex-", "sota-", "soto-", "vice-" e "vizo-":

- **ex-**presidente, **sota-**piloto, **soto-**mestre, **vice-**reitor, **vizo-**rei.

F) Nas formações com os prefixos tônicos "pós-", "pré-", "pró-", "além", "recém-", "aquém-", quando o segundo elemento tem vida à parte:

- **pós-**graduação (mas **pos**por), **pré-**determinado (mas **pre**ver), **pró-**africano (mas **pro**mover), **além-**túmulo, **recém-**chegado, **aquém-**mar.

G) Com os sufixos de origem tupi-guarani "-açu", "-guaçu" e "-mirim", quando o primeiro elemento acaba em vogal acentuada graficamente ou a pronúncia exige a distinção gráfica dos dois elementos:

- and**á-açu**, amor**é-guaçu**, ca**pim-mirim**.

Não utilização de hífen

Nas demais formações com prefixos, com elementos não autônomos, também conhecidos como falsos prefixos, bem como com sufixos, não empregamos o hífen. São elas:

A) Quando o prefixo ou o falso prefixo terminam em vogal e o elemento seguinte começa com "r" ou "s"– nesses casos, devemos duplicar essas consoantes:

- **antirrábico, antiss**ocial, **contrarr**egra, **micross**istema, **ultrass**om.

B) Quando o prefixo ou o falso prefixo termina em vogal e o segundo elemento começa por consoante diferente de "r" ou "s":

- **ante**projeto, **autop**eça, **geop**olítica, **micro**computador, **semin**ovo.

C) Quando o prefixo ou o falso prefixo termina em vogal e o segundo elemento começa por vogal diferente:

- **antia**éreo, **autoa**valiação, **coa**utor, **aeroe**spacial, **anteo**ntem, **infra**estrutura.

D) Quando os prefixos "inter-", "hiper-", "super-" e "sub-" se unem a elementos não iniciados por "r":

- **interm**unicipal, **hiperm**ercado, **superin**teressante, **subt**ônico.

E) Quando as palavras já perderam a noção de composição:

- **girass**ol, **madress**ilva, **paraq**uedas, **pontap**é.

Palavras e expressões que oferecem dificuldade

"Que"/"quê"

Frente a várias construções da língua – de sons ou formas muito semelhantes –, é comum sentirmo-nos confusos.

Isso ocorre, frequentemente, com a palavra "que", que desempenha vários papéis na estrutura da frase, principalmente, quando acompanhada de preposição "por". Vejamos seus empregos mais frequentes:

A) Em final de frase, a palavra "que" sempre deve ser acentuada:

- Você vive de **quê**?
- **Quê**?! Vou ter de ficar aqui esperando?!

B) Quando a palavra "que" equivale ainda a "alguma coisa", "certa coisa", também é acentuada:

- Havia um **quê** de apreensão em sua pergunta.
- Há um **quê** bem interessante nessa questão.

C) Em quaisquer outras situações, a palavra "que" não se acentua:

- Perguntaram (o) **que** iríamos fazer.
- É preciso **que** todos tenham conhecimento do problema.
- Quase **que** perdemos a proposta.

"Por que"/"por quê"

E por que será que existem tantos "por quês"?
Escrevemos "por que" – preposição + pronome:

A) Quando equivale a "pelo qual" e flexões:

- Este é o caminho **por que** passo todos os dias./Este é o caminho **pelo qual** passo todos os dias.

B) Quando, depois dele, vier escrita ou subentendida a palavra "razão". Se ocorrer no final da frase, deverá ser acentuado:

- **Por que razão** ele não compareceu?
- **Por que** chegou atrasado?
- Você não compareceu **por quê**?

Escrevemos "por que" – preposição + conjunção – quando ele equivale a "para que":

- Esforçamo-nos **por que** todos possam trabalhar em equipe.

"Porque"/"porquê"

Vamos entender agora por que utilizamos "porque" junto:

A) Grafamos "porque" – junto e sem acento – quando se trata de uma conjunção explicativa ou causal. Geralmente, equivale a "pois" ou a "visto que":

- Conseguimos alcançar a meta **porque** nos esforçamos bastante.

B) Escrevemos "porquê" – junto e com acento – quando se trata de um substantivo, que tem o mesmo sentido da palavra motivo.

Nesse caso, virá precedido de artigo ou de outro determinante. Se ele vier no final de frase, também será acentuado:

- Nem nós mesmos sabemos o **porquê** desse resultado.
- Eis o **porquê**.

"Onde"/"aonde"

Empregamos "aonde" com verbos que dão ideia de movimento ou aproximação. Nesse sentido, a expressão equivale a "para onde" e se opõe a "donde", que indica afastamento.

Exemplos:
- **Aonde** nos leva tal rapidez?
- Sabemos exatamente **aonde** queremos chegar.

Naturalmente, com verbos que não expressam ideia de movimento, empregamos "onde".

Exemplos:
- **Onde** vocês estão?
- Não sei **onde** te encontrar.

"Mau"/"mal"

"Mau" é sempre um adjetivo – seu antônimo é "bom" –; refere-se, pois, a um substantivo e pode variar em número, sendo usado também no plural.

Exemplos:
- Escolhi um **mau** momento para marcar as férias.
- Todos nós passamos por **maus** momentos.

"Mal", por sua vez, pode ser:

A) Advérbio de modo – antônimo de "bem":

- Estou me sentindo muito **mal**.

B) Conjunção temporal – equivale a "assim que":

- **Mal** chegou, saiu.

C) Substantivo – quando precedido de artigo ou de outro determinante. Admite o plural "males":

- Este **mal** não tem remédio.
- Há **males** que podem ser remediados.

"A"/"há" na expressão de tempo

Na indicação de tempo já transcorrido, empregamos "há" – verbo "haver" no sentido de "fazer" – para assinalar tempo passado.

Exemplo:
- **Há** dois meses que ele não aparece no trabalho.

Por outro lado, utilizamos a preposição "a" para indicar tempo futuro.

Exemplo:
- Daqui **a** dois meses, ele aparecerá.

"Há cerca de"/"acerca de"

A expressão "há cerca de" significa um período mais ou menos determinado de tempo já transcorrido ou uma distância.

Exemplo:
- **Há cerca de** dois meses, fechamos o orçamento.

"Acerca de" é uma locução, utilizada com o mesmo sentido de "a respeito de" ou "sobre".

Exemplo:
- Ainda não temos notícias **acerca de** nosso aumento.

"Mas"/"mais"

"Mas" é uma conjunção adversativa, que indica, obviamente, uma contrariedade. Pode ser substituída, portanto, por outra conjunção adversativa – "porém", "contudo", "todavia", "entretanto".

Exemplo:
- Eu iria ao cinema hoje, **mas** tive de ficar até mais tarde no trabalho.

"Mais", por sua vez, é um advérbio de intensidade, que também pode dar ideia de adição. Invertendo o significado da frase, pode ser substituído por "menos".

Exemplo:
- Sem dúvida, é o **mais** dedicado do grupo!

"Ao encontro de"/"de encontro a"

"Ao encontro de" e "de encontro a" são expressões opostas.

"Ao encontro de" significa "aproximar-se de", "ser favorável a".

Exemplo:
- Estamos de acordo. Sua proposta vem exatamente **ao encontro de** nossos interesses.

"De encontro a" tem o sentido de "choque", "oposição", "colisão".

Exemplo:
- As opiniões dele sempre vieram **de encontro às** nossas. Ele nunca nos ajudou!

"Afim"/"a fim"

"Afim" é um adjetivo, que indica "semelhante", "próximo".

Exemplo:
- Suas ideias sempre foram **afins**.

"A fim" corresponde a uma parte da locução "a fim de", que possui o mesmo significado de "para" na indicação da ideia de finalidade.

Exemplo:
- **A fim de** alcançar seu objetivo, não mediu esforços.

"Demais"/"de mais"

"Demais" é um advérbio de intensidade, que tem o mesmo sentido de "muito" e modifica adjetivos, verbos ou outros advérbios.

Exemplos:
- Seu interesse pelos resultados da empresa sempre foi grande **demais**.
- Todos trabalhamos **demais** para finalizar este projeto.
- Estou bem **demais** aqui para procurar outro emprego.

"Demais" também pode ser pronome indefinido e, nesse sentido, tem o mesmo valor de "outros", "restantes".

Exemplo:
- Cumpriremos as **demais** exigências dentro do prazo previsto.

"De mais" é o oposto de "de menos" e modifica sempre um substantivo ou um pronome.

Exemplos:
- Temos pessoas **de mais** para preencher esta vaga.
- Nada **de mais** foi feito aqui.

"Senão"/"se não"

"Senão" tem o mesmo sentido de "caso contrário" ou "a não ser".

Exemplos:
- Temos de terminar o projeto, **senão** não receberemos no prazo.
- Não tinha defeitos, **senão** a impontualidade.

"Se não" expressa uma condição negativa, equivalendo, portanto, a "caso não".

Exemplo:
- **Se não** mantivermos a calma, não conseguiremos resolver essa confusão.

"À medida que"/"na medida em que"

"À medida que" indica desenvolvimento gradativo e tem o mesmo valor de "à proporção que".

Exemplo:
- **À medida que** crescermos, agregaremos mais componentes à equipe.

"Na medida em que" indica relação de causa e tem o mesmo valor de "porque", "visto que".

Exemplo:
- **Na medida em que** os resultados não foram os esperados, teremos de adiar o redimensionamento da equipe.

"Cessão"/"sessão"/"seção"/"secção"

"Cessão" indica "doação", ou seja, o ato de ceder.

Exemplo:
- Ele fez a **cessão** de seus direitos autorais.

"Sessão", por sua vez, é o intervalo de tempo que dura um evento, uma reunião, uma assembleia.

Exemplo:
- Reuniram-se em **sessão** extraordinária.

"Seção" – ou "secção" – é uma parte, um segmento ou uma subdivisão de um todo.

Exemplo:
- Obtivemos a notícia na **seção** final do manual de instruções.

"Eu"/"mim"

O pronome pessoal de 1ª pessoa "eu" funciona como sujeito, enquanto o pronome pessoal "mim" assume a função de complemento, vindo sempre regido de preposição.

O problema se dá quando, em certas construções, temos o pronome "eu" como sujeito preposicionado, o que só ocorre com verbos no infinitivo.

Observemos as seguintes construções em que os pronomes aparecem corretamente empregados:

- Deu as ordens **para mim**.
- Deu as ordens **para eu cumprir**.

Apesar da preposição, portanto, "para mim cumprir" seria uma construção inadequada.

Autoavaliações

Correção ortográfica

Questão 1:

O "s" intervocálico possui o mesmo som do "z" em português.
A palavra escrita **incorretamente** com "s" ou "z" é:

a) alizar
b) analisar
c) suavizar
d) hospitalizar

Questão 2:

O Novo Acordo Ortográfico da Língua Portuguesa definiu novas regras para uso do hífen.
Assinale "falso" ou "verdadeiro", considerando o uso do hífen:

"A infra-estrutura desta empresa não reflete a autodeterminação de seus dirigentes na adoção de medidas antiinflacionárias."

A construção correta seria: "A infraestrutura desta empresa não reflete a autodeterminação de seus dirigentes na adoção de medidas antiinflacionárias.".

a) Falso
b) Verdadeiro

Questão 3:

Os sufixos "inho" e "zinho" são utilizados de forma distinta para a formação de diminutivos.

A palavra grafada corretamente com "inho" ou "zinho" é:

a) cafezinho
b) lapizinho
c) pirezinho
d) perdisinha

Questão 4:

A língua admite duas construções com o mesmo som, mas sentidos diferentes nas palavras "viagem" ou "viajem".

A alternativa em que essas palavras estão grafadas corretamente é:

a) Viajem? Agora? Não creio que terei dinheiro...
b) Quero que eles viagem logo, antes que as férias acabem!
c) Quando será essa viajem? Não sei se poderei acompanhá-los...
d) Que eles viajem, vá lá, mas eu não posso pensar em viagem nem tão cedo!

Questão 5:

A letra "x", em várias circunstâncias, pode apresentar o mesmo som expresso pelo grupo "ch".

Em: "sei_o"; "cai_a"; "_enile" e "fei_e", a opção que preenche, corretamente, as lacunas é:

a) x – x – ch – x
b) ch – x – x – x
c) ch – x – x – ch
d) x – x – ch – ch

Questão 6:

A letra "s", em várias circunstâncias, pode apresentar sons iguais ou semelhantes àqueles expressos pela letra "x".

Correlacione as colunas:

1 . experto
2 . esperto
3 . expectador
4 . espectador

( ) ativo, diligente
( ) perito, especialista
( ) testemunha, observador
( ) pessoa que tem esperança

a) 4 – 3 – 2 – 1
b) 2 – 1 – 4 – 3
c) 3 – 4 – 1 – 2
d) 3 – 4 – 2 – 1

Questão 7:

Várias palavras, na língua, podem ser grafadas, indistintamente, com "c" ou com o grupo "qu".

Leia o enunciado apresentado a seguir e assinale "falso" ou "verdadeiro", considerando o uso de "c" e "qu":

"As palavras "quociente", "cotidiano" e "quatorze" estão grafadas corretamente; já as palavras "cociente", "quotidiano" e "catorze" não estão."

a) Falso
b) Verdadeiro

Questão 8:

A letra "g", em várias circunstâncias, pode apresentar o mesmo som expresso pela letra "j".

Considerando essa afirmativa, marque (1) para as palavras grafadas corretamente e (2) para as grafadas incorretamente:

( ) jiló
( ) giboia
( ) genipapo
( ) majestade

A sequência correta dos números nos parênteses é:

a) 1 – 2 – 2 – 2
b) 1 – 2 – 2 – 1
c) 1 – 2 – 1 – 1
d) 1 – 1 – 2 – 2

Questão 9:

A letra "s", em várias circunstâncias, pode apresentar os mesmos sons expressos pelas letras "x", "ç" e "ss".

Considerando essa afirmativa, marque (1) para as palavras grafadas corretamente e (2) para as grafadas incorretamente:

( ) exeção
( ) posseção
( ) dissensão
( ) excurssão

A sequência correta dos números nos parênteses é:

a) 1 – 2 – 2 – 2
b) 2 – 1 – 2 – 1
c) 1 – 2 – 1 – 1
d) 2 – 2 – 1 – 2

Questão 10:

Constitui erro bastante comum, na língua, a troca de "e" por "i" e vice-versa.

Leia o enunciado apresentado a seguir e assinale "falso" ou "verdadeiro", considerando o uso de "e" e "i":

"A palavra "impecilho" significa "obstáculo" e grafa-se com "i" no início."

a) Falso
b) Verdadeiro

Palavras e expressões que oferecem dificuldade

Questão 1:

"Mau" e "mal" são vocábulos que, frequentemente, são utilizados de forma incorreta pelos usuários da língua.

Considerando essa afirmativa, marque (1) para as frases corretas e (2) para as incorretas:

( ) Mau saiu, o visitante chegou.
( ) Sabe o J.J.? Está muito mau de vida.
( ) Você precisa corrigir esse mal hábito.
( ) Não fique perto dele: é um homem mau.

A sequência correta dos números nos parênteses é:

a) 1 – 2 – 2 – 2
b) 2 – 2 – 1 – 1
c) 1 – 2 – 1 – 1
d) 2 – 2 – 2 – 1

Questão 2:

"Onde" e "aonde" são advérbios que, muitas vezes, são utilizados de modo equivocado pelos usuários da língua.

Considerando o uso de "onde" e "aonde" nas frases apresentadas a seguir, a opção que preenche, corretamente, as lacunas presentes em cada uma delas é:

I) _____ você vai?
II) _____ você está?
III)_____ você mora?

a) Aonde – Onde – Onde
b) Onde – Aonde – Onde
c) Onde – Aonde – Aonde
d) Aonde – Onde – Aonde

Questão 3:

"Mas" e "mais" oferecem dificuldades aos usuários da língua.

Considerando essa afirmativa, marque (1) para as frases corretas e (2) para as incorretas:

( ) Você devia se divertir mas!
( ) Quero dormir, mais não posso.
( ) Coma mais! Você não comeu nada!
( ) Você não fez boa prova, mas passou.

A sequência correta dos números nos parênteses é:

a) 2 – 1 – 1 – 2
b) 2 – 2 – 1 – 1
c) 1 – 2 – 1 – 1
d) 2 – 2 – 2 – 1

Questão 4:

"Seção", "sessão" e "cessão" possuem o mesmo som, mas têm sentidos diferentes.

Considerando o uso dessas palavras nas frases apresentadas a seguir, a opção que preenche, corretamente, as lacunas presentes em cada uma delas é:

I) Você já visitou a _____ de perfumaria?
II) A _____ com o terapeuta durou duas horas.
III)A _____ começa às 20h10min em ponto.
IV)_____ de livros só amanhã. A biblioteca já fechou.

a) sessão – sessão – cessão – Seção
b) seção – sessão – sessão – Cessão
c) seção – sessão – secção – Cessão
d) cessão – secção – sessão – Sessão

Questão 5:

"Porque" e suas variações – junto ou separado e com ou sem acento – impõem dificuldades aos usuários da língua.

Considerando o uso dessas palavras, a opção que responde, corretamente, à pergunta presente na questão apresentada a seguir é:

"– Por que você vai sair tão cedo?"

a) – Porque tenho um compromisso e já estou atrasado.
b) – Porquê tenho um compromisso e já estou atrasado.
c) – Por que tenho um compromisso e já estou atrasado.
d) – Por quê tenho um compromisso e já estou atrasado.

Questão 6:

A acentuação gráfica das formas "porquê" e "por quê" segue normas determinadas na língua portuguesa.

Leia o enunciado apresentado a seguir e assinale "falso" ou "verdadeiro", considerando o uso de "por que" e "por quê":

"Em: "Você não virá? **Por quê**?", a expressão destacada é incompatível com a norma culta."

a) Falso
b) Verdadeiro

Questão 7:

"A" e "há" são palavras com valores diversos na língua, apesar de apresentarem o mesmo som.

Considerando o uso de "a" e "há" nas frases apresentadas a seguir, a opção que preenche, corretamente, as lacunas presentes em cada uma delas é:

I) _____ anos que não nos falamos.
II) Não posso falar agora, daqui _____ pouco eu ligo.
III) Parece que foi ontem, não? _____ quanto tempo estamos casados?

a) Há – a – A
b) A – há – Há
c) Há – a – Há
d) Há – há – Há

Questão 8:

"Acerca de" e "há cerca de" são expressões que oferecem dificuldades aos usuários da língua.

Considerando o uso dessas expressões, a opção que preenche, corretamente, as lacunas apresentadas nas construções a seguir é:

I) Viemos a esta cidade _____ de dois anos.

II) _____ novas regras, nada mais temos a dizer.

III) Existe um local adequado _____ alguns quilômetros.

a) acerca de – Acerca de – há cerca de
b) acerca de – Há cerca de – acerca de
c) há cerca de – Acerca de – há cerca de
d) há cerca de – Há cerca de – acerca de

Questão 9:

"Demais" e "de mais" possuem significados diferentes na língua, ainda que possuam o mesmo som.

Considerando essa afirmativa, marque (1) para as frases corretas e (2) para as incorretas:

( ) Falar de mais nem sempre é bom.
( ) Os demais candidatos não puderam comparecer.
( ) Este contrato é demais valor para nós que todos os outros juntos.
( ) Comunicaremos aos de mais interessados o adiamento da reunião.

A sequência correta dos números nos parênteses é :

a) 1 – 2 – 2 – 2
b) 2 – 2 – 1 – 1
c) 1 – 2 – 1 – 1
d) 2 – 1 – 2 – 2

Questão 10:

"Na medida em que" e "à medida que" são locuções que apresentam valores diferenciados na língua.

Considerando o uso dessas locuções, a opção que preenche, corretamente, as lacunas apresentadas nas construções a seguir é:

I) Ficávamos mais cansados _____ o trabalho aumentava.

II) _____ o tempo passava, as esperanças iam-se desvanecendo.

III)_____ tínhamos tempo, conseguimos escrever o projeto no prazo.

a) na medida em que – À medida que – À medida que
b) à medida que – À medida que – Na medida em que
c) à medida que – Na medida em que – À medida que
d) na medida em que – Na medida em que – À medida que

Módulo III – Processamento da escrita

Módulo III – Processamento da escrita

Neste módulo, como a fala e a escrita constituem modalidades diferentes de uso da língua, trataremos de suas diferenças básicas.

Além disso, para que possamos planejar, eficientemente, um texto, analisaremos a função da escrita, suas estratégias e, por fim, os processos de produção de um texto escrito.

Função da escrita

Nossa posição de sujeitos do discurso – aqueles que dizem/escrevem – é historicamente determinada. Embora essa forma-sujeito possa variar em diferentes momentos históricos, ela é constituída de forças antagônicas da estrutura social: a força que nos atribui autonomia em nosso dizer e a força que nos torna responsáveis por nosso dizer. Dessa dicotomia, origina-se nossa compulsão à originalidade, à criatividade, nossa necessidade de sermos visíveis, identificáveis, únicos.

Da adequação do que falamos/escrevemos às situações que vivemos, resulta a eficácia de nosso discurso, ou seja, o que pode e o que deve ser dito. Para os retóricos, escrevemos bem se nos expressamos com eficácia e expressamo-nos com eficácia se conseguimos que nosso interlocutor não apenas identifique nossas intenções comunicativas mas também altere seu comportamento em função dessa compreensão – efeito-leitor.

Entretanto, nossos interlocutores não podem ser vistos apenas como decifradores de mensagens, mas devem ser considerados sujeitos a serem influenciados por nossa argumentação. Desse modo, se nos preocupamos com a capacidade de compreensão de nosso interlocutor, nosso esforço deve-se voltar para a produção de textos legíveis e transparentes. Já a preocupação com o efeito-leitor nos levará a produzir textos atraentes e interessantes. Dessas duas preocupações, emergem mais duas metas: ser persuasivo e ser cativante. Assim, quando não alcançamos qualquer uma dessas metas, afetamos o texto. Na verdade, prejudicamos sua legibilidade.

Quando fazemos uso da linguagem, objetivamos convencer ou persuadir alguém. Essas duas estratégias são diferentes, pois podemos ser convincentes, sem sermos persuasivos, mas, para sermos persuasivos, necessariamente, seremos convincentes.

Podemos, por exemplo, convencer uma amiga de que ela precisa emagrecer, que precisa fazer um regime, mas, se ela não começar logo a dieta, se ela continuar comendo muito, mesmo que, com culpa, não teremos sido persuasivos.

Do mesmo modo, quando elaboramos um texto, devemos saber, de antemão, o que queremos: convencer ou persuadir. Se nosso objetivo é apresentar ideias que reforcem a razão de nosso interlocutor, nosso texto tem de ser convincente. Se, porém, nosso objetivo é levar nosso interlocutor a mudar de opinião sobre um dado assunto, nosso texto tem de ser persuasivo, ou seja, temos de adequar nossa linha argumentativa a nosso leitor, seja ele quem for.

Adequar nosso texto a nossos interlocutores não significa dizer que devamos abrir mão de nossas opiniões pessoais. Contudo, a defesa de pontos de vista pessoais não implica ou justifica que cada um de nós não tenha de respeitar padrões éticos que legitimam a comunidade da qual fazemos parte, e reconhecer tais coisas, certamente, fará com que, como autores, agreguemos valores a nosso trabalho.

Estratégias de escrita

Quando planejamos escrever um texto, nem sempre conhecemos nossos leitores. Por exemplo, uma turma de estudantes de uma escola particular tem um perfil bem diferente de um grupo de executivos de uma empresa. Nesses dois casos, estamos, pois, diante de sujeitos particulares que representam leitores também particulares. Nesse caso, o ideal é estabelecermos como foco de nosso trabalho o bom senso e a razão. Neutralizamos, dessa forma, algumas variáveis individuais que não poderemos controlar.

Outras vezes, contudo, nossa exposição pode-se dirigir a uma plateia com características bem-definidas. Quando escrevemos um livro, por exemplo, sabemos que nosso público-leitor poderá ser bem heterogêneo. Sob essa ótica, podemos dizer que nosso leitor é um "leitor universal".

Esses interlocutores são marcados por variáveis sobre as quais podemos exercer um certo tipo de controle. Podemos, por exemplo, tentar cativar sua atenção e simpatia, fazendo com que nosso texto considere suas características e seus interesses ou, ainda, adequando nosso texto à variedade da língua que ele utiliza.

O que importa é que, se não dominarmos o tema sobre o qual iremos escrever, se não formos capazes de adequá-lo a nosso leitor, nosso texto, certamente, estará fadado ao fracasso.

A fim de elaborarmos eficientemente nosso texto, temos de considerar dois aspectos extremamente importantes: nosso conhecimento sobre o assunto que iremos expor e nossa capacidade para adaptar esse assunto ao perfil do leitor de nosso texto.

Para isso, podemos contar com três procedimentos:

- interagir com outros especialistas, ou seja, trocar informações e experiências com os que já se envolveram com questões semelhantes;
- consultar fontes específicas e fundamentar, teoricamente, nosso texto em busca de reforço para nossa argumentação ou
- conhecer, previamente, o perfil de nosso interlocutor, o que significa saber, exatamente, para que tipo de plateia estaremos escrevendo, contemplando grau de escolaridade, cultura, motivações, etc.

Assim, em resumo, para produzirmos um texto coerente e interessante, devemos ter clareza sobre o assunto que iremos explorar e saber como organizar as informações relativas a essa ideia. E, para alcançar esse objetivo, temos de definir, exatamente, o que vamos dizer; fortalecer nosso conhecimento a respeito do tema e organizar a exposição do assunto de maneira lógica e atraente.

A elaboração de um texto eficaz pressupõe, portanto, um acurado planejamento, pois os resultados de um texto improvisado podem ser desastrosos. Dita a lógica que todo texto deve conter uma introdução, um desenvolvimento e uma conclusão. Dessa forma, nesse planejamento, devemos partir de considerações gerais – introdução – que devem ser previamente desenvolvidas, de modo a nos conduzir para o assunto em exposição – desenvolvimento – e, por último, chegarmos à finalização – conclusão –, que resumirá e consolidará os objetivos que nos levaram a produzir o texto.

Na introdução, devemos obter as condições necessárias para que se produzam três tipos de interação: entre nós e nossos interlocutores; entre nossos interlocutores e o assunto que estaremos desenvolvendo, e entre nós mesmos e o assunto que estaremos expondo. Dessa forma, na introdução, devemos despertar o interesse do leitor; focalizar, claramente, nossos objetivos e levar o leitor a se interessar pelas ideias expostas.

Como, no desenvolvimento, inserimos o maior volume de informação do texto, para facilitar sua leitura, devemos segmentar essas informações. Para fazer essa distribuição, podemos nos pautar em quatro diferentes métodos de organização textual:

- método cronológico – estabelecer uma sequência cronológica de acontecimentos, ressaltando sua linha temporal;

- método lógico – alinhar acontecimentos, estabelecendo entre eles vínculos lógicos de causa e consequência, por exemplo;
- método psicológico – determinar o ponto de maior interesse, destacando-o frente aos demais;
- método dramático – enumerar questões que levem à solução de um problema.

Na conclusão, devemos retomar o objetivo principal de nosso texto, articulando-o a tudo que apresentamos ao longo de nossa exposição. Assim, podemos elaborar a conclusão de diferentes maneiras:

- como um sumário conciso – consolidando as ideias apresentadas;
- com um apelo à aplicação – demonstrando a transformação das ideias apresentadas em ações;
- com uma ilustração rápida – reforçando, com exemplos, as considerações feitas;
- com o resgate de um ou mais pontos principais da exposição – enfatizando ideias ou objetivos principais da exposição;
- com uma citação incisiva – reforçando nossas ideias com um argumento de autoridade.

Escritura

Escrever, como podemos perceber, não é uma simples questão de inspiração. A escritura é um processo que envolve três fases: pré-escritura, escritura e pós-escritura.

Na fase 1 – pré-escritura –, definimos qual o objetivo de nosso texto. Essa fase se caracteriza pela busca de informações, de anotações, listagens, esquemas, ou seja, engloba tudo o que fazemos antes de começarmos, efetivamente, a escrever.

Na fase 2 – escritura –, começamos, realmente, a escrever e, baseando-nos nos objetivos que definimos, executamos as seguintes tarefas:

- geração de ideias – quando capturamos, em nossa memória, as informações que alimentarão nosso texto, em uma busca orientada tanto para o assunto de que iremos tratar quanto pelo tipo de leitor que pressupomos ter. Trata-se de uma tarefa recursiva, que será repetida sempre que precisarmos de outras informações para tornar nosso texto mais coeso e coerente;

- organização – quando organizamos, no plano textual, nossas ideias e as informações que conseguimos selecionar, para originar, daí, a primeira versão de nosso texto. Essa organização pode-se pautar em critérios cronológicos – primeiro escrevemos A e, depois, escrevemos B – ou em critérios hierárquicos – quando escrevemos A, discutimos, também, B e C.

Na fase 3 – pós-escritura –, fazemos a revisão do texto que produzimos, verificando os possíveis desvios em relação aos padrões linguísticos, a existência de sentidos imprecisos bem como a possível acessibilidade e a aceitabilidade do leitor.

Provavelmente, dessa fase, recursivamente, retornaremos à escritura, efetuando os ajustes necessários à obtenção de nossos objetivos. Isso ocorre porque, ao longo desse planejamento, a recursividade se faz presente. As ideias que selecionamos podem gerar novas ideias, e nossos objetivos podem-se modificar à medida que escrevemos.

Em resumo, o planejamento de um texto escrito pode ser representado conforme mostra a figura 7.

Figura 7
PLANEJAMENTO DA ESCRITA

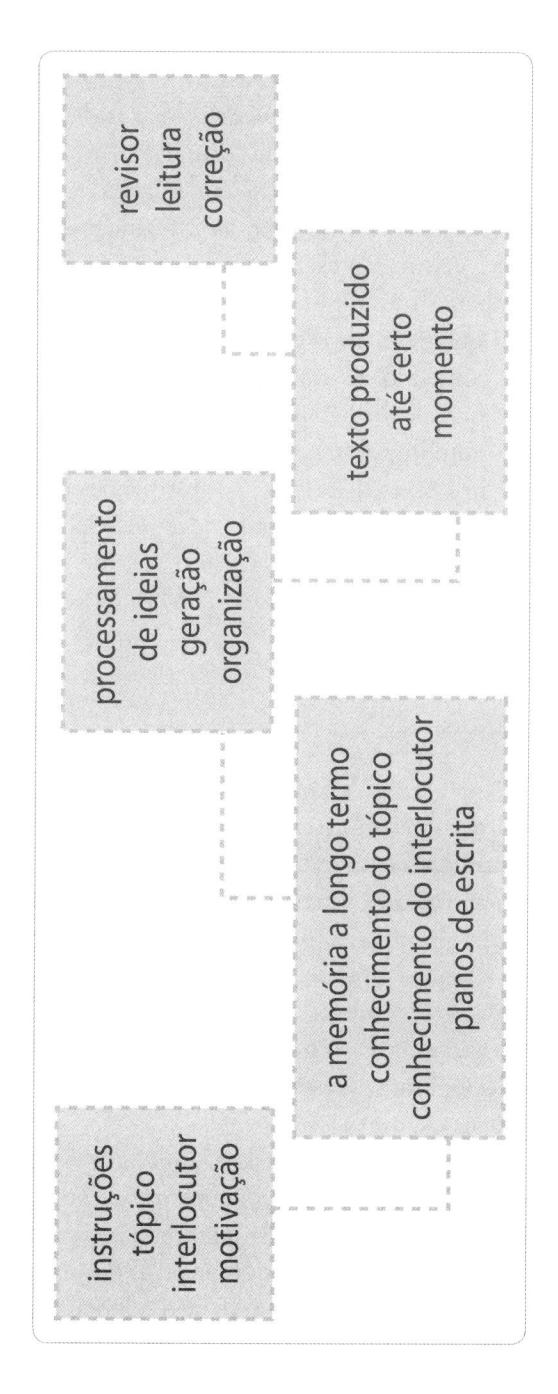

Escritura de textos técnicos

Na escritura de um texto técnico, temos de observar, basicamente, os requisitos do conteúdo e os da forma.

A variável mais significativa em relação ao conteúdo de um texto técnico é seu recorte, ou seja, as informações que lhe são realmente necessárias. Assim, ao escrever um texto técnico, devemos selecionar apenas – e apenas mesmo – as informações que são estritamente necessárias àquilo que desejamos transmitir. Os pré-requisitos para definição e recorte do conteúdo de um texto técnico são: a função desse texto; as informações que ele deve conter e o perfil do leitor desse texto.

Outro ponto importante a ser considerado é que, quando pensamos em elaborar um texto, listamos as informações que lhe são necessárias. A partir das informações listadas, devemos elaborar um resumo, para obter uma visão geral do texto. Caso o volume de informação do texto seja muito grande, o ideal é segmentá-lo em seções e escrever um resumo para cada uma dessas seções.

Vejamos um exemplo:

> Gasoduto
>
> O gasoduto começou a ser construído em março. Três engenheiros foram contratados para trabalhar no projeto. Dez dias depois do início das obras, constatamos que estávamos sendo vítimas de espionagem. Contornado o problema, o gasoduto foi inaugurado com sucesso.

A visão geral do texto nos permite avaliar a relevância das informações que selecionamos. Dessa forma, ela sinaliza a dimensão do trabalho que teremos ao escrever.

Hierarquizar é ordenar, ou seja, organizar as informações das mais abrangentes às mais específicas. A hierarquização nos permite verificar a complexidade das informações. As que apresentarem maior grau de complexidade devem ser segmentadas em tópicos. É provável que, nesse momento, os tópicos mais complexos tenham de se desdobrar em subtópicos.

Encadear as informações de um texto narrativo é relativamente fácil, pois a linha de tempo que está por trás dessas informações nos sinaliza por onde devemos começar. Encadear as informações de um texto técnico, entretanto, não é tarefa fácil, porque, nesse tipo de texto, é a seguinte relação – como mostra a figura 8 – que apontará o caminho desse encadeamento:

Figura 8
RELAÇÃO DE CAUSA E CONSEQUÊNCIA

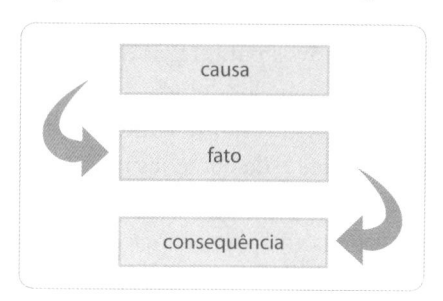

Quando encadeamos as informações que vão constituir um texto, chegamos ao esboço desse texto. Se o volume de informação do texto for muito grande, esse esboço nos sinalizará cada uma de suas seções. Se o volume de informação for pequeno, ele nos sinalizará cada um de seus parágrafos.

Contudo, como, nem sempre, somos os autores do conhecimento técnico sobre o qual vamos escrever, algumas vezes não conseguimos visualizar, com clareza, se as informações foram adequadamente encadeadas. O ideal, então, é disponibilizar o esboço de texto a leitores prévios, que não conheçam tão bem quanto nós o assunto sobre o qual estamos escrevendo e conheçam melhor que nós o assunto sobre o qual estamos escrevendo.

Depois dessas etapas, chegamos ao momento da escritura, ou seja, ao momento de escrever, desenvolver cada uma das informações que selecionamos para compor nosso texto. Nesse momento, para manter a unidade do texto, cada ideia, cada conceito deve ser tratado de forma independente e completa, em um único parágrafo, ou seja, para evitar a dispersão, cada ideia, cada conceito, cada informação tem de aparecer uma única vez, em um único lugar. Além disso, cada parágrafo deve ser introduzido por uma frase que, de forma bastante sucinta, sinalize ao leitor o que nele será tratado.

Terminada a primeira escritura, está na hora de lermos o que escrevemos e de cuidarmos do segundo requisito de um texto técnico: a forma. A leitura do que escrevemos permite verificar até que ponto as informações que constituem cada parágrafo estão adequadamente encadeadas, isto é, se existe coesão entre elas.

Quando o encadeamento das informações chega ao nível do parágrafo, reforçamos a unidade do texto, sua textualidade. Se percebemos que as informações não estão bem-encadeadas, devemos reescrever os parágrafos. Se necessário, novos parágrafos devem ser criados.

Se o texto for muito longo, podemos quebrá-lo em capítulos e seções. A leitura do que escrevemos nos permite, ainda, verificar a adequação do tamanho dos períodos e das orações que constituem nosso texto. Nesse momento, devemos lembrar que a nossa memória de curto prazo só nos permite processar, com êxito, cerca de 21 palavras por oração. Assim, se construirmos períodos muito longos, o leitor não conseguirá processá-los e, logo, haverá chances de o conhecimento ser distorcido.

Além do volume de informação que inserimos em um período, temos de checar que informação é essa. As informações que constituem um período devem constituir uma unidade temática, ou seja, essas informações não podem ser independentes.

O mesmo se aplica às orações: devemos dosar o volume de informações que nelas inserimos. Para isso, temos de eliminar os detalhes supérfluos, o que não é tarefa fácil, apesar de absolutamente necessária, pois um texto prolixo dificulta sua compreensão. O mesmo ocorre com um texto denso: se é compacto e veloz, pode gerar subentendidos.

Ora, se o leitor é o alvo de nosso texto técnico, devemo-nos preocupar com a compreensão que ele terá do que escrevemos. Para facilitar essa compreensão, convém que, conforme o texto vá sendo construído, apresentemos conclusões parciais sobre as informações que estamos disponibilizando.

Ao leitor cabe articular essas conclusões ao conhecimento prévio que ele tem sobre o assunto tratado no texto, chegando, dessa forma, a novas conclusões. O texto técnico, por natureza, tem de ser claro. Temos de eliminar o que nele está subentendido. Desse modo, sem dúvida, as conclusões parciais vão compor a conclusão final do texto. Em resumo: um texto técnico não pode ser um desafio para a inteligência do leitor.

Se um texto denso é complexo, por outro lado, a prolixidade também o é, já que ela quebra a unidade do texto. Assim, se nada mais temos a dizer, que nada seja dito! Existem informações e palavras que são realmente desnecessárias.

Contudo, é preciso cuidado: é fácil confundirmos o leitor com títulos que não têm nada a ver com o texto. Além disso, não devemos poluir o texto com muitos títulos. Abrir discussões paralelas, não pertinentes ao assunto de que estamos tratando, empolgar-nos, querer mostrar vasta cultura, essas são algumas das causas de um texto prolixo.

Além disso, nos textos técnicos, o jargão intimida o leitor, aumentando o sentimento de ignorância – falta de conhecimento – das informações expressas no texto.

Se o texto é longo, está na hora de criar títulos para suas seções. Desses títulos, construiremos o sumário do texto, que consiste em uma enumeração das partes principais de um texto muito longo. Ele pode ser dividido em seções, cujos títulos são apresentados na mesma ordem em que aparecem no texto. A sumarização, portanto, é bastante útil, pois visa criar uma unidade e facilitar a visão do conjunto, do todo.

A etapa seguinte, escrita a versão inicial do texto, é o momento de revisá-lo. Novamente, nossa preocupação recai sobre o requisito que diz respeito ao cuidado com a forma do texto técnico. Devemos lê-lo em voz alta, revisá-lo por partes e cuidar da numeração das seções, das páginas, das notas e das referências. Não devemos deixar passar nada!

Revisão feita, é o momento de reescrever, refinar o texto, o que significa avaliar como tratamos os dois requisitos básicos de um texto técnico – conteúdo e forma. Significa, ainda, ter cuidado com o recorte do conteúdo, a organização, o encadeamento e a densidade de informações no texto como um todo – nos parágrafos, nos períodos, nas orações –, além do cuidado com a disposição do texto, das imagens, dos gráficos.

Reescrita feita, é hora de diagramar o texto. A diagramação bem-feita, sem dúvida, otimiza a compreensão do texto. Quando a diagramação estiver pronta, será o momento de submeter o texto à crítica dos leitores. Se possível, devemos submeter nosso trabalho a mais de um leitor: como dissemos, um que conheça mais e outro que conheça menos do que nós o assunto tratado.

Críticas feitas, é preciso gerar a versão final do texto, incorporando as contribuições e as sugestões recebidas. Gerada a versão final, é o momento de divulgá-lo. É bem provável que, quando divulgarmos nosso texto, ele ainda receba mais contribuições, críticas e sugestões. Não devemos deixar de incorporá-las, porque, como não existem verdades absolutas, o conhecimento se constrói na troca.

A figura 9 resume o processo de construção de um texto técnico. Nela, podemos verificar os seguintes passos:

1. definir a função do texto – esse é um texto informativo, de referência, de operação, de divulgação?
2. definir o perfil do leitor – qual o grau de conhecimento do leitor em relação às informações técnicas a serem disponibilizadas no texto?
3. definir e recortar a informação – que conceitos, informações, fatos são imprescindíveis a esse conhecimento técnico?
4. organizar as informações – como encadear as informações?
5. resumir as informações em sumário – qual a importância de cada informação para o conhecimento técnico a ser disponibilizado? o que não pode deixar de ser expresso?
6. submeter o sumário à crítica – são essas as informações mais relevantes para o conhecimento técnico a ser disponibilizado?
7. definir o formato do texto – como será o texto?
8. gerar o texto inicial;
9. revisar o texto inicial – parágrafos introduzidos por uma frase? parágrafos, períodos, orações muito longos? volume adequado de informações por parágrafos, períodos, orações? títulos adequados? prolixidade? excesso de termos técnicos?
10. corrigir o texto inicial;
11. submeter o texto à crítica – as informações são realmente significativas? estão corretas? estão completas?
12. reescrever o texto;
13. diagramar o texto – como formatar e dispor as informações no papel ou na tela?
14. imprimir e rever a prova – que problemas podem ser corrigidos?
15. fazer o índice;
16. imprimir/disponibilizar o texto – qual a melhor forma de divulgação do texto?

Figura 9
ETAPAS DA ESCRITA

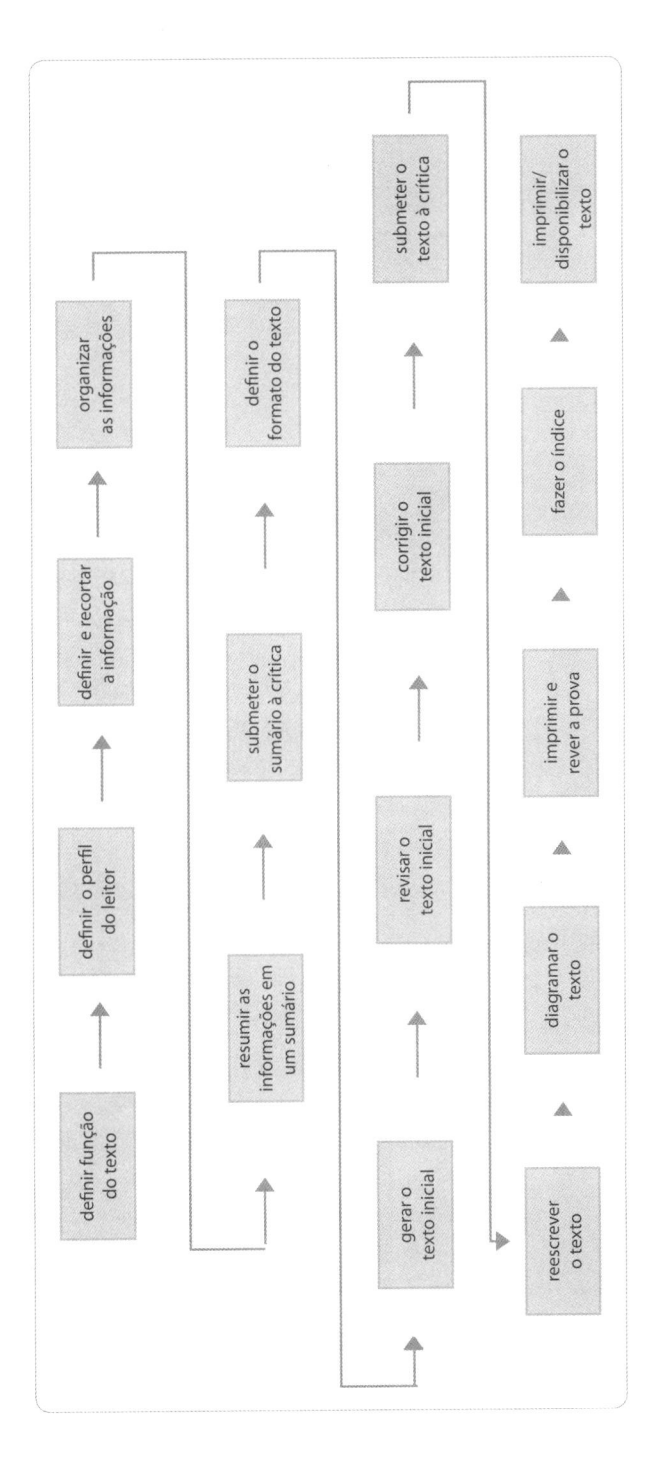

Autoavaliações

Função da escrita

Questão 1:

Da adequação do que falamos/escrevemos às situações que vivemos, resulta a eficácia de nosso discurso.

Podemos dizer que um discurso é eficaz quando:

a) expressa as reais intenções de seu autor.
b) é corretamente compreendido por seu leitor.
c) vai além de sua intenção comunicativa original.
d) é capaz de alterar o comportamento de seu leitor.

Questão 2:

Prejudicamos a legibilidade de nossos textos quando não consideramos algumas metas no processo de construção textual.

Duas dessas metas são:

a) ser rápido e conciso.
b) ser inovador e criativo.
c) ser persuasivo e cativante.
d) ser inteligente e complexo.

Questão 3:

Quando fazemos uso da linguagem, objetivamos convencer ou persuadir alguém.

Convencer e persuadir são elementos diferentes. Nesse sentido, podemos afirmar que:

a) persuadir é mais do que convencer alguém.
b) convencer é mostrar que há apenas uma verdade.
c) convencer é ser capaz de fazer alguém mudar de opinião.
d) persuadir é fazer alguém chegar à compreensão de seu ponto de vista.

Estratégias de escrita

Questão 4:

Se não dominarmos o tema sobre o qual iremos escrever, se não formos capazes de adequá-lo a nosso leitor, nosso texto, certamente, estará fadado ao fracasso.

Nesse processo, algumas vezes, nosso texto conta com um leitor-universal, e uma das características desse tipo de leitor é:

a) falar várias línguas.
b) ser bastante heterogêneo.
c) conhecer todos os assuntos.
d) possuir habilidade diferenciada de interpretação.

Questão 5:

A fim de elaborarmos eficientemente nosso texto, temos de considerar dois aspectos extremamente importantes: nosso conhecimento sobre o assunto que iremos expor e nossa capacidade para adaptar esse assunto ao perfil do leitor de nosso texto.

Para isso, podemos contar com os seguintes procedimentos, **com exceção** de:

a) consultar fontes específicas.
b) interagir com outros especialistas.
c) buscar escrever sobre temas novos.
d) conhecer, previamente, o perfil de nosso interlocutor.

Questão 6:

No desenvolvimento de um texto, inserimos o maior volume de informação e, para facilitar sua leitura, devemos segmentar essas informações. Para fazer essa distribuição, temos, a nossa disposição, os seguintes métodos: cronológico, lógico, psicológico e dramático.

Uma característica do método lógico é:

a) alinhar os fatos segundo sua temporalidade.
b) destacar o ponto de maior interesse no texto.
c) estabelecer entre os fatos relações de causa e efeito.
d) enumerar questões que levem à solução de um problema.

Questão 7:

Na conclusão, devemos retomar o objetivo principal de nosso texto, articulando-o a tudo que apresentamos ao longo de nossa exposição.

Entre as várias estratégias disponíveis, podemos elaborar uma conclusão da seguinte maneira:

a) despertando o interesse de nosso leitor.
b) focalizando, claramente, nossos objetivos.
c) repetindo as informações principais do texto.
d) resgatando um ou mais pontos principais da exposição.

Escritura

Questão 8:

A escritura é um processo que envolve três fases: pré-escritura, escritura e pós-escritura.

A fase de escritura pressupõe etapas dentre as quais podemos destacar:

a) a geração de ideias.
b) a busca de informações.
c) a definição dos objetivos do texto.
d) a verificação da aceitabilidade do leitor.

Escritura de textos técnicos

Questão 9:

O leitor é o alvo de nosso texto técnico; portanto, devemo-nos preocupar com a compreensão que ele terá do que escrevemos.

Para facilitar essa compreensão, convém que:

a) modifiquemos nossas ideias em função das expectativas de nossos leitores.
b) escrevamos apenas a leitores que possuem um ponto de vista semelhante ao nosso.
c) selecionemos, criteriosamente, palavras e termos que não vão chocar nossos leitores.
d) apresentemos conclusões parciais sobre as informações que estamos disponibilizando.

Questão 10:

Na escritura de um texto técnico, temos de observar, basicamente, os requisitos do conteúdo e os da forma.

Portanto, na produção de um texto técnico, temos de considerar várias etapas, dentre as quais **não** se inclui a seguinte:

a) definir a função do texto.
b) organizar as informações.
c) submeter o texto à crítica.
d) desconsiderar o perfil do leitor.

Apêndice gramatical III

Neste apêndice, vamos abordar as regras básicas que orientam o processo de concordância entre sujeitos e verbos – concordância verbal – e entre nomes – concordância nominal.

Esses mecanismos de concordância são fundamentais para o alcance da clareza no processo de construção textual, além de representarem uma fonte constante de recursos expressivos à disposição dos usuários da língua.

Concordância verbal

Regra geral

Concordância verbal é aquela que se estabelece entre os verbos e os diferentes elementos que praticam as ações por eles expressas – sujeitos.

Nesse processo, portanto, o verbo poderá aparecer no singular ou no plural, concordando sempre com uma das pessoas do discurso:

- 1ª pessoa – o enunciador (singular) ou os enunciadores (plural);
- 2ª pessoa – o interlocutor (singular) ou os interlocutores (plural);
- 3ª pessoa – aquela (singular) ou aquelas (plural) que, eventualmente, não participam do canal direto de comunicação.

A regra geral do processo de concordância verbal é muito simples: o verbo concorda em número e pessoa com o sujeito.

Observemos os exemplos que constam do quadro apresentado a seguir:

Quadro 4
EXEMPLOS DE CONCORDÂNCIA VERBAL

Exemplos	Forma verbal	Sujeito
"**Nós precisamos** de mais ajuda por aqui."	1ª pessoa do plural	Nós
"**Acreditas** realmente nisso?"	2ª pessoa do singular	Tu (implícito no enunciado)
"**O novo funcionário** não **foi** capaz de resolver o problema."	3ª pessoa do singular	O novo funcionário
"**Todos estarão** preparados para a entrevista."	3ª pessoa do plural	Todos

Concordância com o sujeito simples

Em se tratando de sujeitos simples, a regra geral é obedecida – o verbo concorda com o sujeito. Devemos tomar cuidado apenas ao identificarmos o sujeito da oração, o qual, nem sempre, vem antes do verbo ou encontra-se explicitamente grafado na oração.

Exemplos:
- **Aconteceram muitas transformações** na empresa, nos últimos tempos = **Muitas transformações aconteceram** na empresa, nos últimos tempos.
- A quem **pertencem esses rascunhos**? = **Esses rascunhos pertencem** a quem?
- Não nos **preocupam as novas diretrizes**, desde que sejam eficazes = **As novas diretrizes não nos preocupam**, desde que sejam eficazes.

Concordância com o sujeito composto

Com sujeito composto que aparece antes do verbo, o verbo irá para o plural, como em:

- **Os dicionários e o mapa chegaram**.

Em alguns casos, o verbo posposto ao sujeito admite também o singular:

A) Quando os núcleos são sinônimos ou quase sinônimos:

- **O rancor e o ódio deixou**-o perplexo.

B) Quando os núcleos vierem dispostos em gradação ou resumidos por um pronome indefinido:

- **Uma indignação, uma raiva profunda, uma raiva mortal dominava**-o.
- **Alunos, mestres, diretores, ninguém faltou**.

C) Quando o sujeito é formado de dois infinitivos que não exprimem ideias contrárias:

- **Trabalhar e estudar fazia** dele um homem feliz.

Quando o verbo aparece antes do sujeito composto, ele poderá ir para o plural ou concordar com o núcleo do sujeito mais próximo, como em:

- **Chegaram o mapa e os dicionários./Chegou o mapa** e os dicionários.

Sujeito composto por pessoas diferentes

Com sujeito composto formado por pessoas diferentes, dentre elas a 1ª pessoa, o verbo irá para a 1ª pessoa do plural:

Exemplo:
- **Eu, tu e ele resolveremos** o problema. = **Nós resolveremos** o problema.

Existindo a 2ª e a 3ª pessoa, o verbo poderá ir para a 2ª ou para a 3ª pessoa do plural:

Exemplos:
- **Tu e teu colega chegastes** cedo. = **Vós chegastes** cedo.
- **Tu e teu colega chegaram** cedo. = **Vocês chegaram** cedo.

Se o verbo vier antes do sujeito, também poderá concordar com o núcleo mais próximo.

Exemplo:
- Agora **percebes tu** e ele o grande erro.

Núcleos do sujeito unidos por "ou"

Com núcleos do sujeito ligados por "ou", devemos considerar duas possibilidades:

A) Se o "ou" possui valor excludente, o verbo fica no singular:

- **Roma ou Viena será** a próxima sede da companhia.

B) Se o "ou" não possui valor excludente, o verbo irá para o plural:

- **Roma ou Viena são** excelentes locais para a próxima sede da empresa.

No entanto, com a expressão "um ou outro" – que apresenta valor do "ou" excludente –, o verbo fica no singular.

Exemplo:
- **Um ou outro coordenador poderá** estar presente.

Núcleos do sujeito unidos por "com"

Com núcleos do sujeito ligados por "com", usamos, mais frequentemente, o verbo no plural, concordando com os dois elementos.

Exemplo:
- **O sr. Pedro Alcântara com os demais diretores da empresa estiveram** presentes à inauguração.

Quando desejamos, contudo, dar mais destaque ao primeiro elemento do sujeito ou quando o verbo vier antes do sujeito, poderemos utilizar o verbo no singular.

Exemplos:
- **O diretor**, com seu colegiado, **aprovou** as novas normas.
- Mal **saíra** da sala **o representante** com seu assistente, chegou a notícia.

Núcleos do sujeito unidos por "nem"

Com núcleos do sujeito ligados por "nem", usamos, mais frequentemente, o verbo no plural, concordando com os dois elementos.

Exemplo:

- **Nem o cansaço nem as dúvidas abalavam** sua vontade.

Contudo, é preferível o uso do singular quando o verbo precede o sujeito ou quando, entre os elementos do sujeito, existe ideia de exclusão, o que ocorre quando o fato pode ser atribuído a apenas um dos elementos do sujeito.

Exemplos:

- Aqui nunca **se recusou nem trabalho nem esforço**.
- **Nem Paulo nem Marcos será eleito** para o novo cargo.

Com a expressão "nem um nem outro" – ou mesmo com seu contrário "um e outro" –, o verbo poderá ir para o plural ou ficar no singular.

Exemplos:

- **Nem um nem outro são** capazes de responder a nossas dúvidas./**Nem um nem outro é** capaz de responder a nossas dúvidas.
- **Um e outro conheciam** bem o trabalho./**Um e outro conhecia** bem o trabalho.

Núcleos do sujeito correlacionados

Para estabelecer correlação entre os elementos que compõem o sujeito, podemos utilizar expressões como:

- "não só... mas também";
- "não só... como também";
- "não só... como ainda";
- "tanto... como";
- "tanto... quanto".

Nesses casos, o verbo irá para o plural, como em:

- **Não só os processos mas também a equipe foram** totalmente **reestruturados**.

- **Tanto a filial de Curitiba quanto a de Belém mantêm** alto padrão de qualidade em suas operações.

Concordância com o verbo "ser"

Há regras especiais para a flexão do verbo "ser", que determinam a concordância do verbo não com o sujeito, mas com o predicativo da oração ou, ainda, prescrevem uma forma invariável para o verbo. São elas:

A) Quando o sujeito for um pronome interrogativo "quem" ou "que", o verbo "ser" concorda com o predicativo:

- **Que são todos esses papéis** aqui esparramados?

B) Quando indicar tempo, data ou distância, o verbo "ser" concorda com o numeral:

- **É primeiro** de maio.
- **São três** quilômetros daqui até a cidade.

Devemos notar que o verbo "ser" concorda com o primeiro numeral que aparecer:

- **É uma hora** e trinta minutos.
- Já **são dez** para a uma.

C) Quando houver pronome pessoal, o verbo "ser" concorda sempre com ele, sendo sujeito ou predicativo:

- Os responsáveis **somos nós**.

D) Quando um dos elementos do sujeito ou do predicativo for pessoa, o verbo "ser" concorda, obrigatoriamente, com ele:

- **Juliana era** as esperanças da equipe.

E) Quando o sujeito for "tudo" ou um pronome demonstrativo neutro – "o" (antes de "que"), "isto", "isso", "aquilo" –, a concordância se faz, preferencialmente, com o predicativo:

- Nem tudo aqui **são flores.**/Nem **tudo** aqui **é** flores.
- O que mais me incomodava **eram as queixas infundadas.**/**O** que mais me **incomodava era** as queixas infundadas.
- Isto **são sintomas** menos graves./**Isto é** sintomas menos graves.

F) Quando o sujeito é um nome de coisa, no singular, e o predicativo, um substantivo no plural, o verbo "ser" vai para o plural:

- A causa da demissão **foram as reclamações** constantes do chefe.

G) Quando aparece nas expressões do tipo "é muito", "é pouco", "é suficiente", "é bastante", "é mais que" ("do que"), "é menos que" ("do que"), que exprimem preço, medida e quantidade, o verbo permanece invariável:

- Cem metros **é muito.**

H) Se, contudo, o sujeito vier determinado, o verbo "ser" irá para o plural:

- **Dois quilos é suficiente** para nós./**Esses dois quilos são suficientes** para nós.

Concordância dos verbos passivos

Um "se" pode-se juntar a um verbo transitivo direto para a formação de uma voz passiva especial na língua portuguesa, que se chama de sintética. Dessa forma, em um enunciado como:

- [Quanto faltaria] [para que **se percebesse a qualidade** dos documentos?]

A segunda oração, que gira em torno do verbo "perceber" – que é transitivo direto –, é passiva, já que ao verbo juntou-se a partícula apassivadora "se" para mostrar que a expressão "a qualidade dos documentos" é o sujeito que sofre a ação de ser percebido.

O enunciado apresentado como exemplo tem, portanto, o mesmo sentido de uma outra construção passiva em nossa língua, conhecida como analítica:

- [Quanto faltaria] [para que **a qualidade** dos documentos **fosse percebida**?]

Desse modo, na voz passiva sintética, existe um sujeito na oração que sempre atrai a concordância do verbo.

Exemplos:
- **Consertam-se relógios** nesta loja. = **Relógios são consertados** nesta loja.
- **Gastam-se milhões** a cada ano inutilmente. = **Milhões são gastos** a cada ano inutilmente.

Orações com sujeito indeterminado

O "se" – além de poder apassivar um verbo – pode, também, indeterminar um sujeito. Isso ocorrerá quando ele estiver ligado a verbos intransitivos ou transitivos indiretos.

Nesses casos – ao contrário do que ocorre com a partícula apassivadora "se", que se junta a verbos transitivos diretos –, o verbo permanecerá na 3ª pessoa do singular.

Exemplos:
- **Precisa-se** de mais funcionários neste setor.
- **Trabalha-se** com prazer nesta empresa.

Podemos notar, nos exemplos acima, a presença de um verbo transitivo indireto – "precisar" (que exige preposição obrigatória "de") – e de um verbo intransitivo – "trabalhar" (que não exige qualquer tipo de complementação obrigatória).

Devemos perceber, ainda, que, em nenhum dos dois exemplos, existe uma referência específica à pessoa ou às pessoas que precisam de mais funcionários ou que trabalham.

Trata-se, pois, de duas orações com sujeito indeterminado, o que justifica o uso de ambos os verbos no singular.

Orações com verbos impessoais

Verbos impessoais são aqueles que permanecem invariáveis no enunciado, sendo usados, portanto, apenas na 3ª pessoa do singular para assinalar orações sem sujeito.

Os verbos impessoais na língua portuguesa são:

A) Os que indicam fenômenos da natureza, como "chover", "trovejar", "relampejar", "nevar":

- **Choveu** muito ontem à noite.

Tais verbos, contudo, em sentido figurado, deixam de ser impessoais e passam a concordar com o sujeito da frase.

Exemplo:
- **Choveram dúvidas** durante toda a reunião.

B) Os verbos "haver" e "fazer" na indicação de tempo:

- **Há** muitos dias não o vejo.
- **Faz** muito frio aqui durante o inverno.

C) O verbo "haver" no sentido de existir:

- **Há** pessoas demais falando nesta sala.

Quando em locuções verbais, esses verbos levam seus auxiliares também à forma impessoal, na 3ª pessoa do singular.

Exemplos:
- **Tem de chover** hoje ou não suportaremos o calor.
- **Vai fazer** três anos que não a vejo.
- **Deve haver** mais cadeiras na outra sala.

Casos especiais

A língua portuguesa prevê vários casos especiais de concordância verbal, alguns até bastante polêmicos, que variam em função do contexto e do estado emocional dos enunciadores.

Enfocaremos, a partir de agora, os mais comuns, tendo sempre em vista sua aplicação prática. Eles se resumem à concordância com:

- coletivos;
- nomes que só se usam no plural;
- as expressões "mais de", "menos de" e "um dos que";
- as expressões do tipo "quais de nós" e "quais de vós";
- a expressão "haja vista";
- pronomes de tratamento;
- pronomes relativos;
- porcentagens e numerais fracionários;
- os numerais "milhão", "bilhão" e "trilhão";
- sujeito oracional;
- o verbo "parecer";
- os verbos "dar", "bater" e "soar".

Com coletivos

Quando o sujeito da oração é formado por um coletivo, o verbo fica no singular.

Exemplo:
- **A multidão aplaudiu** a excelente palestra com entusiasmo.

Contudo, se o coletivo vier especificado, o verbo pode ficar no singular ou no plural, o que se aplica, também, aos coletivos partitivos como "metade de", "grande parte de", "a maior parte de", "a maioria de".

Exemplos:
- **A multidão** de estudantes **aplaudiu** a linda jogada./A multidão **de estudantes aplaudiram** a linda jogada.
- **Grande parte** dos convidados **elogiou** a jogada./Grande parte **dos convidados elogiaram** a apresentação.

Com nomes que só se usam no plural

Com um nome que só se usa no plural, quando precedido de artigo ou determinado de outra maneira, o verbo concorda com o artigo ou com o termo determinante, indo, portanto, para o plural.

Contudo, quando esse nome não vem precedido de artigo, o verbo permanece no singular.

Exemplos:
- **As férias fazem** bem a todos.
- **Suas núpcias estão** próximas.
- **Pêsames significa** o mesmo que expressão de condolência.

Com substantivos próprios que só se usam no plural, o plural no verbo é determinado pelo uso do artigo junto a esses nomes.

Exemplos:
- Os Estados Unidos não assinaram o acordo para proteção do meio ambiente.
- **Minas Gerais é** um dos mais belos estados do Brasil.

Nos títulos de obras, é comum, com nomes no plural – ainda que antecedidos de artigo –, o emprego do verbo no singular.

Exemplo:

- **"As Diretrizes para Apresentação do Orçamento" representa** um dos documentos mais bem-elaborados deste setor.

Com as expressões "mais de", "menos de" e "um dos que"

Com as expressões que indicam quantidade aproximada, como "mais de", "menos de", "perto de", "cerca de", o verbo concorda com o numeral que se segue a essas expressões.

Exemplos:
- Mais de **um funcionário faltou** hoje./Mais de **dois funcionários faltaram** hoje.
- **Sobrou** menos de **um lugar** na sala./**Sobraram** menos de **10 lugares** na sala.

Com as expressões "um dos que", "uma das que", "um daqueles que", "uma daquelas que", o verbo irá para o plural.

Contudo, quando desejamos dar destaque ao elemento do grupo, dando a entender que ele se sobressai sobre os demais, admitimos também o singular.

Exemplo:
- O novo consultor é um **dos que mais se destacaram** na equipe neste ano./O novo consultor é **um** dos que mais **se destacou** na equipe neste ano.

Com as expressões do tipo "quais de nós" e "quais de vós"

Quando o sujeito é constituído de expressões formadas por pronomes indefinidos no plural – "quais", "alguns", "quantos", "muitos", "vários", "poucos", "quaisquer" –, seguidas de "de" ou "dentre" mais os pronomes pessoais "nós" ou "vós", o verbo pode concordar com o pronome indefinido ou com o pronome pessoal.

Exemplo:

- **Muitos** de nós **ficarão** até mais tarde amanhã?/Muitos de **nós fica-remos** até mais tarde amanhã?

Devemos notar que a opção pela concordância do verbo na 3ª pessoa do plural denota exclusão do enunciador, enquanto a opção pela 1ª pessoa do plural indica inclusão da pessoa que fala ou escreve.

Quando o pronome indefinido estiver no singular, o verbo ficará, obrigatoriamente, na 3ª pessoa do singular.

Exemplo:

- **Qual** de nós **está** disposto a isso?

Com a expressão "haja vista"

A expressão "haja vista" tem o sentido de "observado(s)"/"observada(s)", "à vista de", "atentando-se para". Com essa expressão – partindo-se dos sentidos apresentados –, existem três construções possíveis:

A) A primeira construção expressa a concordância do verbo com o sujeito da oração:

- **Hajam vista os problemas** recentes, adiaremos a reunião. = **Observados os problemas** recentes, adiaremos a reunião.

Para que o verbo fique no plural, é necessário, pois, que o sujeito também seja plural. Caso contrário, haja vista a regra, o verbo só poderá ser usado no singular.

B) A segunda construção considera que a oração que apresenta a expressão "haja vista" não tem sujeito, permanecendo o verbo, portanto, no singular:

- **Haja vista** os problemas recentes, adiaremos a reunião. = **À vista dos** problemas recentes, adiaremos a reunião.

C) A terceira construção, por fim, considera, também, a oração sem sujeito, mas com complemento preposicionado:

- **Haja vista aos** problemas recentes, adiaremos a reunião. = **Atentando-se para** os problemas recentes, adiaremos a reunião.

Com pronomes de tratamento

Quando o sujeito da oração é um pronome de tratamento, o verbo fica na 3ª pessoa – do singular ou do plural –, ainda quando estamos nos referindo à 2ª pessoa, que é o interlocutor do discurso.

Exemplos:
- **Sua Excelência**, o ministro das Relações Exteriores, **adiou** a coletiva à imprensa.
- **Vossas Senhorias** não **gostariam** de aguardar em um local mais confortável?

Com pronomes relativos

Com o pronome relativo "qual"/"quais" na função sujeito, o verbo concordará sempre com o antecedente do pronome.

Exemplos:
- Recebemos o documento e as notas **as quais precisam** ser corrigidas.
- Estou preparando a proposta e o contrato, **o qual deve ser anexado** à correspondência.

Quando o sujeito da oração é o pronome relativo "quem", o verbo fica no singular – concordando com esse pronome – ou com o antecedente do pronome relativo.

Exemplo:
- Sou eu **quem aprovará** a versão final./Sou **eu** quem **aprovarei** a versão final.

Quando o sujeito da oração é o pronome relativo "que", o verbo concorda com o antecedente desse pronome relativo.

Exemplos:
- Desconhecemos **as etapas** que **foram acrescentadas** posteriormente ao processo.
- Sou **eu** que **farei** a análise.

Contudo, quando o antecedente do relativo "que" funciona como predicativo da oração principal, o verbo pode ficar no singular ou concordar com o sujeito da oração principal.

Exemplo:
- Nós somos **os supervisores** que **arcarão** com as consequências./ **Nós** somos os **supervisores** que **arcaremos** com as consequências.

Com porcentagens e numerais fracionários

Quando o sujeito for indicado por uma porcentagem seguida de substantivo, o verbo pode concordar com o numeral que compõe a porcentagem ou com o substantivo – que é a tendência mais comum no Brasil.

Exemplos:
- 1% dos **novos contratos** ainda não **foram assinados./1%** dos novos contratos ainda não **foi assinado**.
- 25% do **orçamento destina-se** a aperfeiçoamento da equipe./**25%** do orçamento **destinam-se** a aperfeiçoamento da equipe.

Com sujeitos formados por numerais fracionários, a concordância, em geral, é feita com o numerador.

Exemplos:
- **Um terço** das receitas **será aplicado** na área de produção.
- **Dois terços** da equipe **votaram** a favor do plano.

Contudo, a concordância com o substantivo plural também não está incorreta, quando se trata de numerador unitário.

Exemplo:
- Um quarto dos **funcionários** da empresa **possuíam** diploma de nível superior.

Com os numerais "milhão", "bilhão" e "trilhão"

Os numerais "milhão", "bilhão" e "trilhão", quando seguidos de substantivos no plural, levam, preferencialmente, o verbo para o plural.

Exemplos:
- Um milhão de **reais serão gastos** em reformas estruturais na fábrica./ **Um milhão** de reais **será gasto** em reformas estruturais na fábrica.
- **Podem faltar** um bilhão e meio de **litros de petróleo** neste ano./ **Pode faltar um bilhão** e meio de litros de petróleo neste ano.

Como esses numerais são do gênero masculino, devem ser utilizados no masculino os artigos, os pronomes e os numerais que os precedem.

Exemplos:
- **Alguns milhares** de folhas serão **necessários**.
- **Esses dois milhões** de pessoas.

Outras formas adjetivas que se refiram ao sujeito constituído por esses numerais podem concordar com os numerais ou com os elementos contados.

Exemplos:
- **Os dois bilhões** de sementes que foram **estocados**./Os dois bilhões de **sementes** que foram **estocadas**.
- Foram **plantados dois milhões** de árvores./Foram **plantadas** dois milhões de **árvores**.

Com sujeito oracional

Algumas vezes, o sujeito de uma oração não possui um ou mais núcleos nominais, mas é composto por toda uma outra oração.

Quando o sujeito corresponde a toda uma oração, o verbo, necessariamente, aparecerá no singular.

Exemplo:
- **Fazer exercícios faz** bem à saúde.

No período indicado, o que faz bem à saúde é "fazer exercícios", oração que corresponde, portanto, ao sujeito do verbo "fazer", presente na segunda oração.

Com o verbo "parecer"

Com o verbo "parecer", seguido de infinitivo, temos duas possibilidades de concordância verbal:

A) A mais comum é flexionar apenas o verbo "parecer":

- **As pessoas todas pareciam não entender** o que estava acontecendo.

B) Podemos ainda flexionar o infinitivo, deixando o verbo "parecer" invariável:

- **Os dias parece se arrastarem** nesta época do ano. = **Parece se arrastarem os dias** nesta época do ano.

Sem o infinitivo e junto a uma conjunção "que", o verbo "parecer" fica no singular, como em:

- **As más notícias parece que** voam. = **Parece que as más notícias voam.**

Com os verbos "dar", "bater" e "soar"

Com os verbos "dar", "bater" e "soar", na indicação de hora, existe a concordância com o sujeito que, ocasionalmente, pode ser o número de horas.

Exemplos:
- **Deram duas horas** no relógio da fábrica.
- **Bateu** três horas em ponto **o relógio**.
- **Soaram** no sino **as badaladas** das seis horas.

É oportuno lembrar que o verbo "passar", quando se refere a horas, permanece no singular.

Exemplo:
- A propósito, já **passa das 11 horas**; acho que podemos encerrar por aqui.

Concordância nominal

Regra geral

Concordância nominal é aquela que se estabelece entre substantivos ou pronomes substantivos – conhecidos como determinados – e os diferentes elementos que os caracterizam – os elementos de natureza adjetiva, também chamados de determinantes.

Elementos de natureza adjetiva ou determinantes são aqueles que tendem a ter gênero e número dos determinados a que se referem. São eles:

A) Os adjetivos propriamente ditos:

- **Novas** e **eficientes** campanhas foram lançadas pela equipe de marketing.

B) Os artigos:

- **Uma** situação como essa é difícil de acontecer.

C) Os pronomes adjetivos:

- **Esses** papéis estavam sobre **minha** mesa.

D) Os numerais adjetivos:

- Contrataremos mais **duas** pessoas neste semestre.

E) Os particípios verbais:

- Sabemos que ele foi **despedido** por justa causa.

Nesse processo, portanto, os elementos de natureza adjetiva poderão aparecer no singular ou no plural, em sua forma masculina ou feminina, para estabelecer a concordância com o termo determinado – ou com os termos determinados – a que se referem.

É preciso tomar cuidado, portanto, com o gênero dos substantivos. A palavra "sentinela", por exemplo, é do gênero feminino, quer se refira a pessoas do sexo feminino ou masculino.

Exemplo:
- **As sentinelas** estavam **atentas** a tudo.

Um só determinante e mais de um determinado

Quando um determinante está caracterizando mais de um deter-minado, devemos considerar se ele aparece antes ou depois das palavras determinadas bem como o gênero dessas palavras.

Não devemos nos esquecer de que os termos determinantes são:

- os adjetivos propriamente ditos;
- os artigos;
- os pronomes adjetivos;
- os numerais adjetivos;
- os particípios verbais.

Determinante antes dos determinados

Aparecendo antes das palavras determinadas do mesmo gênero, o determinante concorda com a mais próxima em gênero e número – o que é mais comum – ou vai para o plural e para o gênero comum.

Exemplo:
- Receberam **oportuna visita** e notícia./Receberam **oportunas visita e notícia**.

Se as palavras determinadas forem de gêneros diferentes, o determinante concorda com a mais próxima em gênero e número – o que é mais comum – ou vai para o plural masculino.

Exemplo:
- Escolheste **má hora** e lugar./Escolheste **maus hora e lugar**.

Se as palavras determinadas se referirem a uma mesma pessoa ou coisa, ou se o determinante se referir a apenas uma delas, teremos o determinante no singular.

Exemplos:
- Sempre serei **seu fiel amigo e servidor**.
- Esperamos **bom preço e qualidade**.

Sendo o determinante um predicativo, ele irá para o singular ou para o plural, dependendo do verbo.

Exemplos:
- Estava **calmo o coordenador** e a supervisora durante a vistoria.
- Estavam **calmos o coordenador e a supervisora** durante a vistoria.

Antes de nomes próprios, contudo, o plural é obrigatório:

Exemplo:
- **As simpáticas Cíntia e Valéria.**

Determinante depois dos determinados

Vindo depois de palavras determinadas do mesmo gênero, o determinante concorda com a mais próxima em gênero e número ou vai para o plural e para o gênero comum, indiferentemente.

Exemplo:
- Estavam ali um jovem e um homem preocupado./Estavam ali um jovem e um homem preocupados.

Se as palavras determinadas forem de gêneros diferentes, o determinante concorda com a mais próxima em gênero e número ou vai para o plural masculino, indiferentemente.

Exemplo:
- Precisamos de material e **sala adequada**./Precisamos de **material e sala adequados**.

Se o determinante posposto for um predicativo, o plural é obrigatório.

Exemplo:
- **O diagramador e a coordenadora** estão **atrasados**.

Se o determinante for um pronome possessivo, deverá concordar com o termo mais próximo.

Exemplo:
- Por senso de responsabilidade e **vontade sua**, resolveu ficar.

É claro também que, se o adjetivo estiver se referindo somente a um substantivo, concordará apenas com o último substantivo.

Exemplo:
- Da janela, avistava sol e **mar azul**.

Um só determinado e mais de um determinante

Quando mais de um determinante está caracterizando uma única palavra determinada, temos duas possibilidades de concordância:

A) A palavra determinada vai para o plural, e os determinantes ficam sem artigo:

- Estudava **os idiomas francês, inglês e italiano**.

B) A palavra determinada vai para o singular, e o artigo é obrigatório a partir do segundo determinante:

- Estudava **o idioma francês, o inglês e o italiano**.

No caso de numerais ordinais que se refiram a um único substantivo, podem ser usadas as seguintes construções:

- A norma está relacionada a processos do **1º e 2º grau**./A norma está relacionada a processos do **1º e 2º graus**.
- **Os andares quinto e sexto** serão interditados.

Expressões com verbo "ser" mais adjetivo

As expressões "é bom", "é necessário", "é proibido", além de tantas outras formadas com o verbo "ser" mais um adjetivo são invariáveis.

Exemplo:
- **Bebida alcoólica é proibido** para menores.

Com sujeito precedido de artigo – ou palavra equivalente –, a concordância, contudo, é obrigatória.

Exemplo:
- **A bebida alcoólica é proibida** para menores.

Palavras sempre variáveis

Os adjetivos apresentados a seguir concordam em gênero e número com as palavras determinadas a que se referem:

A) "Anexo", "incluso":

- Seguem **anexos os documentos**.
- Vai **inclusa a procuração**.

A expressão "em anexo", contudo, é invariável, mas não é de bom tom segundo os padrões cultos da língua.

Exemplo:
- **Os documentos** seguem **em anexo**.

B) "Mesmo", "próprio":

- **Elas mesmas** realizarão a correção.
- **Eles próprios** estarão à frente do processo.

C) "Leso" – vem do verbo "lesar", no sentido de "prejudicar", mas é forma adjetiva:

- Burlar essas leis constitui crime de **lesa-pátria**.

D) "Obrigado", "agradecido", "grato":

- "Muito **obrigadas**", agradeceram **elas**.
- **Nós todos** estamos **agradecidos** por sua colaboração.
- **As secretárias** estavam **gratas** pela ajuda recebida.

E) "Quite":

- **Nós** estaremos **quites** depois desses acertos.

F) "Tal qual" – "tal" concorda com o termo anterior, e "qual", com o posterior:

- **Os funcionários** são **tais quais seus chefes**.
- **Os resultados** são **tais qual o planejamento**.

Palavras sempre invariáveis

As seguintes expressões não constituem adjetivos propriamente ditos, mas expressões invariáveis:

A) "Menos":

- Acredito que agora elas estejam **menos** ocupadas.

B) "Alerta":

- Estamos todos **alerta**.

C) "Salvo" – no sentido de "exceto", "com exceção de":

- **Salvo** prescrições contrárias ao acordo, tudo ocorrerá como havíamos previsto.

D) "Pseudo" e "todo" – quando usados em termos compostos:

- Acabamos descobrindo que eles eram **pseudoespecialistas**.

E) "A olhos vistos" – significa "visivelmente":

- Ela definhava **a olhos vistos**.

F) Substantivos adjetivados – alguns substantivos podem ser usados na caracterização de outros substantivos. Nesse caso, permanecem invariáveis:

- Comprei uma nova blusa **vinho**.

G) Adjetivos adverbiados – alguns adjetivos costumam ser usados não em referência a substantivos, mas como advérbios, para modificar verbos, adjetivos ou outros advérbios. Têm, assim, o mesmo sentido de advérbios terminados em "-mente":

- Ela falou **sério**. = Ela falou **seriamente**.

Palavras variáveis ou invariáveis

Algumas palavras e expressões da língua ora possuem valor adjetivo – concordando, pois, com os substantivos e os pronomes substantivos a que se referem, em gênero e número –, ora apresentam valor adverbial – modificando verbos, adjetivos ou outros advérbios, devendo permanecer, portanto, invariáveis.

Vejamos algumas delas a seguir:

Quadro 5
PALAVRAS COM VALOR ADJETIVO E ADVERBIAL

Exemplos	Valor adjetivo	Valor adverbial
bastante	"**Bastantes pessoas** estão presentes."	"Já trabalhamos **bastante** por hoje."
muito	"**Muitas pessoas** estão preocupadas com a situação."	"Essas cópias ficaram **muito** boas."
pouco	"**Poucos documentos** precisarão de revisão."	"Falar **pouco** é apropriado nessas circunstâncias."

continua

Exemplos	Valor adjetivo	Valor adverbial
meio	Expressando "metade de". Ex.: "Comi apenas **meia porção** no almoço."	No sentido de "mais ou menos". "A porta está **meio** aberta."
caro	"**Esta reforma** já está muito **cara**."	"Esses erros vão nos custar **caro**."
barato	"**Os fichários** serão **baratos**."	"Pagamos **barato** a nova construção."
longe	"Já percorremos **longes caminhos** para chegar aqui."	"Ainda estamos **longe** de alcançar nossos objetivos."
só	"**Elas** estão muito **sós** naquela sala."	"**Só** precisamos de um pouco mais de paciência."

"Possível"

A palavra "possível" em expressões superlativas, como "o mais", "o menos", "o melhor", "o pior", fica no singular, afastada ou não dessas expressões.

Exemplo:
- Quero materiais **o menos possível** caros./Quero materiais **o menos caros possível**.

Vai para o plural, contudo, quando o artigo vier no plural.

Exemplos:
- Dei-lhe **as** respostas mais espontâneas **possíveis**.
- Alcançaremos **os** resultados mais altos **possíveis**.

A expressão "quanto possível" é invariável.

Exemplo:

- Proporcionou-lhe informação **quanto possível**.

"Um ou outro", "nem um nem outro" e "um e outro"

Com as expressões "um ou outro" e "nem um nem outro", o substantivo sempre aparece no singular, tal qual o verbo, quando essas expressões assumem papel de sujeito.

Exemplos:

- **Um ou outro estagiário será** o responsável por esta árdua tarefa.
- **Nem um nem outro operário aderiu** à greve.

Com a expressão "um e outro", o substantivo é usado no singular, mas o verbo poderá aparecer no plural ou no singular quando essas expressões funcionarem como sujeito.

Exemplo:

- **Um e outro problema podem ser** facilmente **resolvidos./Um e outro problema pode ser** facilmente **resolvido**.

Se as expressões "nem um nem outro" e "um e outro" se referirem a nomes de gêneros diferentes, é mais comum o emprego de substantivo no masculino, contudo, cada núcleo da expressão pode concordar com o termo referido.

Exemplo:

- Quando contratamos **Pedro e Marta**, não sabíamos quanto **um e outro** seriam importantes para a empresa./Quando contratamos **Pedro e Marta**, não sabíamos quanto **um e outra** seriam importantes para a empresa.

Adjetivos compostos

Nos adjetivos compostos de dois ou mais elementos que se referem a nacionalidades, a concordância em gênero e número com o termo determinado só ocorrerá no último adjetivo do composto.

Exemplo:
- **A cultura** de negócios **anglo-germânica** é muito diferente da nossa.

Com adjetivos compostos que designam nomes de cores, o mais comum é deixar o primeiro adjetivo invariável – no masculino e no singular – e estabelecer a concordância do segundo com o determinado.

Exemplo:
- Havíamos escolhido **folhas** de papel **verde-escuras**.

Particípios verbais

Os particípios verbais concordam com o determinado.

Exemplos:
- **Terminados os preparativos** para a vistoria, só restava a todos aguardar.
- **Todas as notas** já foram **pagas** pela área contábil.

As palavras "dado" e "visto" são particípios e, desse modo, devem concordar com os termos por eles determinados.

Exemplos:
- **Vistas as circunstâncias**, devemos agir com rapidez.
- Precisamos manter a calma, **dada a gravidade** da situação.

Em um tempo composto na voz ativa, contudo, o particípio fica invariável.

Exemplo:
- **Os diretores** já **tinham iniciado** a reunião quando chegamos.

Concordância ideológica

A concordância ideológica ou silepse é aquela que se dá não com a forma gramatical das palavras, mas com seu sentido.

Podemos listar os seguintes tipos de silepse:

A) De gênero:

- **A dinâmica e populosa São Paulo** sofre com as enchentes (leia-se: cidade de São Paulo).
- **Vossa Majestade** está **preocupado** (tratando-se de um rei).

B) De pessoa:

- Infelizmente, **os brasileiros** não **comemoramos** a vitória da seleção (leia-se: nós, os brasileiros).

C) De número:

- *Os sertões* **conta** a guerra de Canudos (leia-se: a obra *Os sertões*).

Autoavaliações

Concordância verbal

Questão 1:

O verbo "haver" no sentido de "existir" é impessoal. Quando auxiliar, contudo, concorda com o sujeito a que se refere.

Leia a declaração apresentada a seguir e assinale "falso" ou "verdadeiro", considerando essas afirmações:

"Podemos afirmar que a frase: "Há de existir ruínas e mosquitos!" é compatível com a norma culta."

a) Falso
b) Verdadeiro

Questão 2:

Junto a verbos transitivos diretos, a partícula "se" possui valor apassivador.

O item **incompatível** com a variedade culta da língua no que se refere à concordância verbal é:

a) Fizeram-se novas chaves.
b) Consertaram-se as bicicletas.
c) Trocaram-se as demais mesas do bufê.
d) Procederam-se aos cálculos mais urgentes.

Questão 3:

Concordância verbal é aquela que se estabelece entre os verbos e os diferentes elementos que praticam as ações por eles expressas – sujeitos.

Das frases que se seguem, aquela em que o verbo deveria estar no plural concordando com o sujeito é:

a) Faltava um brinco e uma pulseira.
b) Pintou-se mal os quadros da galeria.
c) Hoje faz dois meses que nos conhecemos.
d) Atendeu-se a todos os aposentados que estavam na fila.

Questão 4:

Os verbos auxiliares que entram na formação de locuções verbais com os verbos "haver" e "existir" seguem as mesmas regras de concordância desses verbos.

Leia as frases abaixo e assinale a opção que apresenta uma variação dessas frases **incompatível** com a variedade culta da língua:

- Há um livro na estante.
- Existe um livro na estante.

a) Deve haver livros na estante./Devem existir livros na estante.
b) Parece haver livros na estante./Parecem existir livros na estante.
c) Há de haver livros na estante./Haverão de existir livros na estante.
d) Haverão de haver livros na estante./Haveria de existir livros na estante.

Questão 5:

Com as expressões que indicam quantidade aproximada, como "mais de", "menos de", "perto de", "cerca de", há casos em que o verbo poderá aparecer no singular ou no plural.

A alternativa que apresenta uma concordância verbal correta com essas expressões é:

a) Restava menos de dois quilômetros.
b) Perto de 10 funcionários compareceu.
c) Mais de uma pessoa assistiu à apresentação.
d) Cerca de duas páginas foi traduzida incorretamente.

Questão 6:

Em regra geral, com sujeitos compostos, o verbo vai para o plural, mas há exceções.

Leia a declaração apresentada a seguir e assinale "falso" ou "verdadeiro", considerando os casos especiais de concordância verbal em se tratando de sujeitos compostos:

"Podemos afirmar que a frase: "Medo e receio nos machucam o coração." é compatível com a norma culta."

a) Falso
b) Verdadeiro

Questão 7:

O verbo "ser" segue regras especiais de concordância.
O item que apresenta uma concordância do verbo "ser" compatível com a variedade culta da língua é:

a) São meio-dia e meia.
b) Os culpados são nós.
c) Os filhos era a alegria do pai.
d) É uma hora e cinquenta e nove minutos.

Questão 8:

A língua portuguesa apresenta muitos casos especiais em se tratando de concordância verbal.

Considerando essa afirmativa, marque (1) para as frases corretas e (2) para as incorretas:

(   ) Não se ouvia ruídos no porão.
(   ) Se não me engano, fazem uns três meses que eu o vi.
(   ) Era penosa a obrigação que os mantinham debaixo do mesmo teto.
(   ) Durante o encontro de casais, falou o padre, o sacristão e o coroinha.

A sequência correta dos números nos parênteses é:

a) 2 – 1 – 2 – 1
b) 1 – 2 – 2 – 2
c) 1 – 2 – 1 – 1
d) 2 – 2 – 2 – 1

Questão 9:

As expressões numéricas que assinalam tempo e distância implicam cuidados especiais de concordância.

A alternativa **incorreta**, considerando a variedade culta da língua no que diz respeito a essas expressões, é:

a) Vinte por cento dos cargos será extinto.
b) Doze dias é suficiente para você trazer a encomenda.
c) Eram duas horas e cinquenta minutos quando acordei.
d) No próximo dia 12, faz cinco anos que nos casamos.

Questão 10:

A expressão "um dos que" exige atenção especial no processo de concordância verbal.

Leia a declaração apresentada a seguir e assinale "falso" ou "verdadeiro", considerando a concordância verbal em se tratando da expressão "um dos que":

"Podemos afirmar que a frase: "Ele é um dos que conhecem o problema a fundo." é compatível com a variedade culta da língua."

a) Falso
b) Verdadeiro

Concordância nominal

Questão 1:

Em regra geral, palavras de natureza adjetiva concordam em gênero e número com os substantivos a que se referem.

Considerando essa afirmativa, marque (1) para as frases corretas e (2) para as incorretas:

( ) No quarto, havia discos bastantes preciosos.
( ) Anexa àquela mala de viagem foram enviadas as obras.
( ) O advogado classificou de ilegal as determinações do colega.
( ) Foi instituído, ontem de manhã, uma classe noturna só para zeladores.

A sequência correta dos números nos parênteses é:

a) 1 – 2 – 2 – 2
b) 2 – 2 – 1 – 1
c) 1 – 2 – 1 – 1
d) 2 – 2 – 2 – 2

Questão 2:

A concordância com pronomes de tratamento demanda cuidados especiais.

Leia a declaração apresentada a seguir e assinale "falso" ou "verdadeiro", considerando a concordância com esses pronomes:

"Podemos afirmar que a frase: "Vossa Excelência é muito interessante e bonita." é incompatível com a norma culta.

a) Falso
b) Verdadeiro

Questão 3:

A concordância nominal em língua portuguesa demanda atenção especial em vários casos.

A frase que se completa, corretamente, com a indicação entre parênteses é:

a) Oh! Perdi _____ óculos. (teu)
b) Agora há _____ coisas para fazer. (menas)
c) Nossa! Já é meio-dia e _____! Como estou atrasada! (meio)
d) Procurem por _____ homens com uma tatuagem em forma de borboleta! (quaisquer)

Questão 4:

Alguns nomes ora possuem valor adjetivo, ora apresentam valor adverbial.

A opção que, segundo a variedade culta da língua, mostra a correta flexão de uma forma adjetiva é:

a) Quero esta blusa! Ela está muito barato!
b) Nós lhes rogamos que não as deixem sós.
c) Aquelas mulheres sempre serão bastantes inteligentes para você!
d) Se ficarem pronto os pratos principais, não cancelaremos o jantar.

Questão 5:

No processo de concordância nominal, frequentemente, algumas formas flexionáveis causam confusão para os usuários da língua.

Segundo os padrões cultos da língua, a alternativa **incorreta** por apresentar uma concordância nominal inadequada é:

a) Vão anexas as notas fiscais de compra.
b) Os documentos vão apensos ao processo.
c) Finalmente, doutor, ficamos quite com o senhor.
d) Enviamos, em anexo, os panfletos que você pediu.

Questão 6:

No processo de concordância nominal, devemos sempre atentar para expressões que nunca variam na língua, distinguindo-as das que são variáveis.

Leia a declaração apresentada a seguir e assinale "falso" ou "verdadeiro", considerando as regras de concordância nominal na língua portuguesa:

"A frase: "Por prudência, estamos sempre alerta." é compatível com a norma culta."

a) Falso
b) Verdadeiro

Questão 7:

Quando mais de um determinante está caracterizando uma única palavra determinada, temos duas possibilidades de concordância.

Considerando essa informação, a alternativa correta segundo a variedade culta da língua é:

a) Comprei duas blusas: a verde e amarela.
b) As gramáticas inglesa e espanhola são facílimas.
c) Gostaria muito de aprender o idioma francês e chinês.
d) A língua alemã é mais difícil que as línguas portuguesa e a russa.

Questão 8:

As expressões formadas com adjetivos mais verbo "ser" exigem cuidados especiais na língua portuguesa.

A alternativa que apresenta uma dessas expressões em um processo de concordância nominal correto é:

a) Comida italiana é muito boa.
b) Até agora, é bom os resultados.
c) É proibida comida e bebida neste local.
d) Era permitida a entrada de qualquer pessoa naquela área.

Questão 9:

A expressão "tal qual" exige atenção especial no processo de concordância nominal.

A opção que indica uma concordância **incorreta** segundo os padrões cultos da língua é:

a) Os filhos são tais qual o pai.
b) As regras eram tal qual a previsão.

c) Um grupo social é tal quais as leis que imperam na sociedade.

d) As expectativas das pessoas são tais quais as promessas que lhes são oferecidas.

Questão 10:

A palavra "possível" apresenta mais de uma possibilidade de concordância na língua portuguesa.

A alternativa que apresenta uma concordância nominal correta com essa palavra é:

a) A empresa necessita de respostas as mais precisas possível.

b) Espero contratar pessoas o mais possíveis comprometidas.

c) As dúvidas não poderiam deixar de ser as mais variadas possíveis.

d) Precisamos encontrar, com urgência, locais o menos caros possíveis.

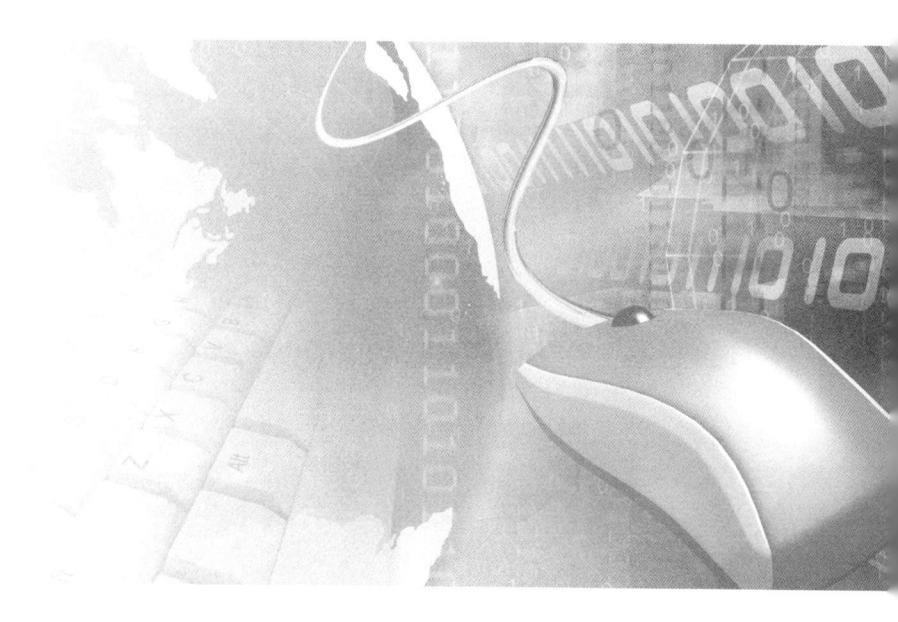

Módulo IV – Textualidade

Módulo IV – Textualidade

Neste módulo, identificaremos os elementos que diminuem a eficácia comunicativa de um texto escrito.

Trataremos, inicialmente, da relevância e das violações que produzem sentidos nebulosos que emergem das entrelinhas do texto.

Verificaremos, a seguir, o que torna um texto incoerente, o que inviabiliza o compartilhamento de sentidos e, consequentemente, desestabiliza o processo de comunicação.

Finalmente, analisaremos a coesão textual, isto é, as relações que se estabelecem entre os elementos linguísticos que funcionam na superfície do texto e que determinam seu sentido.

Falhas na comunicação

Falhas no processo comunicativo nos fazem sentir o sabor do erro. Como eliminar os erros de nossa escrita? Trata-se de eliminar erros ou de tornar nossa comunicação mais eficaz?

Como as línguas são homogêneas apenas na aparência, é tênue a fronteira entre o erro e a produção linguística correta. Além de as línguas serem dinâmicas, de estarem em constante variação, cada um de nós, falantes, tem seu próprio jeito de falar e escrever. Isso significa que estamos sempre adequando a língua às situações que vivemos. Nesse sentido, nossa fala e nossa escrita são típicas de nossa produção linguística. Elas são particulares a nós – como sujeitos falantes de uma determinada língua –, e não à comunidade como um todo.

> Vocês viram o jogo de futebol ontem?

Por que nos expressamos com maior facilidade quando estamos falando sobre um assunto que conhecemos bem ou quando falamos para um grupo que nos é familiar?

> Hmmm... eu... ahn... fiquei muito... ahn... orgulhoso por ter sido... escolhido o paraninfo desta turma...

Por que encontramos uma série de dificuldades quando temos de falar para plateias ou quando temos de discorrer sobre temas que não dominamos bem? As respostas a essas questões têm a ver com as situações linguísticas que vivenciamos. Essas situações caracterizam o domínio de nosso discurso.

Para cada domínio diferente do discurso, dispomos de tipos diferentes de falas e de diferentes tipos de escrita. Quando esse domínio se altera, altera-se nossa fala e altera-se nossa escrita.

Sabemos que um ato comunicativo – seja ele oral ou escrito – caracteriza-se por envolver uma relação cooperativa com nosso interlocutor; por transmitir intenções e informações, e por ter uma forma adequada a sua função.

A comunicação se dá, então, porque tanto nós quanto nossos interlocutores nos engajamos em um esforço cooperativo, para atingir determinados objetivos. Contudo, para possibilitar essa cooperação, nosso texto deve ser claro, relevante, informativo na medida certa e sincero.

A falta de relevância produz sentidos nebulosos, ou seja, permite que a ambiguidade se instale nas entrelinhas de nosso texto.

Vejamos as sequências de texto apresentadas a seguir:

> – A namorada dele é bonita?
> – É... ela tem pés graciosos.

Prezado senhor,

Em resposta ao seu *e-mail* de 6 deste mês, tenho a informar que o sr. Rino Magrello trabalhou nesta empresa até o final de dezembro de 2002. Quanto ao seu desempenho como contador, sempre foi esforçado e organizado com seus pertences.

Atenciosamente,

G. G. Gordilho, diretor

Nesses dois casos, a relevância das informações está comprometida. Indiretamente, podemos interpretar essas mensagens da seguinte maneira: a namorada não é bonita e o candidato ao emprego não tem as qualificações necessárias ao cargo.

A falta de sinceridade é frequentemente interpretada como ironia. Vejamos onde a falta de sinceridade se instala neste diálogo:

> – Desculpe-me... Perdi a hora...
> – O relógio não despertou?

Pistas do discurso, sinais presentes no contexto nos apontam quando, em um texto – seja ele oral ou escrito –, a sinceridade é deixada em segundo plano, instalando-se, nele, consequentemente, a ironia.

Vejamos uma fala carregada de prolixidade:

> – Estamos aqui, no estúdio, com o psicólogo, dr. Gidofredo, um dos grandes especialistas em adolescência...
>
> – Dr. Gidofredo, afinal, os jovens têm alguma coisa a transmitir aos mais velhos?
>
> – Não saberia responder com exatidão. Há sempre uma eterna divergência entre as gerações.
>
> – Os jovens pensam de um jeito... às vezes estranho... que chega a escandalizar os mais velhos.
>
> – Já os mais velhos, por outro lado, costumam, na maioria das vezes, achar que os mais jovens, em alguns casos, não têm nada a transmitir aos mais velhos.

Apesar de tantas palavras, apenas uma frase poderia resumir tudo o que foi dito: há sempre uma eterna divergência entre as gerações.

A falta de clareza dispersa a atenção de nossos interlocutores:

> – E aí, Véi? Belê?
>
> – Baguá.
>
> – Vô na indaga de caixotão. Tá na fita pra curti um peso?
>
> – Mó, cara. Cantei pra subi.

Vejamos esse mesmo diálogo "traduzido":

> – Olá. Tudo bem?
>
> – Tudo ótimo.
>
> – Vou para a festa de ônibus. Quer ir comigo para ouvir um rap?
>
> – Demora muito, amigo. Não vou, não.

A falta de clareza faz com que somente os falantes que conhecem o sentido dessas gírias consigam apreender plenamente o sentido desse diálogo.

Entretanto, em algumas situações, há, certamente, um acordo tácito entre nós e nossos interlocutores, para aceitarmos determinadas violações. E isso se dá sem que se altere a interpretação da intenção veiculada no ato comunicativo. Vejamos como a polidez é usada para evitar a descortesia:

> – Espelho, espelho meu... Você acha que eu pareço ter 50 anos?
> – Imagine! Nem 40!

Há violações, todavia, que não são autorizadas por nenhum princípio – polidez, ironia... –, pois são feitas de má-fé. São violações que tentam enganar o interlocutor, levando-o a acreditar em informações subliminares. Citamos também o já conhecido discurso tecnocrata, explorado aqui humoristicamente:[16]

> Alguns costumam renovar o sabor de uma citação intercalando-a numa frase nova, original e bela, mas não te aconselho esse artifício; seria desnaturar-lhe as graças vetustas. Melhor do que tudo isso, porém, que afinal não passa de mero adorno, são as frases feitas, as locuções convencionais, as fórmulas consagradas pelos anos, incrustadas na memória individual e pública. Essas fórmulas têm a vantagem de não obrigar os outros a um esforço inútil. Não as relaciono agora, mas fá-lo-ei por escrito. De resto, o mesmo ofício te irá ensinando os elementos dessa arte difícil de pensar o pensado. Quanto à utilidade de um tal sistema, basta figurar uma hipótese. Faz-se uma lei, executa-se, não produz efeito, subsiste o mal.

continua

---

[16] ASSIS, Machado de. *Teoria do medalhão*. Disponível em: <www.dominiopublico.gov.br/download/texto/bv000232.pdf>. Acesso em: 20 out. 2010.

> Eis aí uma questão que pode aguçar as curiosidades vadias, dar ense-jo a um inquérito pedantesco, a uma coleta fastidiosa de documen-tos e observações, análise das causas prováveis, causas certas, causas possíveis, um estudo infinito das aptidões do sujeito reformado, da natureza do mal, da manipulação do remédio, das circunstâncias da aplicação; matéria, enfim, para todo um andaime de palavras, con-ceitos e desvarios.

Há, finalmente, violações que não são intencionais e que levam a uma quebra real da comunicação. Essas violações são causadas, principalmen-te, por nossa inabilidade ao comunicar nossas intenções. Algumas vezes, quando essas falhas ocorrem, nosso interlocutor – se cooperativo – pode tentar recuperar as informações que estamos veiculando.

Coerência textual

> – Isso que você está falando é incoerente...
> – O depoimento dele é bastante coerente...
> – Seja coerente!

O que é ser coerente? O que caracteriza a incoerência? Se tentarmos aprofundar esses conceitos – coerência e incoerência –, veremos que eles se relacionam à lógica... à lógica das ideias. Ser coerente, então, refere-se à explicitação de uma ideia logicamente estruturada. Ser incoerente, sem dúvida, é o inverso, o contrário disso.

Se estamos aqui tratando da linguagem – seja ela oral ou escrita –, faz-se necessário verificarmos o que torna nosso texto coerente, já que a incoerência inviabiliza o compartilhamento de sentidos e, consequente-mente, desestabiliza o processo de comunicação. Vejamos os exemplos a seguir:

> Eugênio havia trabalhado no computador até tarde, mas ainda estava trabalhando no computador.

> Pedro chegou sozinho na escola, pois seu amigo não foi à aula, entretanto estava doente.

> Nossa! Tive um curto-circuito!

É claro que, ao ouvirmos ou lermos essas frases, sentimos um estranhamento, algo não nos soa bem. É esse sentimento que, de alguma forma, torna perceptível para nós a incoerência. O que teria gerado em nós esse estranhamento? Qual a causa da incoerência desses textos?

No primeiro texto, existem problemas na continuidade temporal das informações: se Eugênio havia trabalhado, como ele ainda estava trabalhando?

No segundo texto, nossa expectativa não é respeitada: se alguém está doente, o esperado é que fique em casa. Estar doente, portanto, é causa para estar ausente da escola, e não impedimento.

Já, no terceiro exemplo, a incoerência se estabelece quando um conhecimento geral é contrariado: seres humanos não são suscetíveis a curtos-circuitos, apenas máquinas e equipamentos.

Portanto, a incoerência nos remete à falta de lógica, caracterizada tanto pela forma como se articulam os elementos linguísticos em um texto quanto pelo desrespeito a nosso conhecimento prévio. A incoerência, pois, relaciona-se à forma como se combinam os elementos linguísticos em um texto.

Vejamos se existe incoerência no texto apresentado a seguir:

> Princípio e fim
>
> bem-vindas
>
> vindas
>
> vidas
>
> idas

Apesar de esse poema apresentar-se como uma breve lista de palavras, quando o lemos, dele extraímos um sentido. Inconscientemente, estabelecemos uma relação entre essas palavras, o que nos permite dele resgatar um evento. Não se trata, pois, de um amontoado de palavras, mas sim de um texto. Embora sem marcas explícitas de coesão, seu sentido deriva dos esquemas mentais, produtos de nosso conhecimento do mundo.

Vejamos agora um outro exemplo:

> E foram ao banco pedir um financiamento para comprar a casa. Da mesma forma que a casa, o banco era de tijolos. Tijolo está caríssimo. Mísseis também são caríssimos. Ao serem usados em guerras, os mísseis são lançados no espaço. Segundo a Teoria da Relatividade, o espaço é curvo.

Embora tenhamos aqui um conjunto de sentenças coesivamente articuladas, nosso conhecimento linguístico não nos permite considerar esse material um texto. Nosso conhecimento de mundo nos desautoriza a fazê-lo, já que não podemos, por meio de inferências, resgatá-lo como uma unidade de sentido.

Dessa forma, quando lemos/ouvimos um texto, temos de fazer inferências para que possamos compreendê-lo integralmente. Se não fosse dessa maneira, nossos textos teriam de ser excessivamente longos para poderem explicitar tudo o que queremos com ele comunicar.

Vamos a mais um exemplo:

> Essa sentença é gerada pelas operações envolvidas na aplicação da regra de apassivação: deslocamento do SN1 para posição dominada pelo SAdv, movimento do SN2 para a posição do SN1, que ficou vazia, e inserção, por transformação, do -DO imediatamente após o V-.

A quantidade de informações novas – as fórmulas – podem, para aqueles que não as conhecem, inviabilizar o resgate do sentido, tornando, dessa forma, o texto incoerente. Complicado? Não para todos nós: o texto apresentado descreve a transformação de uma sentença ativa – do tipo "Joana entrevista Márcia." – em uma sentença passiva – "Márcia é entrevistada por Joana.".

Nosso conhecimento de mundo desempenha um papel decisivo no estabelecimento da coerência. Se o texto apresentar informações que absolutamente não conhecemos, será difícil resgatar seu sentido e ele nos parecerá destituído de coerência.

Contudo, não são apenas as informações novas que nos impossibilitam resgatar o sentido de um texto – o desconhecimento de língua também. Dessa forma, nem todos nós conseguimos resgatar inteiramente o sentido deste trecho de uma peça teatral:[17]

ACTE II
Scène première
DON ARIAS, LE COMTE
LE COMTE

Je l'avoue entre nous, mon sang un peu trop chaud
S'est trop ému d'un mot, et l'a porté trop haut;
Mais puisque c'en est fait, le coup est sans remède.

DON ARIAS
Qu'aux volontés du roi ce grand courage cede:
Il y prend grande part; et son coeur irrité
Agira contre vous de pleine autorité.
Aussi vous n'avez point de valable défense:
Le rang de l'offense, la grandeur de l'offense,
Demandent des devoirs et des submissions
Qui passent le commun des satisfactions.

---

[17] CORNEILLE, P. *Le Cid*. Edited by Peter Nurse. Oxford and New York: Basil Blackwell, 1988.

Vimos que, para que um texto não seja uma mera relação de frases e palavras, é necessário que essas frases e palavras estejam articuladas coesivamente em um todo, em uma unidade de sentido.

Entretanto, muitas vezes, o resgate do sentido de um texto se dá na relação entre ele e a situação por nós vivida, ou seja, no nível pragmático da comunicação, que é o nível de construção do sentido formado por um sistema de pressuposições e implicações que buscam a produção de sentido no nível das ações propriamente ditas e das intenções.

Vejamos mais um exemplo:

Figura 10
O TELEFONE

A coerência desse texto se relaciona com o contexto que dele podemos subentender.

Dessa forma, em "O telefone!", entendemos algo do tipo: "O telefone está tocando. Atenda-o para mim!". Em: "Estou no banho.", podemos entender: "Não posso atender o telefone agora!". Portanto, para evitar incoerências, ao construirmos um texto, devemos verificar se ele está adequado a uma situação comunicativa.

Pode ocorrer também que um texto que é coerente em dada situação, não o seja em outra. Os fatores contextualizadores são sinais que ancoram o texto em uma situação comunicativa determinada, favorecendo sua coerência.

Vejamos alguns exemplos:

> – Tenho importantes informações a dar... um de nossos concorrentes mudou-se para aquele prédio da esquina.

> – Não se esqueçam de avisar aquele nosso parceiro... Ele precisa daquela informação ainda hoje.

Nesses textos, sentimos algumas lacunas:

- "um de nossos concorrentes", mas qual concorrente?
- "para aquele prédio da esquina", mas qual prédio? de qual esquina?
- "aquele nosso parceiro", mas qual parceiro?
- "daquela informação", de qual informação?

Desse modo, somos levados a rejeitar esses textos por falta de pistas que nos contextualizem as informações neles expressas. Todo texto é portador de informações. E é justamente o grau de previsibilidade dessas informações que interfere na construção de sua coerência.

Vejamos mais um exemplo:

Figura 11
A DEMISSÃO 1

Na sequência apresentada, percebemos que todas as informações são previsíveis e, até, redundantes: todas reforçam o sentido de demissão dos funcionários.

Um texto será tanto menos informativo quanto mais previsíveis ou redundantes forem as informações por ele expressas. O inverso também é verdadeiro: informações não previsíveis aumentam o grau de informatividade de um texto.

Outro fator de coerência é a focalização. Focalizar nos remete à imagem de uma câmera que, no curso de uma filmagem, destaca aspectos de uma cena. Em função do olhar do diretor, focos diversos podem nos ser dados nesse momento. Por outro lado, reconhecer e interpretar o sentido desses focos depende de nosso olhar de espectadores; por isso, nem sempre conseguimos entender o sentido dado a um determinado foco pelo diretor.

No texto, processo semelhante se instaura. Muitas vezes, não conseguimos chegar ao ponto que nosso interlocutor desejaria. Surgem, então, as diferenças de focalização, que comprometem, sem dúvida, o sentido do texto, impedindo o estabelecimento de sua coerência.

Vejamos mais um exemplo. Vamos considerar uma reunião de diretoria em que os participantes sugerem diferentes alternativas para que a empresa possa sair de uma grande crise financeira:

Figura 12
A SOLUÇÃO

Delimitar sentidos e estabelecer objetivos para o que escrevemos, com certeza, minimiza as incoerências que se originam de focalizações inadequadas.

Outro fator de coerência é a intertextualidade, que diz respeito à inserção de referências textuais de diferentes textos no texto que está em construção. Todos nós, de alguma forma, já utilizamos esse recurso. Vejamos um exemplo:

Figura 13
A FALÊNCIA

Ora, quem desconhece os famosos versos de Carlos Drummond de Andrade presentes no poema *E agora, José?*:[18]

> *A festa acabou,/a luz apagou,/o povo sumiu,/a noite esfriou,/e agora, José?*

Em relação ao conteúdo, a intertextualidade – implícita ou explícita – é uma constante. Textos de uma mesma época, de uma mesma área de conhecimento, de uma mesma cultura, dialogam, necessariamente, uns com os outros. Dessa forma, indicação da fonte do texto, citações, referências, resumos e resenhas caracterizam-se como exemplos de intertextualidade. Portanto, reconhecer essas informações e os motivos de suas reapresentações neutraliza a incoerência e otimiza o resgate do sentido do texto.

---

[18] ANDRADE, Carlos Drummond. *José*. Disponível em: <www.culturabrasil.pro.br/cda.htm>. Acesso em: 11 set. 2010.

Vejamos, agora, um exemplo de outro fator de coerência – a intencionalidade:

Figura 14
O BILHETE

> Meu amor,
>
> fico feliz por você acreditar nas pequenas mudanças tão fundamentais...
> Mas lembre que a força está na diferença.
>
> Suzana.

Qual seria a intenção de Suzana com esse bilhete? Como produtores de textos, temos determinados objetivos que vão desde a simples intenção de estabelecer contato até levar nosso interlocutor a partilhar de nossas opiniões ou a agir de determinada forma. Intencionalidade tem a ver, então, com o modo como utilizamos os textos para perseguir e realizar nossas intenções.

Para isso, produzimos nossos textos, buscando adequá-los à obtenção dos objetivos que almejamos, e sinalizamos a nosso interlocutor pistas que lhe permitam apreender, de nosso texto, o sentido que desejamos. Assim, delimitar sentidos e estabelecer objetivos para o que falamos/escrevemos, com certeza, minimiza as incoerências que se originam da falta de clareza de nossas intenções.

Mais um fator de coerência é a aceitabilidade, que constitui a contraparte da intencionalidade. Quando escrevemos, sem dúvida, esforçamo-nos para que nos entendam. Para tal, tentamos calcular, dosar o sentido do texto que produzimos e apontamos pistas para que nosso interlocutor relacione esses sentidos a seu conhecimento de mundo. Em síntese, esforçamo-nos para que ele aceite nosso texto e chegue aonde gostaríamos que chegasse. Contudo, temos de considerar que, para que exista entendimento, esse esforço é tanto do enunciador quanto do receptor.

Aceitabilidade tem a ver com argumentatividade – outro fator de coerência textual.

Se considerarmos como verdade que não existem textos neutros, que, por trás deles, há sempre uma intenção, um objetivo e que os textos jamais serão cópias do mundo real – o mundo é recriado no texto, por meio de nossas crenças, nossas convicções, nossas perspectivas e nossos propósitos –, seremos levados a acreditar que todo texto repousa sobre argumentos que, de alguma forma, precisam ser aceitos por nosso interlocutor.

Coesão textual

O texto é uma unidade linguística com propriedades estruturais específicas. Essas propriedades, por sua vez, compreendem determinadas regularidades de organização às quais os elementos linguísticos se subordinam, inter-relacionando-se na construção do texto.

A essas relações que se estabelecem entre os elementos linguísticos que funcionam na superfície do texto e que viabilizam seu sentido chamamos coesão textual.

A coesão textual se estabelece por meio de determinados mecanismos – gramaticais ou não – que articulam as sentenças de um texto, tecendo sua textualidade. São vários os mecanismos que desempenham na língua essa função; entretanto, os mais importantes são:

- Remissão – a coesão por remissão tem como função ativar referentes – situações textuais a que a mensagem remete – no texto. Vejamos um exemplo:

Figura 15
O VOO DO SUPER-HOMEM

Naquela manhã, o super-homem amanheceu disposto. Queria novas aventuras! Que azar!

Ele estava tão distraído que não percebeu. O avião se aproximava... Em questão de segundos, ambos se chocaram!

No texto apresentado, a expressão o "super-homem" é retomada pelo pronome pessoal "Ele" no segundo parágrafo. Da mesma forma, na última oração, a palavra "ambos" retoma as expressões "Ele" e "o avião". Sem repetir esses termos, sem dúvida, o texto fica mais leve.

- Inferência – a coesão também pode ocorrer por inferência, por meio de pistas presentes na superfície do texto. A inferência se dá com a ativação de conhecimentos que fazem parte de nosso conhecimento de mundo e que estão registrados em nossa memória. Vejamos um exemplo:

Figura 16
O CÃOZINHO

– Prove, benzinho! Está bom de sal?

Essas frases nos sugerem que o cãozinho tinha uma senhora vida...

- Justaposição – a coesão por justaposição pode ocorrer com ou sem o auxílio de elementos linguísticos na superfície do texto. Vejamos o seguinte exemplo:

Figura 17
A DEMISSÃO 2

Chegou em casa. Estacionou o carro. Entregou uma folha de papel à esposa. Tinha sido demitido. Desolado ficou.

Nesse exemplo, é a pontuação que dá coesão ao texto. Ou seja, não há nenhum outro elemento linguístico que faça esse encadeamento.

- Marcação textual – a coesão também pode ser feita por meio de marcadores que sinalizam a ordenação das sentenças no texto. Vamos ao exemplo:

Figura 18
A DEMISSÃO 3

Primeiro, ela tentou consolá-lo. Depois, a partir de um *insight*, incentivou-o a abrir um negócio. Afinal, poderiam ter uma empresa só deles.

No exemplo apresentado, "Primeiro" e "Depois" são dois marcadores que ordenam, temporalmente, as sentenças no texto. Já "Afinal" é um ordenador textual. Sua função é encerrar esse episódio.

- Conexão – podemos ainda encadear os elementos por meio de conectores gramaticais, que estabelecem diferentes relações, ordenando, logicamente, as partes do texto. Entre outras, essas relações podem ser de:

A) Condicionalidade – expressa uma condição entre as duas ideias que o conector relaciona.

Exemplo:
- **Se** precisarem de ajuda, contem comigo.

B) Causalidade – expressa a causa da ideia principal.

Exemplo:
- Não sairemos **porque** o carro enguiçou.

C) Mediação – relação lógico-semântica – significado – que se expressa entre duas orações, uma das quais apresenta os meios para se atingir o fim expresso na outra.

Exemplo:
- Estudou muito **para** conseguir a aprovação.

D) Disjunção – relação lógico-semântica – significado – que se expressa entre duas orações pelo conector, estabelecendo ideia de exclusão ou inclusão.

Exemplo:
- Paulo ficará no Rio **ou** seguirá para São Paulo no fim de semana./ Todos devem usar camisa social **ou** terno.

E) Temporalidade – expressa tempo.

Exemplo:

- **Assim que** o vir, darei o recado.

F) Conformidade – expressa um acordo, uma conformidade entre as duas ideias que o conector relaciona.

Exemplo:

- **Conforme** apontou o noticiário, a água do planeta está acabando.

G) Modo – expressa o meio, a maneira ou a forma necessária para a realização de outra ação.

Exemplo:

- Maria saiu **sem que** ninguém a visse.

Vamos analisar um novo exemplo para entendermos melhor a ideia de conexão:

Figura 19
A demissão 4

Ora, se ele havia sido demitido, precisavam arrumar uma nova forma de ganhar dinheiro. Para resolver essa situação, abririam um negócio.

Nesse exemplo, temos duas conexões determinadas no texto:

- Primeira conexão: o conector "se" nos aponta uma relação de causalidade: o fato de ele ter sido demitido é a causa de precisarem arrumar uma nova forma de ganhar dinheiro. Essa causa, por sua vez, gera como consequência precisarem arrumar uma nova forma de ganhar dinheiro.

- Segunda conexão: "para" é um conector que relaciona um fim – "Para resolver essa situação" – a um meio – "abririam um negócio".

Poderíamos citar outras relações que, no texto, estabelecem a coesão. Contudo, nosso objetivo foi apenas destacar a ponta do novelo, foi mostrar que algo mais deve nortear nosso escrever.

Analisar como a língua estrutura suas relações lógico-semânticas é muito mais significativo do que memorizar o longo rol de conjunções que marcam os processos de coordenação e subordinação entre enunciados.

Portanto, não basta que saibamos identificar o valor concessivo de "ainda que", se, na prática, não sabemos o que significa uma concessão – presença de um obstáculo que, contudo, não é forte o bastante para impedir que algo aconteça. Do mesmo modo, não basta que, à menção de "mas", lembremos de "porém", "contudo", "entretanto", "todavia", se só conseguirmos associá-lo ao papel de conjunção, e não à expressão de ideias contrárias.

Nesse sentido, entre extensas nomenclaturas e classificações, que geram, na maioria de nós, terror e incompreensão da sintaxe, facilmente deixamos que se perca um dos aspectos mais importantes não só para a coesão do texto mas, principalmente, para nossa formação como escreventes: aquilo que é capaz de nos mostrar que sabemos escrever porque somos capazes de expressar, em palavras, encadeamentos lógicos e diferentes orientações discursivas, ou seja, porque somos capazes de pensar.

Desembaraçar o emaranhado de problemas que dizem respeito à produção textual começa, de fato, por aí.

Cuidados na escritura de textos técnicos

O estilo técnico apresenta, simultaneamente, diferentes marcas que o caracterizam da seguinte maneira:

- conciso – tudo o que é afirmado é o estritamente necessário, ou seja, apenas o que precisa ser dito é dito;

- coerente – as informações não se contradizem; por isso, seu autor tem de deter um bom conhecimento do todo;
- harmônico – as informações são apresentadas de forma progressiva. Nunca somos surpreendidos com o inesperado: é como se o autor tentasse reproduzir, passo a passo, como um determinado conhecimento foi construído;
- ordenado – as informações são organizadas a partir de uma determinada ordem, ou seja, os fatos e os processos relatados são ordenados temporalmente;
- coeso – as informações integram-se, constituindo um todo bem-articulado, que é a textualidade – a construção de uma unidade de sentido, uma rede, que, no lugar dos fios, é construída de informações;
- denotativo – as palavras assumem seu sentido habitual. Por exemplo, em um texto técnico, "presença" é apenas o oposto de "ausência", ou seja, não tem nada a ver com postura;
- objetivo – não há espaço para floreios, ou seja, temos de ir diretamente ao assunto. De nada adianta, por exemplo, dizermos: "Madrugadas inteiras passei revendo o que vou aqui relatar.";
- cortês – o leitor é tratado com um afastamento respeitoso. Assim, não tentamos "adoçá-lo" com menções do tipo: "O estimado e ilustre leitor terá de me perdoar...";
- impessoal – não existe um leitor especial: o leitor desse texto pode ser qualquer um de nós;
- preciso – existe pouco espaço para interpretações errôneas, já que seu autor procura se aproximar da verdade ou o conhecimento que ele expressa não será validado por outras pessoas;
- claro – não devem existir dúvidas sobre o que está sendo exposto e, para isso, é necessário escrever, reescrever...

Algumas dicas podem facilitar o trabalho de escrever um texto técnico, além de, é claro:

- trabalhar duro na escritura desse texto;
- dedicar a essa tarefa tempo suficiente;
- estabelecer compromissos de qualidade *versus* atraso suportável;
- pedir a opinião dos outros sobre o que escrevemos.

Podemos reunir essas dicas em cinco grupos, que são:

- Forma:

Dica 1 – o leitor de um texto técnico não espera floreios de estilo; portanto, não devemos preocupar-nos em "escrever bonito", ou seja, o que ele espera é um texto fácil de ler.

Dica 2 – ninguém irá ler melhor um texto técnico do que seu autor; portanto, se tivermos dificuldade de compreender algum trecho, devemos reescrevê-lo: somos o termômetro do que escrevemos.

Dica 3 – grande volume de informações propicia conclusões precipitadas; portanto, devemos quebrar o texto, introduzindo pequenas seções, devidamente intituladas, ou seja, não devemos "colocar a carroça na frente dos bois!".

Dica 4 – os textos técnicos também devem ser de fácil consulta e atualização; portanto, devemos, logo no início, apresentar as informações necessárias a sua plena compreensão. Se ele for muito longo, devemos elaborar um índice remissivo e usar construções como: "discutimos esse aspecto na seção X" ou "verificamos esses dados na página Y".

Dica 5 – a maioria dos textos técnicos segue um padrão predeterminado; portanto, se já existe um padrão, devemos observá-lo; se esse padrão não existe, devemos tentar criá-lo. Não é hora de inventar!

Dica 6 – dependendo do tamanho do texto, os índices são necessários; portanto, devemos elaborar o índice ou o sumário após a primeira prova da impressão, pois ele, sem dúvida, otimiza bastante a busca de informações.

Dica 7 – a qualidade de um texto também é avaliada pela forma em que foi diagramado; portanto, devemos fazer a diagramação final apenas após a revisão do texto, pois, dependendo do grau de sofisticação necessário, ainda há muito trabalho pela frente!

Dica 8 – as conclusões parciais do que está sendo relatado facilitam a compreensão de todo o texto; portanto, devemos elaborar conclusões parciais, resgatando-as na conclusão final. É preciso lembrar que cada informação deve ter princípio, meio e fim, que é a conclusão parcial. Quantas vezes ao terminar de ler um texto, perguntamo-nos "e daí?".

Dica 9 – arrolar um grande número de causas ou consequências dificulta o entendimento do texto; portanto, devemos utilizar esquemas para registrar várias relações de causa/fato/consequência. Isso pode evitar que nos percamos nas tramas das causas e das consequências.

Dica 10 – figuras, gráficos, esquemas complementam as informações do texto; portanto, devemos usar esses recursos para resumir, ilustrar e diminuir a carga abstrata das informações: muitas vezes, uma imagem vale mais do que mil palavras.

Dica 11 – figuras, gráficos, esquemas, além de descritos, devem ser articulados ao texto; portanto, devemos descrever todas as figuras, os gráficos e os esquemas utilizados, referenciando-os, corretamente, por meio de expressões como "a figura a seguir" ou "o gráfico supracitado". O leitor precisa saber por que eles foram usados, e, sempre que tivermos de voltar a falar sobre eles, devemos repeti-los.

Dica 12 – o formato final de um texto interfere na forma como ele é escrito; portanto, devemos pensar no formato que o texto terá antes de começarmos a escrever, para evitar o retrabalho. Assim, devemos considerar: tipo e tamanho de fonte; se será impresso ou se vai para uma gráfica; se será divulgado em papel, por *e-mail*, etc.

- Estrutura:

Dica 1 – quanto mais revisado é um texto, maior chance de sucesso ele tem; portanto, devemos revisar, com cuidado, o que escrevemos, tudo o que fizemos. Nunca devemos deixar de fazer essa revisão: devemos lembrar que o erro se esconde até a impressão final.

Dica 2 – nem todas as informações que constituem um texto têm o mesmo valor; portanto, devemos apresentar, primeiro, as informações que afetam a todos e, só então, as que afetam a poucos. Assim, devemos descrever o que é permanente antes do que é temporário e devemos ressaltar a informação essencial em relação às informações circunstanciais, pois algumas são mais importantes do que outras.

Dica 3 – cada informação, cada ideia, cada conceito tem de ser tratado de forma independente e completa; portanto, devemos evitar a dispersão, descrevendo cada informação, cada ideia, cada conceito uma única vez e em um único lugar. A regra básica é: princípio, meio e fim.

Com isso, evitamos frases do tipo "sobre aquele dado, é preciso lembrar também que...".

Dica 4 – a forma como os parágrafos do texto estão organizados interfere, diretamente, em sua compreensão; portanto, devemos inserir, em cada parágrafo, uma única informação – com seus desdobramentos, se necessário – e devemos iniciar cada parágrafo com uma frase que resuma o que nele será tratado. Esse recurso, sem dúvida, facilita o trabalho do leitor.

■ Período:

Dica 1 – além do volume, o tipo de informação que é inserida em um período pode dificultar sua compreensão; portanto, devemos evitar inserir informações independentes em um único período. Se isso for impossível, devemos listar as informações em forma de tópicos. O ideal é uma informação, ou seja, um período.

Dica 2 – o leitor espera que, ao longo do texto, as informações estejam articuladas de forma lógica; portanto, devemos encadear nossas ideias, usando, adequadamente, os conectivos. É simples, vejamos: "porque", "se... então...", "como resultado...", "além disso...".

Dica 3 – as relações que envolvem causa/fato/consequência são naturalmente complexas; portanto, não devemos, em um único período, apresentar causas demais para um único fato, o que é válido, também, para a relação fato/consequência. Devemos lembrar que as limitações da memória interferem, diretamente, no processamento de informações.

Dica 4 – as orações que constituem o texto são articuladas em períodos. A complexidade de um período pode ser medida pelo total de orações que ele contém; portanto, devemos limitar o número de orações por período para facilitar a compreensão das informações nele inseridas. Sem dúvida, quanto menos orações houver no período, menos complexo ele será e, quanto menos complexo for o período, mais fácil será a compreensão das informações nele expressas.

■ Oração:

Dica 1 – a memória de curto prazo só processa, com êxito, cerca de 21 palavras de cada vez; portanto, devemos tentar construir períodos e orações que não sejam muito longos – quebrar as orações longas, tentar substituir as vírgulas por pontos. Se tivermos de usar orações longas, devemos colocar o sujeito e o verbo sempre juntos. Nesses casos, devemos sempre usar expressões como "por isso", "além disso", "no entanto", "porém", "consequentemente", para articular as orações.

Dica 2 – a relação alguém/faz/algo/a alguém – voz ativa – facilita a compreensão das orações de um texto. Ao contrário, a voz passiva torna o texto longo, cansativo; portanto, devemos construir as orações na voz ativa. A voz ativa facilita a compreensão dos textos. Comparemos os exemplos a seguir: "Pedro deu o livro para mim." e "O livro foi dado por Pedro para mim.".

Dica 3 – orações com duas ou mais negativas dificultam a compreensão do que nelas foi expresso; portanto, em um texto técnico, devemos priorizar as orações afirmativas no lugar das negativas. A negativa nega uma afirmação, logo, o processamento das orações negativas é maior do que o das afirmativas. Observemos a seguinte "pérola": "Ele não está ausente.".

Dica 4 – a vírgula marca dois tipos de pausa sincronizadas: uma física, outra mental. Se mal-usada, ela quebra o ritmo do texto; portanto, devemos ler, em voz alta, o que escrevemos, para verificar se a vírgula está facilitando a compreensão: nos lugares certos, ela ajuda, nos lugares errados, atrapalha.

■ Palavras:

Dica 1 – a ambiguidade pode levar a afirmações que deem margem a interpretações errôneas ou que transmitam duplo sentido; portanto, devemos priorizar o sentido usual das palavras, já que ele, por natureza, é denotativo.

Dica 2 – gírias e expressões idiomáticas não combinam com o texto técnico; portanto, devemos evitar essas expressões. O problema é que algumas pessoas falam tantas gírias, que, sem perceberem, acabam utilizando-as em seus textos escritos. Vejamos um exemplo: "E aí, cara? Tudo ok?", "Numa boa!".

Dica 3 – o uso indiscriminado de palavras estrangeiras dificulta a compreensão do texto; portanto, devemos utilizar estrangeirismos apenas se não existir uma palavra correspondente na língua portuguesa. Não há como fugir disso, pois, quando importamos um conhecimento, importamos também os termos técnicos que foram criados para explicar seus processos. A regra aqui é bom senso. Há palavras que não conseguimos traduzir, como *software*, *bit*, etc. Outras ficam péssimas quando traduzidas: *input*... "imputar"? Entretanto, não há por que usarmos *printer* no lugar de impressora!

Dica 4 – nos textos técnicos, os jargões dificultam a compreensão. Intimidam o leitor; portanto, devemos definir os jargões logo que eles aparecerem no texto e substituí-los por sinônimos, na medida do possível, pois um texto não é bom se os leitores não o entenderem. A regra aqui é descomplicar!

Dica 5 – substantivos abstratos e palavras derivadas de verbos exigem maior processamento para sua compreensão; portanto, devemos tentar utilizar poucos substantivos abstratos e substituir os derivados verbais por verbos de ação. Comparemos as seguintes construções:

- ocorrência de curto-circuito/ocorrer curto-circuito;
- participação de todos os funcionários/todos os funcionários participarão;
- implementação da fase 1 do projeto/implementar a fase 1 do projeto.

Dica 6 – palavras com o mesmo começo ou com o mesmo fim têm grande chance de serem escritas e lidas erroneamente; portanto, devemos sempre verificar se estamos utilizando as palavras que realmente desejamos. Quando usamos palavras com sons semelhantes, acabamos trocando uma pela outra, como mostram os exemplos a seguir:

- corrente/coerente;
- algoritmo/logaritmo;
- racional/nacional.

Dica 7 – palavras que se diferenciam de outras apenas pelo acento têm grande chance de serem escritas erroneamente; portanto, devemos sempre verificar se estamos utilizando as palavras que realmente desejamos. Os acentos sempre trazem dúvidas, como podemos constatar nos seguintes exemplos:

- válida/valida;
- contém/contêm;
- pôr/por;
- secretária/secretaria.

Dica 8 – as palavras polissílabas – com muitas sílabas –, além de serem em menor número na língua, são difíceis de serem lidas; portanto, devemos tentar substituir as palavras muito longas por seus sinônimos. Normalmente, procuramos adivinhar o final delas. Pior ainda é quando essas palavras se parecem com outras que conhecemos.

Dica 9 – os neologismos dificultam a compreensão do texto; portanto, devemos substituir os neologismos por seus sinônimos. Não existindo sinônimos, devemos descrever o sentido dessas palavras. Devemos lembrar que, embora sejamos extremamente criativos, criar palavras é recurso que só deve ser usado na fala!

Falhas na comunicação

Questão 1:

A falta de relevância produz sentidos nebulosos, ou seja, permite que a ambiguidade se instale nas entrelinhas de nosso texto.

Dos trechos apresentados abaixo, assinale aquele em que a relevância **não** foi respeitada, gerando ambiguidade:

a) Nenhum dos atletas entrevistados quis falar sobre o caso de doping, já confirmado pelo dirigente da delegação.

b) A avaliação do governo a respeito das metas a atingir é pessimista e demonstra que o governo não está preparado para o desafio.

c) Perguntado sobre sua carreira, o cantor afirmou que, desde os 12 anos de idade, vem se apresentando em várias cidades do Brasil.

d) Segundo a assessoria do ator, o que causou o cancelamento da apresentação da peça neste sábado foi a impossibilidade de o ator trabalhar após a embriaguez do dia anterior.

Questão 2:

A falta de sinceridade é frequentemente interpretada como ironia.
Dos exemplos abaixo, aquele que está carregado de ironia é:

a) Em seus olhos marejados, pude ver a dor da saudade.

b) Ele ensinou a todos com quantos paus se faz uma canoa.

c) Sabíamos que a moça não era, exatamente, uma miss Brasil.

d) O cheiro da chuva não permitia que ninguém se concentrasse; todos voltavam ao passado que tinham vivido naquele lugar.

Coerência textual

Questão 3:

A incoerência relaciona-se à forma como se combinam os elementos linguísticos em um texto.

A falta de coerência no texto pode ter como principal consequência:

a) a falta de lógica.
b) um texto irônico.
c) a perda da clareza.
d) um texto sem coesão.

Questão 4:

O desconhecimento de informações contidas em um texto dificulta seu entendimento.

Nesse caso, o elemento que o leitor não encontra no texto é a:

a) clareza.
b) coesão.
c) coerência.
d) sinceridade.

Questão 5:

Na construção de um texto, a intertextualidade pode funcionar como elemento que concorre para a coerência.

Entendemos intertextualidade como:

a) menção a falas conhecidas de autores conhecidos.

b) utilização de textos literários para compor o sentido do texto.

c) fornecimento de informações sobre textos da área de conhecimento em questão.

d) inserção de diferentes textos no texto em construção, que com ele dialogam.

Questão 6:

Assinale a opção que **melhor** explica o que é a intencionalidade em um texto:

a) É uma forma de se obter a coerência do texto.

b) É a forma como nos expressamos em um texto, para atingir nossos objetivos de comunicação.

c) Trata-se daquilo que se quer comunicar, ainda que não se tenha definido completamente como.

d) É o nível de sinceridade que se coloca em um texto, de modo a deixar clara a intenção de quem o escreveu.

Coesão textual

Questão 7:

"O primeiro-ministro japonês fez, **neste sábado,** a primeira visita à região devastada pelo terremoto e tsunami, **enquanto** autoridades que lutam contra a pior crise nuclear desde Chernobyl disseram que podem ter descoberto a razão de a radiação estar vazando para o mar."

A coesão do texto acima é estabelecida pelo seguinte mecanismo:

a) conexão.
b) inferência.
c) justaposição.
d) marcação textual.

Cuidados na escritura de textos técnicos

Questão 8:

O texto técnico apresenta características singularizantes que concorrem para sua caracterização. Entre elas, está a leitura direcionada a todo e qualquer leitor.
Essa característica refere-se à:

a) cortesia.
b) precisão.
c) objetividade.
d) impessoalização.

Questão 9:

Ao escrever um texto técnico, é imprescindível utilizar as palavras em sentido denotativo, de modo a manter o texto neutro e objetivo.

A denotação consiste em:

a) utilizar neologismos, para adaptar o texto à realidade da empresa.

b) utilizar as palavras estrangeiras com sentidos adaptados ao jargão corporativo.

c) utilizar as palavras em seu sentido primeiro, sem alargar suas fronteiras de significação.

d) utilizar as palavras em sentido figurado, permitindo uma compreensão mais ampla de seus significados.

Questão 10:

Quanto à estrutura do texto técnico, é correto afirmar que:

a) as ideias devem ser enumeradas em sequência de acontecimento.

b) cada informação deve ser escrita em um parágrafo, priorizando informações de caráter permanente.

c) quanto mais informações, melhor, pois o texto deve refletir a realidade do que está sendo relatado.

d) se deve utilizar um número reduzido de parágrafos, buscando concentrar o máximo de informações por parágrafo.

Apêndice gramatical IV

Neste apêndice, vamos enfocar os processos de regência em nossa língua, tanto a nominal quanto a verbal.

Esses mecanismos de regência implicam o uso ou não de preposições e, no primeiro caso, o conhecimento da preposição correta a ser empregada entre elementos dependentes no enunciado.

Alguns verbos e nomes costumam apresentar problemas de regência, porque o uso popular se encontra em desacordo com a norma culta. Outros, no entanto, costumam apresentar dificuldade, porque possuem mais de um sentido e, consequentemente, mais de uma regência.

O maior problema, contudo, quando se trata dos estudos de regência, é que a maioria das normas que regem esses processos são arbitrárias, ou seja, foram-se fixando ao longo da história da língua, e suas justificativas, quase sempre, passam despercebidas aos falantes de agora.

Por isso, a melhor maneira de fixar mecanismos de regência é acostumar-se à leitura de bons textos e não procurar decorar os exemplos apresentados.

Regência verbal

Regra geral

Regência verbal é a relação que se estabelece entre os verbos – termos regentes – e os elementos que os complementam – termos regidos.

O estudo da regência verbal analisa, portanto, como se processa a relação entre os verbos e seus termos regidos, o que pressupõe a compreensão da natureza dos diferentes tipos de verbos presentes na língua.

Verbos que necessitam de complementação ou caracterização podem aparecer na forma de:

A) Um termo regido sem preposição obrigatória:

- Nem sempre **fazemos tudo** conforme as regras.

B) Um termo regido com preposição obrigatória:

- **Precisamos de sua ajuda** aqui com urgência.

C) Um termo regido sem preposição obrigatória e outro com preposição obrigatória:

- **Oferecemos auxílio a todos**.

D) Mais de um termo regido de preposições obrigatórias diferentes:

- **Rogue a Deus por nós**.

Relação verbo/complemento

Algumas vezes, na relação entre o verbo e seu complemento, além da preposição, pode estar envolvida ainda uma conjunção, o que ocorre quando o verbo tem como complemento não apenas um termo, mas uma oração.

Exemplos:

- Nós **esperamos [que nossa presença não atrapalhe]**.
- Não **se esqueça [de que ele virá logo]**.

Temos de nos preocupar, portanto, com a regência dos verbos que demandam termos regidos. Devemos diferenciar aqueles que precisam de preposição obrigatória e conseguir, também, determinar a preposição correta para os que estão nesse último caso.

Termos regidos sem preposição obrigatória

Alguns verbos que demandam termos regidos sem preposição obrigatória costumam ser alvo de construções incorretas com complementos preposicionados.

Devemos nos acostumar à consulta frequente a bons dicionários para esclarecer todo e qualquer caso de dúvidas acerca do uso ou não de preposição junto a eles.

Vejamos alguns exemplos:

A) "Estimar":

- **Estimamos** muito **a ajuda** deles.

Seria incorreto dizer: Estimamos muito à ajuda deles.

B) "Apreciar":

- **Apreciei o espetáculo**.

Seria incorreto dizer: Apreciei ao espetáculo.

C) "Favorecer":

- Nós **favoreceremos os mais capazes**.

Seria incorreto dizer: Nós **favoreceremos aos mais capazes**.

D) "Namorar":

- Não é proibido a Pedro **namorar Maria**.

   Seria incorreto dizer: Não é proibido a Pedro **namorar com Maria**.

E) "Prejudicar":

- Seu atraso **prejudicou toda a produção**.

   Seria incorreto dizer: Seu atraso **prejudicou a toda a produção**.

F) "Ser":

- **Somos 30** nesta sala.

   Seria incorreto dizer: **Somos em 30** nesta sala.

Substituição por pronomes pessoais de 3ª pessoa

Termos regidos sem preposição obrigatória que se refiram à 3ª pessoa do discurso podem ser substituídos pelos pronomes pessoais "o(s)", "a(s)".

Exemplo:
- Encomendei **muitos livros novos** = Encomendei-**os**.

Nesses casos, o verbo – termo regente – ou o pronome podem sofrer algumas alterações, que buscam a melhor adaptação fonética de uma forma a outra. Isso ocorre quando:

A) O verbo termina em "-am", "-em", "-ão" ou "-õe" – os pronomes ganham um "-n" inicial:

- Encontraram **uma nova bateria** = Encontrar**am** + **a** = **Encontraram-na**.

B) O verbo termina em "-r","-s" ou "-z" – os pronomes ganham um "-l" inicial:

■ Fazer **os exercícios adequados** = Faze**r** + **os** = **Fazê-los**.

Os pronomes "lhe" e "lhes" só acompanham esses verbos para indicar, em relação a eles, ideia de posse, e não o complemento propriamente dito.

Exemplos:
■ Precisamos entender-**lhe** as diretrizes = Precisamos entender as diretrizes (complemento) **deles**.
■ Aprecio-**lhes** a disposição = Aprecio a disposição (complemento) **deles**.

Uso não obrigatório da preposição

Algumas vezes, a preposição pode ser usada junto a verbos que, normalmente, não a demandariam, para manter a clareza da frase. Isso ocorre:

A) Para evitar confusão entre o sujeito e o complemento do verbo:

■ **Convenceu ao chefe** o funcionário = O funcionário **convenceu o chefe**.

B) Em expressões de reciprocidade:

■ As pessoas **convidavam-se umas às outras**.

Outras vezes, a preposição é utilizada para dar mais ênfase ou força de expressão a seus complementos. Vejamos os seguintes casos:

A) Com nomes de pessoas, principalmente na expressão de sentimentos:

■ **Amamos a nossos pais** antes de tudo.

B) Em construções em que antecipamos o complemento para enfatizá-lo:

- **Ao diretor** é que não podemos **enganar**!

C) Em construções enfáticas, como "sacar do revólver", "puxar da espada", "cumprir com o dever", "pegar da pena":

- Imagine nossa preocupação quando **soubemos do caso**!

Por fim, a preposição pode ser uma exigência obrigatória não do termo regente, mas do termo regido.

É o que ocorre com os pronomes pessoais "mim", "ti", "si", "ele", "ela", "nós", "vós", "eles", "elas" e com o pronome relativo "quem":

Exemplos:
- Parecia que ele **hostilizava** antes **a mim** do que **a proposta**.
- Era um homem **a quem** todos **respeitavam**.

Termos regidos com preposição obrigatória

Verbos que demandam termos regidos de preposição obrigatória – com ou sem um outro complemento não preposicionado – também costumam ser alvo de construções incorretas, seja ao serem utilizados sem preposição ou com preposição que não lhes é adequada.

Só a consulta frequente a bons dicionários pode esclarecer todo e qualquer caso de dúvidas acerca do uso ou não de preposição junto a eles.

Vejamos alguns exemplos:

A) "Antipatizar" e "simpatizar":

- **Simpatizo com o novo coordenador**.

Seria incorreto usar o verbo com pronome: **Simpatizo-me com o novo coordenador**.

B) "Chegar" e "ir":

- **Chegamos à reunião** atrasados.

  Seria incorreto dizer: **Chegamos na reunião** atrasados.

- **Vamos** sempre **aos encontros**.

  Seria incorreto dizer: **Vamos** sempre **nos encontros**.

C) "Desobedecer" e "obedecer":

- Ele **desobedeceu às normas** propositalmente.

  Seria incorreto dizer, sem a preposição: Ele **desobedeceu as normas** propositalmente.

D) "Morar" e "residir":

- **Residimos na rua** Santa Sofia.

  Seria incorreto dizer: **Residimos à rua** Santa Sofia.

E) "Preferir":

- **Prefiro planejamento à revisão**.

  Seria incorreta a utilização de termos intensivos como "antes" ou "mais" e "(do) que": **Prefiro mais** planejamento **do que** revisão.

F) "Responder":

- **Respondi a todas as questões**.

  Seria incorreto dizer, sem preposição: **Respondi todas as questões**.

Em geral, verbos que precisam de complementos com preposição obrigatória não podem ser usados na voz passiva. Atualmente, contudo, verificamos com alguns deles essa possibilidade.

Exemplos:

- Os sinais de trânsito **devem ser obedecidos** por todos, motoristas e pedestres.
- Todas as perguntas **já foram respondidas**.

Substituição por pronomes pessoais de 3ª pessoa

A) Termos regidos com preposição obrigatória que se refiram à 3ª pessoa do discurso podem ser substituídos pelos pronomes pessoais "lhe" e "lhes", que não são preposicionados:

- **Obedeço a meus superiores** sem qualquer contestação = **Obedeço-lhes** sem qualquer contestação.

B) Os pronomes pessoais "ele(s)", "ela(s)" também podem funcionar como complementos.

Nesses casos, virão sempre acompanhados de preposição, ainda que complementem verbos que não exijam preposição obrigatória.

Exemplos:

- **Respondeu a eles** com presteza = **Respondeu-lhes** com presteza.
- **Avistamos a ela** na saída do prédio = **Avistamo-la** na saída do prédio.

Ausência da preposição

Algumas vezes, a preposição que é obrigatoriamente pedida pelo termo regente pode não ser usada. Parece estranho não? Como é que uma preposição obrigatória pode não ser usada?

Isso poderá ocorrer em alguns casos em que o complemento do verbo é uma oração. Contudo, a forma preposicionada sempre estará correta.

Exemplos:

- Todos **concordaram** [**que** a proposta era inviável] = Todos **concordaram** [**com** (ou **em**) **que** a proposta era inviável].
- Não **lembrei** [**que** a reunião ocorreria mais cedo] = Não **me lembrei** [**de que** a reunião ocorreria mais cedo].

Os pronomes oblíquos "me", "te", "se", "nos", "vos" – como os pronomes pessoais de 3ª pessoa "lhe" e "lhes" – também não são preposicionados, mas podem substituir complementos regidos ou não de preposição.

Exemplos:

- Eles sempre **nos obedeceram** (verbo "obedecer", que exige complemento com preposição obrigatória).
- **Encontraram-me** no local marcado (verbo "encontrar", que exige complemento sem preposição obrigatória).

Verbos com mais de um sentido e regências diferentes

Alguns verbos demandam mais de uma regência, dependendo do sentido em que sejam empregados.

Vejamos alguns exemplos:[19]

Quadro 6
TERMOS QUE ADMITEM MAIS DE UMA REGÊNCIA

Exemplos	Sentido 1	Sentido 2
agradar	= "fazer carinho" "**Agradou** a criança que chorava."	= satisfazer "O resultado **agradou a** todos."

continua

---

[19] Na seção de *anexos*, você encontrará uma lista com alguns dos principais verbos cuja regência, em geral, causa dúvidas aos usuários da língua.

Exemplos	Sentido 1	Sentido 2
aspirar	= "inspirar", "sorver" "**Aspirei** um perfume que nunca antes havia sentido."	= almejar "O candidato **aspirava** a uma posição de destaque."
assistir	= "ajudar" "Uma junta de consultores **assistiu** os contadores da empresa."	= "ver" = "caber" "**Assistimos a** uma excelente palestra." "Isso não **assiste a** você."
chamar	= "convocar" "O chefe **chamou** os funcionários."/"O chefe **chamou pelos** funcionários."	= "dar nome" "**Chamou** Pedro **de** incompetente."/"**Chamou** Pedro incompetente."/"**Chamou a** Pedro incompetente."/"**Chamou a** Pedro **de** incompetente."
implicar	= "acarretar" "Os altos custos **implicam** cortes na produção."	= "amolar" "Ele não se cansa de **implicar com** os estagiários."
proceder	= "ter fundamento" "Suas **queixas** não **procedem**."	= "originar-se de" = "executar" "Sua desconfiança **procedia do** estranho comportamento de todos." "**Procederemos a** um inquérito."
querer	= "desejar" "**Queremos** um novo monitor."	= "estimar", "ter afeto" "**Quero** muito bem **a** você."

continua

Exemplos	Sentido 1	Sentido 2
visar	= "mirar" = "dar visto" **"Visávamos** o mesmo alvo." "Já **visei** todos os cheques."	= "almejar" **"Visavam a** uma posição de mais destaque."

Verbos com um só sentido e mais de uma possibilidade

Alguns verbos – apesar de não apresentarem mais de um significado – podem apresentar mais de uma regência válida segundo os padrões cultos da língua.

Vamos a alguns exemplos:

A) "Esquecer" e "lembrar" – quando não pronominais, exigem complemento sem preposição; contudo, junto aos pronomes, pedem preposição "de" obrigatória:

- **Esqueci (lembrei) a data./Esqueci-me (lembrei-me) da data.**

B) "Informar", "avisar", "certificar", "notificar" e "prevenir" – pedem dois complementos, um sem e outro com preposição. Além disso, admitem duas construções:

- **Informei a nota ao aluno./Informei o aluno da** (ou **sobre a**) **nota.**

C) "Propor-se" – pode ser construído com ou sem a preposição "a", indiferentemente:

- Nós **nos propusemos ajudá-lo.**/Nós **nos propusemos a ajudá-lo.**

Expressões com dupla construção

Podemos utilizar de duas maneiras as seguintes construções:

A) "Dar-se ao trabalho"/"dar-se o trabalho" e construções equivalentes:

- Não **nos demos ao trabalho** de rever suas anotações./Não **nos demos o trabalho** de rever suas anotações.
- Eles **se davam ao luxo** de ter duas pessoas para a mesma função./Eles **se davam o luxo** de ter duas pessoas para a mesma função.

B) "Passar revista a"/"passar em revista":

- **Passei revista a tudo** que havia sido feito./**Passei em revista tudo** que havia sido feito.

Outros casos de regência verbal

Vamos a mais alguns verbos que merecem atenção especial:

A) "Custar":

No sentido de "ser custoso", "ser difícil", pede complemento regido da preposição "a" seguido de oração com verbo no infinitivo:

- **Custou a ele aceitar o fato**.

Dessa forma, na linguagem culta, são consideradas erradas construções do tipo:

- Ele **custou para aceitar** o fato ou **Custou a crer que** o fato fosse possível.

B) "Pagar", "perdoar":

Quando têm por complemento uma palavra que denote coisa, não exigem preposição, mas, com uma palavra que denote pessoa, exigem preposição "a".

Exemplos:

- **Perdoaste o pecado./Perdoaste ao pecador./Perdoaste o pecado ao pecador**.
- **Pagamos um preço** justo./**Pagamos ao credor./Pagamos um preço** justo **ao credor**.

Considerações finais

Não devemos dar o mesmo complemento a verbos de regências diferentes. Dessa forma, devemos desmembrar as construções para evitarmos erros do tipo:

- **Entrou e saiu da sala**.

O verbo "entrar" pede complemento regido da preposição "em", e o verbo "sair" necessita da preposição "de".

Uma construção adequada poderia ser:

- **Entrou na sala** e **dela saiu**.

Há verbos que exigem complementos regidos de preposição que, contudo, ainda que se refiram à 3ª pessoa, não admitem os pronomes pessoais "lhe" e "lhes".

Trata-se de verbos como "aspirar", "assistir" – no sentido de "ajudar" ou "presenciar" –, "visar", "aludir", "obstar", "carecer", "desconfiar", "duvidar", "gostar", "incorrer", "insistir", "pensar", "reparar", "concordar", entre vários outros.

Dessa maneira, construções com esses verbos só são possíveis com as formas dos pronomes pessoais preposicionadas "ele(s)" e "ela(s)":

Exemplo:
- **Assisti ao espetáculo**. = **Assisti a ele**.

Nunca poderíamos usar, porém, algo como **Assisti-lhe**, no sentido em que está sendo usado o verbo.

Regência nominal

Regra geral

Regência nominal é a relação que se estabelece entre os nomes – termos regentes, que podem ser representados por substantivos, adjetivos ou advérbios – e os elementos que os complementam – termos regidos.

Nos estudos de regência nominal, devemos considerar que muitos nomes seguem o mesmo regime dos verbos que lhes são correspondentes.

Dessa forma, se considerarmos, por exemplo, a regência do verbo "obedecer", veremos que essa mesma regência é seguida pelas palavras que lhe são cognatas, como o substantivo "obediência", o adjetivo "obediente" e o advérbio "obedientemente".

Exemplos:
- A **obediência às regras** é pré-requisito deste cargo.
- Todos somos **obedientes às leis**.
- Considerei agir **obedientemente ao regulamento**.

Casos de regência nominal

Algumas vezes, certos substantivos e adjetivos admitem mais de uma regência, ou seja, admitem construções com diferentes preposições.

Exemplo:
- Tinha muito **amor ao trabalho**./Tinha muito **amor pelo trabalho**.

Veremos, a seguir, a regência de alguns substantivos, adjetivos e advérbios.[20]

---

[20] Na seção de *anexos*, você encontrará uma lista com alguns dos principais nomes cuja regência, em geral, causa dúvidas aos usuários da língua.

Regência de substantivos

Quadro 7
EXEMPLOS DE REGÊNCIA DE SUBSTANTIVOS

Substantivos	Preposições	Exemplos
admiração	a, por	"Sua **admiração ao** chefe (**pelo** chefe) era grande."
aversão	a, para, por	"Tínhamos **aversão a** (**para/por**) mudanças."
bacharel, especialista, mestre ou doutor	em	"Fernando é **mestre em** linguística."
capacidade	de, para	"Sua **capacidade de** (**para**) se concentrar era imensa."
devoção	a, para com, por	"Nossa **devoção ao** (**para com o/ pelo**) trabalho nunca foi questionada."
dúvida	acerca de, em, sobre	"Os auditores tinham **dúvidas acerca da** (**na/sobre a**) idoneidade dos balanços."
horror	a	"Nossa equipe tem **horror a** (e não **de**) retrabalho."
medo	a, de	"O **medo ao** (**do**) novo coordenador já era uma constante."

continua

Substantivos	Preposições	Exemplos
ojeriza	a, por	"Sua **ojeriza a (por)** esta tarefa já está refletindo em nosso trabalho."
respeito	a, com, para com, por	"Mostraram todo o **respeito à (com a/para com a/pela)** diretora."

Regência de adjetivos

Vejamos alguns exemplos de adjetivos que exigem complementos regidos de preposição obrigatória:

Quadro 8
EXEMPLOS DE REGÊNCIA DE ADJETIVOS

Adjetivos	Preposições	Exemplos
acessível	a	"Os documentos estão **acessíveis a** todos."
afável	com, para com	"Ela se mostrou **afável com (para com)** os novos funcionários."
alheio	a	"Por motivos **alheios a** nossa vontade, não fechamos o contrato."
ansioso	de, por	"Estamos **ansiosos de (por)** novas tarefas."
capaz	de, para	"Todos eram **capazes de (para)** desenvolvimento de novas habilidades."

continua

Adjetivos	Preposições	Exemplos
compreensível	a	"O enunciado não era **compreensível a** nenhum de nós."
escasso	de	"O depósito está **escasso de** materiais."
generoso	com	"Devemos ser **generosos com** nossos aliados."
impróprio	para	"Esse equipamento é **impróprio para** o serviço."
indeciso	em, sobre	"Estamos **indecisos na (sobre a)** cor mais adequada à tela."
parco	de, em	"Trata-se de um sistema de informações **parco de (em)** recursos."
próximo	a, de	"Estamos bem **próximos a (de)** nossa meta."
rico	de, em	"Esse novo ambiente é **rico de (em)** novas possibilidades de interação."
seguro	de, em	"Estamos **seguros desta (nesta)** escolha."
útil	a, para	"Essas anotações poderão ser **úteis ao (para o)** trabalho."

Regência de advérbios

Vejamos, agora, alguns exemplos de advérbios que exigem complementos regidos de preposição obrigatória:

Quadro 9
Exemplos de regência de advérbios

Advérbios	Preposições	Exemplos
longe	de	"Estarmos mais **longe de** nossos objetivos é impossível."
perto	de	"Muitos gostariam de estar mais **perto da** sede."
terminados em "-mente"	Tendem a seguir o mesmo padrão dos adjetivos a partir dos quais são formados: "paralelo a"/"paralelamente a"; "fiel a"/"fielmente a"; "contrário a"/"contrariamente a", etc.	"Agiu **contrariamente às** orientações propostas."

Autoavaliações

Regência verbal

Questão 1:

Alguns verbos que demandam termos regidos sem preposição obrigatória costumam ser alvo de construções incorretas com complementos preposicionados e vice-versa.

Considerando essa afirmativa, marque (1) para as frases corretas e (2) para as incorretas.

( ) Pare de implicar comigo!
( ) Aspirei o ar perfumado das montanhas.
( ) O deputado aspira a presidência do partido.
( ) A atitude dele implicará em pesados encargos.

A sequência correta dos números nos parênteses é:

a) 1 – 1 – 2 – 2
b) 2 – 2 – 1 – 1
c) 1 – 2 – 1 – 1
d) 2 – 2 – 2 – 2

Questão 2:

Alguns verbos exigem dois complementos obrigatórios.

Considerando essa afirmativa, nas frases apresentadas a seguir, a opção que preenche, corretamente, as lacunas presentes em cada uma delas é:

I) Paguei _____ consulta _____ médica.

II) O juiz perdoou _____ afronta _____ ré.

a) a – a – a – à

b) à – a – a – à

c) a – à – à – a

d) a – à – a – à

Questão 3:

Alguns verbos demandam mais de uma regência, dependendo do sentido em que são empregados.

Considerando essa afirmativa, nas frases apresentadas a seguir, a opção que preenche, corretamente, as lacunas presentes em cada uma delas é:

I) Decidido, visou _____ pássaro.

II) O funcionário visou _____ passaporte.

III) Ela visa _____ melhor cargo da empresa.

a) o – o – ao

b) ao – o – o

c) o – ao – ao

d) ao – ao – o

Questão 4:

O verbo "assistir" possui mais de uma regência de acordo com seu significado.

Leia a afirmação apresentada a seguir e assinale "falso" ou "verdadeiro", considerando as possibilidades de regência do verbo "assistir":

"Podemos afirmar que a frase "Ontem assisti um filme ótimo na televisão." é compatível com a norma culta."

a) Falso
b) Verdadeiro

Questão 5:

Termos regidos sem preposição obrigatória que se refiram à 3ª pessoa do discurso podem ser substituídos pelos pronomes pessoais "o(s)", "a(s)". Nesses casos, o verbo ou o pronome podem sofrer algumas alterações, que buscam a melhor adaptação fonética de uma forma a outra.

A alternativa em que se constata **erro** na junção do pronome ao verbo regente é:

a) fiz + as = fi-las
b) põe + as = põe-nas
c) entender + os = entendê-los
d) comprou + os = comprou-nos

Questão 6:

A regência de determinados verbos é, muitas vezes, fonte de estranhamento para os usuários de nossa língua.

Considerando essa afirmativa, nas frases apresentadas a seguir, a opção que preenche, corretamente, as lacunas presentes em cada uma delas é:

I)   Lembrei _____ cena da novela!
II) O médico assistiu _____ doente.
III) O delegado procedeu _____ inquérito.
IV) Esqueci _____ problemas que me perseguiam.

a) a – o – o – os
b) a – o – ao – os
c) da –ao – o – dos
d) da – ao – ao – dos

Questão 7:

Algumas vezes, a preposição pode ser usada junto a verbos que, normalmente, não a demandariam, para manter a clareza da frase.

A alternativa em que o uso da preposição destacada **não** se justifica, especificamente, pela regência do verbo é:

a) Ao rapaz Pedro observava atentamente.
b) Ao trabalho todos costumam chegar cedo.
c) As pessoas visavam aos melhores resultados.
d) Preferíamos o excesso de trabalho aos períodos sem nada para fazer.

Questão 8:

A regência do verbo "preferir" costuma ser erroneamente empregada por vários usuários da língua.

Leia a afirmação apresentada a seguir e assinale "falso" ou "verdadeiro", considerando a regência do verbo "preferir":

"A frase "Prefiro vinho a cerveja." é compatível com a norma culta, mas "Prefiro o vinho à cerveja." não é."

a) Falso
b) Verdadeiro

Questão 9:

Usamos diferentes pronomes pessoais de 3ª pessoa para substituir complementos de verbos transitivos diretos e indiretos.

Considerando essa afirmativa, nas frases a seguir, a alternativa que contém as opções que complementam corretamente as lacunas apresentadas é:

I)   Você pagou a dívida? Sim, paguei _____.
II) Isto pertence a seus pais? Sim, pertence _____.
III) Você pagou ao cobrador? Não, ainda não _____ paguei.
IV) Você ama este rapaz? Não tenho certeza de que _____ ame.

a) -a, -lhes, o, o
b) -a, -lhes, lhe, o
c) a ela, -lhes, o, lhe
d) a ela, -lhes, lhe, lhe

Questão 10:

"Este é o autor **cuja obra** conheço."

A alternativa que apresenta, corretamente, as alterações necessárias no complemento verbal acima destacado, quando o verbo da oração é substituído pelas seguintes opções, é:

I)   Falamos sobre o autor _____ gosto.
II) Falamos sobre o autor _____ acredito.
III) Falamos sobre o autor _____ procuro.
IV) Falamos sobre o autor _____ me refiro.

a) de cuja obra – cuja obra – cuja obra – cuja obra
b) cuja obra – de cuja obra – cuja obra – a cuja obra
c) cuja obra – em cuja obra – por cuja obra – cuja obra
d) de cuja obra – em cuja obra – por cuja obra – a cuja obra

Regência nominal

Questão 1:

Regência nominal é a relação que se estabelece entre os nomes – termos regentes, que podem ser representados por substantivos, adjetivos ou advérbios – e os elementos que os complementam – termos regidos.

Considerando essa afirmativa, nas frases apresentadas a seguir, a opção que preenche, corretamente, as lacunas presentes em cada uma delas é:

I) Ser fiel _____ amigos é uma arte.
II) Você é indigno _____ minha amizade.
III) O trabalho em excesso é prejudicial _____ coração.
IV) Os médicos dizem que o vinho é útil _____ coração.

a) aos – de – ao – ao
b) a – a – para o – ao
c) com – da – para o – a
d) com os – da – ao – ao

Questão 2:

Muitos substantivos e adjetivos provocam dúvidas de regência nos usuários da língua.

A alternativa que apresenta **erro** de regência segundo as normas cultas da língua é:

a) Os estagiários estão ansiosos de novos desafios.
b) Aqui é certo que todos têm horror de mudanças.
c) O substituto não tivera dúvidas acerca do que fazer.
d) A devoção dele para com o trabalho era inquestionável.

Questão 3:

Vários adjetivos da língua portuguesa admitem mais de uma regência. Considerando essa afirmativa, na frase apresentadas a seguir, a opção que preenche, corretamente, as lacunas é:

"Alheia ____ todos os riscos, a seção estava segura ____ decisão que havia sido tomada e acreditava estar próxima ____ resolução dos conflitos."

a) a – à – à
b) de – à – a
c) a – na – da
d) de – da – da

Questão 4:

A regência de verbos e nomes segue padrões estabelecidos pela variedade culta da língua portuguesa.

Assinale a opção que **não** contém erro de regência segundo os padrões cultos da língua:

a) Não fazemos entregas a domicílio.
b) Responderei a todas as dúvidas apresentadas.
c) O curso será oferecido a nível de pós-graduação.
d) Eles não residem mais à rua Jornalista Orlando Dantas.

Questão 5:

Nos casos em que dado nome apresenta possibilidades de regência diferentes, a seleção da preposição adequada deve considerar a eliminação de qualquer ambiguidade na frase.

Considerando essa afirmativa, assinale a alternativa em que o uso da preposição provoca ambiguidade na frase:

a) O respeito do diretor era grande.
b) O respeito às leis é dever de todo cidadão.
c) No trabalho, o respeito para com os colegas é fundamental.
d) Encontraram no respeito por seus valores a solução de seus problemas.

Questão 6:

A alternativa que apresenta uma afirmação correta acerca da regência do substantivo "aversão", presente no seguinte enunciado, é:

"As pessoas, de um modo geral, têm aversão àquilo que não conhecem."

a) A regência empregada é a única possível.
b) A regência correta seria, exclusivamente, "aversão por aquilo".
c) A regência correta seria, exclusivamente, "aversão para aquilo".
d) A regência está correta, e o adjetivo prevê, ainda, complementação com as preposições "por" ou "para".

Questão 7:

Leia a afirmação apresentada a seguir e assinale "falso" ou "verdadeiro", considerando a regência do adjetivo "próximo":

"O enunciado: "Nunca estivemos tão próximos do perigo." está correto segundo os padrões da norma culta.".

a) Falso
b) Verdadeiro

Questão 8:

"Tenho dúvidas de que todos estejam seguros _____ decisão."

A alternativa que preenche, corretamente, segundo as normas culta da língua, a lacuna apresentada no enunciado acima é:

a) nesta
b) sobre esta
c) acerca desta
d) frente a esta

Questão 9:

"É compreensível _____ todos que o aumento de pessoal seja impróprio _____ empresa nas circunstâncias atuais."

A alternativa que apresenta opções corretas, segundo os padrões cultos da língua, para o preenchimento das lacunas do enunciado acima apresentado é:

a) por – à
b) por – a
c) para – à
d) a – para a

Questão 10:

"Devoção exagerada para com o trabalho não faz bem."

A alternativa que apresenta uma afirmação correta acerca da regência do substantivo "devoção", segundo os padrões cultos da língua, no enunciado acima, é:

a) A regência correta seria, exclusivamente, "devoção a".

b) A regência correta seria, exclusivamente, "devoção por".

c) A regência correta seria, exclusivamente, "devoção para com".

d) A regência está correta, e o adjetivo prevê, ainda, complementação com as preposições "a" ou "por".

Módulo V – Modelos de escrita

Módulo V – Modelos de escrita

Neste módulo, apresentaremos e ilustraremos os principais modelos de escrita comercial e oficial.

Para isso, mostraremos as características e a funcionalidade de cada modelo, determinando suas diferenças e a importância do domínio dessas informações no âmbito profissional das instituições públicas e das empresas privadas.

Escrita comercial[21]

Atestado

Atestado é o documento em que solicitamos a uma pessoa credenciada o registro de um fato ou de uma determinada situação. Esse documento é constituído de:

- timbre do órgão ou da empresa que fornece o atestado;
- finalidade do documento;
- título;
- texto;
- identificação do solicitante;
- local e data;
- assinatura;
- fato ou situação motivadora.

Declaração e termo

Declaração é um documento em que manifestamos uma opinião, uma observação, uma resolução. Não raro, a declaração é bastante semelhante ao atestado.

O termo também é uma declaração, mas uma declaração registrada em um processo ou em um livro. Os termos podem ser de posse, nascimento, responsabilidade, inauguração.

Ata

Ata é o registro claro e fiel do que fizemos e dissemos em uma reunião. Normalmente, há um livro em que são registradas todas as atas de um órgão, de uma associação, de um conselho.

---

[21] Para visualizar modelos dos diferentes tipos de escrita comercial aqui enunciados, consulte a seção de *anexos*.

O livro de atas deve conter:

- o termo de abertura – redigido por uma pessoa autorizada – em que registramos o propósito do livro;
- o termo de encerramento, datado e assinado, ao término do uso do livro.

A ata propriamente dita é constituída de:

- cabeçalho;
- abertura;
- declaração da legalidade da reunião pela existência de quórum;
- lista dos nomes das pessoas presentes – caso haja muitos, indicamos somente a quantidade;
- aprovação da ata da reunião anterior;
- narração dos assuntos tratados;
- decisões e forma como estas foram tomadas;
- fecho.

Aviso e bilhete

O aviso é um comunicado de uma pessoa a outra. Dessa forma, este tipo de modelo de escrita tem por objetivo não só comunicar como também convidar, noticiar, ordenar e, até mesmo, prevenir. O aviso deve ser claro e objetivo.

O bilhete é um meio simples e pequeno de transmitirmos uma mensagem a alguém íntimo. Ele deve ser constituído por:

- nome do receptor;
- texto iniciando com um parágrafo;
- data;
- nome legível do emissor.

Recado

Escrevemos recados quando não encontramos – por telefone ou pessoalmente – a pessoa que procuramos. Contudo, não podemos guardar, em nossa memória, todos os recados que nos passam; por isso, devemos escrevê-los, de forma detalhada, em pequenos pedaços de papel ou em papéis próprios e timbrados com o nome da empresa, onde podemos registrar:

- a data;
- o nome de quem deixou o recado;
- a quem ele se destina.

Boletim

O boletim é utilizado por instituições públicas ou privadas, principalmente para notificações. Normalmente, os boletins são distribuídos aos setores pertinentes da instituição e fixados em locais visíveis para que todos possam deles tomar ciência.

Circular e memorando

Com a circular, transmitimos orientações, ordens, esclarecimentos. Da mesma forma que o boletim, a circular também é reproduzida e enviada a diferentes pessoas e instituições interessadas.

Já com o memorando, veiculamos mensagens pequenas e pouco formais: pedidos, consultas, informações breves.

O memorando pode ser:

- interno – também chamado de CI (comunicação interna), é utilizado para comunicação dentro da empresa ou do órgão;
- externo – utilizado para comunicação dentro da própria empresa ou entre a empresa e alguém de fora;
- interdepartamental – utilizado para comunicação entre os departamentos, ou entre a matriz e uma filial da mesma empresa.

De um memorando, devem constar:

- o timbre da empresa ou do órgão;
- a palavra "Ementa", seguida pelo processo ou pelo assunto do memorando;
- o local e a data;
- os anexos, caso haja;
- o cumprimento final e a assinatura;
- o código do departamento emissor e o número do memorando;
- o nome do receptor do memorando e um texto sucinto.

Carta de cobrança

Utilizamos a carta de cobrança para cobrar um cliente inadimplente. Com isso, procuramos fazer com que o cliente quite sua dívida. Justamente por isso, devemos procurar manter com ele uma relação amistosa e cordial, tentando convencer o cliente de que acreditamos em sua boa-fé. Estamos aqui supondo que o cliente possa ter-se esquecido de pagar a dívida.

Dessa forma, a carta de cobrança deve ser personalizada, e contatos telefônicos podem ajudar na cobrança. Devemos, ainda, emitir, após o vencimento da dívida, um aviso de rotina.

Caso o cliente inadimplente não pague a quantia que deve ou não responda ao aviso, devemos emitir uma segunda carta, ainda mais formal. Nessa carta, devemos mostrar-nos prontos para ajudar na solução do problema, mas não devemo-nos esquecer de acrescentar a seguinte orientação: que o aviso seja desconsiderado caso a dívida já tenha sido quitada.

Na terceira carta, já podemos lembrar o cliente da importância de se ter crédito e podemos fazer ameaças judiciais já com data marcada. Entretanto, devemos continuar mostrando que estamos à disposição do cliente para um eventual auxílio. Em último caso, cumprimos a ameaça e acionamos o cliente, avisando-o de tal fato por mera gentileza.

Carta particular

A carta particular pode ser um meio para vários fins, como:

- candidatar-se a um emprego;
- recomendar alguém ou
- pedir dispensa.

No primeiro caso, devemos apresentar, resumidamente, os dados pessoais e profissionais do candidato. Essa carta deve vir acompanhada de ficha de informações pessoais – *curriculum vitae* resumido – ou do próprio *curriculum vitae*.

Na segunda hipótese, uma carta de recomendação deve ser sintética e clara. Além disso, se a carta for entregue por meio de um conhecido, podemos escrever, no envelope, seu nome precedido pela expressão "Aos cuidados de". Nesse caso, o envelope deve ser fechado.

Caso o recomendado entregue a carta pessoalmente a uma pessoa do alto escalão da empresa, o envelope deve permanecer aberto, em sinal de que o portador é confiável.

No terceiro caso – pedido de dispensa –, podemos solicitar o desligamento da empresa onde trabalhamos.

Carta comercial

A carta comercial mantém o contato entre empresas, e entre estas e seus clientes. Ao redigirmos esse tipo de correspondência, precisamos estar atentos à forma como escrevemos. Devemos estar alinhados com as características e as metas da empresa que representamos, para que o receptor, ao ler a carta, tenha percepção de credibilidade.

Além disso, mesmo que seja difícil, devemos ser cordiais e delicados, e ter sempre em mente que a carta serve para informar, e não para impressionar.

A carta comercial é composta de:

- timbre da empresa;
- índice, como as iniciais do setor, por exemplo;

- número da carta e ano;
- local e data;
- receptor e seu endereço;
- referência, isto é, assunto da carta;
- invocação e texto;
- cumprimentos finais e assinatura;
- anexos, caso haja;
- iniciais do redator e do digitador, separadas por uma barra.

Mala direta

A mala direta é uma propaganda enviada a um determinado número de pessoas que possam ter interesse em dado produto. Pode ser também uma pesquisa para, dentre outros fins, verificação da percepção de qualidade por parte dos clientes.

Acordo, contrato e convênio

Acordo é um acerto. Dessa forma, quando acordamos algo, estamos concordando, estamos chegando a uma convenção comum.

O contrato é um documento que resulta de um acordo firmado entre duas ou mais partes, e pode ser de cinco tipos:

- unilateral – a obrigação recai sobre uma parte, e a outra, simplesmente, aceita o fato;
- bilateral – ambas as partes têm obrigações e direitos;
- comutativo – uma parte se obriga a fazer algo, a outra parte recebe e vice-versa;
- aleatório – o lucro é incerto e provável;
- social – faz-se entre um governante e seus governados.

Um convênio nada mais é que um pacto, um acordo entre duas partes, em que uma se predispõe a prestar determinado serviço à outra.

Convocação

A convocação intima, obriga o comparecimento do destinatário a uma reunião ou a um ato. Por isso, devem fazer parte desse documento local e data em que o convocado deve comparecer. Já a finalidade da convocação pode ser ou não mencionada.

Para que a convocação seja bem-compreendida, o texto deve ser simples e objetivo.

Mensagens sociais ou comemorativas

As mensagens sociais ou comemorativas não se enquadram no modelo de correspondência formal ou administrativa.

As mensagens sociais estão relacionadas a eventos sociais, como inaugurações ou festividades, e, justamente por isso, seu texto não deve fazer diferença entre homens e mulheres. Elas devem conter o nome e o endereço corretos do destinatário; combinar técnica redacional, bom-tom e arte, além de requerer atualização periódica do cadastro de clientes.

Já as mensagens comemorativas estão relacionadas a comemorações e, normalmente, são veiculadas pela imprensa escrita, devendo apresentar conteúdo claro.

Vale ressaltar que não devemos enviar mensagens indistintamente, pois esse tipo de atitude desvaloriza e banaliza a cordialidade das mensagens.

E-mail

O correio eletrônico, mais conhecido como *e-mail*, é um sistema que permite que nos comuniquemos, enviando e recebendo mensagens, com pessoas de todo o mundo, via internet.

No ambiente de trabalho, é preciso considerar a política de uso e as restrições estabelecidas para o *e-mail*.

Devemos também tomar cuidado para não sermos prolixos: ao redigirmos uma única mensagem ou ao darmos continuidade a uma mesma discussão com muitos *e-mails*. Nesse último caso, se uma discussão parece se prolongar excessivamente, mostrando que os *e-mails* são ineficazes, o melhor a fazer é agendar uma reunião com os envolvidos para resolver o problema.

Todo cuidado é pouco, também, em situações em que há muitas pessoas "copiadas" na mesma mensagem: nem sempre, todas as pessoas inicialmente envolvidas em uma comunicação devem continuar a ser copiadas no desdobramento de uma mensagem.

É preciso ter cuidado, também – não só por questões hierárquicas ou sociais –, com o uso dos vocativos que encabeçam os *e-mails*. Não há nada pior do que vocativos do tipo: "Prezados" ou "Fulano de Tal". Adjetivos modificam substantivos e, portanto, devemos sempre ter um núcleo nominal preso ao adjetivo que qualifica os receptores: "Prezados colegas", "Caros senhores", etc. Do mesmo modo, o uso de adjetivos denota, desde comunicação respeitosa até afeição, e determina, muitas vezes, o tom da mensagem: "Prezada professora Maria da Luz" ou "Cara Maria" é muito mais conveniente do que, simplesmente, "Professora Maria da Luz".

O mesmo cuidado deve ser destinado às despedidas. É preciso adequar o tom do cumprimento final ao perfil do receptor ou dos receptores da mensagem. Em algumas situações, a inversão entre um cumprimento como "Atenciosamente" e outro como "Abraços" é decisiva para a eficácia do ato comunicativo.

Nas comunicações que tramitam pela internet, também é de bom tom seguir algumas regras da chamada "netiqueta", como, por exemplo, não escrever palavras totalmente com maiúsculas ou caixa alta, o que já se consagrou como forma de registro de gritos ou irritação.

Outra dica importante: agradecimentos pessoais sugerem polidez e mantêm o bom nível das relações interpessoais no ambiente de trabalho. Contudo, não há nada pior do que abrirmos um *e-mail* de agradecimento que não se dirige especificamente a nós, mas a uma das demais pessoas da lista em que estamos copiados. Nas empresas, em geral, o fluxo de *e-mails* é grande; por isso, antes de agradecer, é bom retirar as demais pessoas da lista e direcionar a mensagem a quem, de fato, deve recebê-la.

Fax

O fax é um documento de fácil veiculação. Contudo, antes de enviar o fax propriamente dito, é importante que avisemos o destinatário sobre a transmissão. Isso diminui a possibilidade de o documento se perder dentro da empresa que vai recebê-lo.

Mesmo aqui no Brasil, as informações sobre remetente e destinatário costumam ser apresentadas em inglês. Quanto ao recibo da transmissão, é bom guardá-lo junto ao fax enviado.

Cartão

Os cartões podem ter várias finalidades, que variam de acordo com seus vários tipos:

- cartão de visita – utilizado somente para as relações sociais;
- cartão de contato – utilizado para apresentar um executivo ou um profissional liberal;
- cartão comercial – utilizado para propagandas ou vendas;
- cartão comum – utilizado, simplesmente, como correspondência para convidar, parabenizar, etc.

Ordem de serviço

Ordem de serviço é uma liberação para execução de determinadas tarefas. Assim, como muitos adequadamente acreditam, ela tem relação com tarefas, e não com alocação de pessoal.

Procuração

Por meio de uma procuração, um órgão, uma empresa ou uma pessoa – mandante, outorgante ou constituinte – pode conceder poderes a outrem – mandatário, outorgado ou procurador.

A procuração pode ser:

- pública – lavrada pelo tabelião em livro de notas. Daí resulta o traslado, cópia do livro de notas que fica em poder do procurador;
- particular – sem registro no livro de notas;
- geral – o constituinte dá plenos poderes ao procurador;
- especial – o constituinte especifica, na procuração, os poderes do procurador.

A procuração deve conter:

- o título, em letras maiúsculas;
- o texto, em que o constituinte se identifica, identifica o procurador e designa poderes gerais ou especiais;
- o local e a data;
- a assinatura do constituinte;
- a identificação das testemunhas e suas respectivas assinaturas.

Lembramos também que uma procuração pode ser subestabelecida, isto é, o procurador pode nomear outro procurador. Entretanto, isso só será possível se previsto na procuração.

Protocolo

Protocolo pode ser o registro de atos públicos, de audiências em tribunais, de conferências ou deliberações diplomáticas ou de formulário regulador de atos públicos.

Comercialmente, o protocolo pode ser um livro, onde registramos a entrada de correspondência, ou um formulário, onde registramos a entrada e a saída de objetos da empresa.

Recibo

Recibo é o documento em que registramos o recebimento de algo. Podemos ter, portanto, diferentes tipos de recibo:

- recibo de pagamento – para registrar o pagamento total ou parcial de uma dívida;
- recibo por conta – para registrar o pagamento parcial de uma dívida;
- recibo por saldo – para registrar o pagamento de todas as transações efetuadas até a data do recibo.

Regimento e regulamento

Regimento é um conjunto de regras que determina direitos e deveres.

Regimento interno é o nome dado ao conjunto de regras de funcionamento e de serviços internos de órgãos públicos ou empresas privadas.

Regulamento pode ser um documento oficial que esclarece um texto legal, tendo como finalidade estabelecer o modo como uma lei deve ser cumprida. Pode ser, ainda, um conjunto de regras necessárias ao funcionamento de uma empresa ou à realização de um concurso.

Telegrama

O telegrama é uma forma de enviarmos mensagens escritas rapidamente. Nesse sentido, o papel em que escrevemos nossa mensagem é próprio para isso e é fornecido pela Empresa Brasileira de Correios e Telégrafos.

É preciso lembrar que o telegrama é cobrado de acordo com o número de palavras: palavra com 10 letras ou menos custam uma taxa e, com mais de 10 letras, custam duas taxas. Assim, para baratear nosso telegrama, devemos unir duas palavras, suprimir palavras irrelevantes e substituir palavras com mais de 10 letras por palavras menores.

Podemos, também, usar alguns sinais especiais:

- acrescentar um "h" ao final das palavras que deveriam ter um acento na última vogal;
- substituir o til (-) pelo "n", inserido após a vogal tilada;
- substituir os sinais de pontuação – as aspas, a barra – por palavras e siglas:
    - usar "PT" para ponto-final, "INT" para interrogação e "ABRASPAS" para abrir aspas.

Devemos, ainda, utilizar letras maiúsculas e dois espaços entre uma palavra e outra. Além disso, não é possível dividir a palavra em duas linhas.

Há também a possibilidade de nos servirmos de telegramas fonados. Nesse caso, passamos a mensagem por telefone, o que pode ser mais prático e conveniente.

Escrita oficial[22]

Ofício

O ofício é um documento de caráter oficial usado para a comunicação entre os órgãos públicos; por isso, deve ser sério, claro e natural, evitando, dessa forma, a linguagem rebuscada.

O ofício é constituído de:

- timbre e nome do órgão público;
- código do setor ou departamento que expede o ofício – caso haja dois com a mesma competência – e número do ofício, que zera a cada ano;
- local, data de expedição e assunto do ofício precedido pela palavra "Ementa";
- pronome de tratamento adequado e destinatário do ofício;
- texto, que pode conter o desenvolvimento da ementa – o apelo, caso queiramos persuadir o receptor, ou o impulso, que transforma predisposição em ação;
- cumprimento final, assinatura e anexos, caso haja;
- nome do destinatário precedido do tratamento adequado, seu endereço, seu cargo.

---

[22] Para visualizar modelos dos diferentes tipos de escrita oficial aqui enunciados, consulte a seção de *anexos*.

Requerimento e abaixo-assinado

O requerimento é o documento que utilizamos para solicitar ou pedir, a um órgão ou a uma autoridade pública, alguma coisa a que temos direito.

O fecho de um requerimento deve ser feito a partir de algumas siglas já estabelecidas:

- N.T., para "nestes termos";
- D., para "aguarda deferimento";
- E. D., para "espera deferimento".

Chamamos um requerimento coletivo de abaixo-assinado.

Diploma

O diploma é um documento oficial que certifica a conclusão de um curso, confere um cargo, dignidade ou privilégio a alguém.

Auto

O auto é uma narração detalhada e autenticada de um aconteci-mento ocorrido em uma determinada data. Normalmente, um auto é lavrado em um livro destinado a esse fim.

Como um auto tem grande importância em um processo, preci-samos tomar alguns cuidados ao lavrá-lo, como inutilizar as linhas em branco para que o documento não seja alterado e escrever os nú-meros por extenso para evitar falsificações.

Apostila, manifesto e resolução

Utilizamos uma apostila para esclarecer, completar ou retificar o conteúdo de um contrato, uma portaria, uma certidão, isto é, de um tex-to já pronto. Assim, como a apostila não tem "vida própria", ela deve ser lavrada pela mesma pessoa que expediu o documento a que ela se refere.

O manifesto é uma declaração pública que justifica um ato e pode ser endereçada ao governo ou ao público em geral.

Resolução é um ato expedido por:

- órgãos colegiados – órgãos deliberativos que têm a finalidade de decidir sobre os mais diversos assuntos que lhes são passados;
- autarquias – entidades estatais autônomas, com patrimônio e receita próprios, criadas por lei para executar, de forma descentralizada, atividades típicas da administração pública, como, por exemplo, o Banco Central;
- grupos representativos – agremiações – conselhos, sindicatos, ordens, comitês, etc. – que têm por função representar determinado grupo social ou profissional. Por meio dessas agremiações, um grupo social ou profissional pode criar a regulamentação de determinado procedimento. Por exemplo, a Ordem dos Advogados do Brasil – OAB – possui um exame que autoriza os bacharéis em direito à prática da advocacia;
- conselhos administrativos – órgãos deliberativos em matéria administrativo-financeira de uma instituição, nos termos da legislação em vigor;
- assembleias legislativas.

Ato

Os atos podem ser classificados da seguinte forma:

- ato administrativo – também chamado de ato governamental, é uma ação particular do Estado;
- ato atributivo – transfere um direito a alguém;
- ato autêntico – é munido de fé pública e passa ou é expedido por uma autoridade;
- ato formal – também chamado de ato solene, necessita de uma solenidade para adquirir validade;
- ato gratuito – provém de liberalidade ou dispensa encargos;
- ato jurídico – transfere, modifica, restringe ou extingue direitos;
- ato oneroso – implica encargos;
- ato resolúvel – também chamado de contrato resolúvel, contém o prazo de seu vencimento ou a condição que o resolve.

Carta oficial

Podemos utilizar a carta oficial para vários fins:

- retificação ou confirmação de uma resolução por parte do governo;
- nota de um diplomata;
- correspondência social da alta chefia de uma empresa.

Dessa forma, a carta oficial assume várias denominações, como:

- carta de autorização – também chamada de carta-patente ou, simplesmente, patente, concede uma autorização ou um privilégio;
- carta de chamada – solicita a entrada de imigrantes em um país;
- carta declaratória – por meio dela, o governo autoriza uma reforma ou alteração no estatuto de uma sociedade;
- carta-partida – também chamada de carta de fretamento, comprova o fretamento de uma embarcação;
- carta precatória – por meio desse tipo de carta, um juiz de uma circunscrição solicita a um juiz de outra circunscrição citações, inquirição de testemunhas ou outros atos judiciais necessários a um processo da circunscrição solicitante;
- carta testemunhável – recurso judicial que leva, ao tribunal competente, determinados recursos cuja interposição ou cujo segmento foram denegados pelo juiz inferior.

Certidão

A certidão é um documento que certifica algo extraído de assentamentos públicos, que são registros realizados por órgão público – ou sob sua autorização –, utilizados para cadastro e controle de processos de documentação. A partir desses assentamentos, podem ser emitidos documentos como certidões de nascimento ou óbito, registro de imóveis, carteiras profissionais, etc.

Ela deve conter os seguintes itens:

- o timbre do órgão responsável pela expedição do documento;
- o título e o número da certidão, caso haja;
- o texto, em linhas corridas, com a identificação da autoridade certificadora e da que ordenou a certificação, com o documento pertinente ao caso e com a narrativa do conteúdo que interessa ou a transcrição do documento;
- o fecho, o local, a data e a assinatura do certificante.

Despacho

À decisão de uma autoridade com relação a um pedido, damos o nome de despacho. Uma decisão pode ser deferida por algumas simples palavras, como, por exemplo, "aprovo", "defiro em termos", "de acordo", etc.

Exposição de motivos e exposição justificada

A exposição de motivos é um documento que sugere ou justifica a necessidade de expansão de um ato ou de uma providência.

De uma exposição de motivos, devem constar:

- síntese do assunto e das alegações, dos argumentos e dos fundamentos;
- considerações e razões do assunto;
- transcrição da legislação citada, quando necessário;
- parecer de conclusão claro e sucinto.

A exposição de motivos deve ser despachada por autoridade competente, com "aprovo", "aprovado", "expeça-se o ato", "arquive-se", "concordo" ou "sim".

Além da exposição de motivos, há a exposição da justificativa, que, normalmente, figura diluída em outros documentos, como o parecer, por exemplo.

Ademais, no fim do documento, devemos registrar o número do processo, caso haja, e as iniciais de quem a redigiu, separadas por uma barra das iniciais do digitador.

Informação

A informação é um meio de fornecimento de dados para a elaboração de um parecer. Caso a informação faça referência a um processo, suas respectivas folhas devem constar do texto.

Normalmente, é constituída de procedência, objeto e informação.

Quanto à linguagem, a informação deve ser clara e objetiva. Esse documento deve ser dividido em partes numeradas, e devemos mencionar, no fecho, o órgão do qual o signatário faz parte, a data, a assinatura, o nome e a função deste.

Nota e guia

Quando a nota diz respeito a uma comunicação oficial entre ministros de Estado, ela recebe o nome de diplomática. Quando diz respeito a uma comunicação feita por altas autoridades ou entidades de classe, a nota recebe o nome de oficial.

A guia é um formulário para pagamento de impostos ou de contribuições, para expedição de mercadorias ou correspondências, ou é, simplesmente, um comprovante. Normalmente, a guia faz parte de uma carta oficial.

Notificação

Com a notificação, podemos informar a uma pessoa ou a uma empresa uma norma para que um ato seja executado ou não, ou podemos dar uma ordem.

Parecer

Ao emitirmos um parecer, estamos analisando um caso ou dando uma opinião. O parecer nos auxilia na tomada de decisões. Ele se diferencia da informação por emitir opiniões, e não somente fornecer dados. Quando o parecer está relacionado a um caso burocrático, recebe o nome de parecer administrativo. Nesse caso, a linguagem pode ser simples e objetiva.

Quando está relacionado a uma matéria específica, recebe o nome de parecer técnico. O parecer técnico é redigido por cientistas ou técnicos; por isso, sua redação é mais rebuscada e técnica.

Autoavaliações

Escrita comercial

Questão 1:

A ata é um documento oficial em que se registram todas as ocorrências de uma reunião.

Podemos dizer, dessa forma, que o objetivo principal da ata é:

a) constituir o livro de atas da empresa.
b) aprovar as decisões tomadas nas reuniões.
c) registrar o quórum das reuniões da empresa.
d) registrar a memória das reuniões ocorridas na empresa.

Questão 2:

A principal diferença entre circular e memorando é:

a) A circular tem sempre um caráter assertivo, de ordem expressa, enquanto o memorando veicula mensagens de aviso.
b) A circular é sempre enviada a diversos setores e pessoas, enquanto o memorando é sempre interno, dirigindo-se a uma pessoa especificamente.
c) A circular veicula orientações e esclarecimentos, ao passo que o memorando é utilizado para mensagens mais breves e menos formais, como pedidos e consultas.
d) A circular é documento oficial, escrita em papel timbrado, e o memorando, por sua vez, é documento extraoficial, que prescinde da identificação oficial da empresa por meio de timbres ou logos.

Questão 3:

Por tratar de assunto essencialmente delicado, a carta de cobrança tem diferentes formas e etapas a serem utilizadas para seu envio.

São características da carta de cobrança:

a) Tom formal e ameaçador; distanciamento; crença na má-fé do cliente.
b) Tom informal e casual; texto pré-formatado; crença na boa-fé do cliente.
c) Tom amistoso e cordial; texto personalizado; crença na boa-fé do cliente.
d) Tom imperioso e assertivo; texto personalizado; crença na má-fé do cliente.

Questão 4:

No ambiente de trabalho, a carta particular pode ser utilizada para três fins: candidatar-se a um emprego, recomendar alguém para um emprego ou pedir desligamento.

Nos três casos, a carta deve ter uma característica fundamental, que é a:

a) persuasão.
b) objetividade.
c) pessoalidade.
d) assertividade.

Questão 5:

A carta comercial deve ser escrita de modo a demonstrar alinhamento com as metas da empresa.

O principal objetivo da carta comercial é:

a) informar o cliente, buscando impressioná-lo.
b) informar o cliente, demonstrando cortesia e credibilidade.

c) convencer o cliente, a partir da descrição detalhada da missão e da visão da empresa.

d) impressionar o cliente, ao utilizar um tom cortês e demonstrar conhecimento das metas da empresa.

Questão 6:

Atualmente, o uso do *e-mail* tornou-se a forma de comunicação mais frequente nas empresas. Por essa razão, há uma série de cuidados a serem tomados na escrita desse tipo de mensagem.

Um dos cuidados que devemos tomar na escrita de *e-mails* é:

a) evitar ser prolixo.

b) descrever, detalhadamente, o assunto.

c) esgotar o assunto em inúmeras mensagens.

d) manter todos os destinatários copiados, até que a questão se esgote.

Questão 7:

O uso do *e-mail* deve pressupor o conhecimento da "netiqueta", ou seja, algumas regras aplicadas à comunicação via *web*.

É exemplo de má utilização da netiqueta:

a) o uso de *emoticons*.

b) a utilização de saudação de despedida.

c) a utilização de caixa alta em toda a mensagem.

d) a utilização de vocativo no início da mensagem.

Questão 8:

A procuração é um tipo de texto que pode ser utilizado em situações diversas. Seu objetivo é outorgar a alguém poderes para determinadas circunstâncias.

Quando a procuração dá plenos poderes ao outorgado, dizemos que ela é:

a) geral.
b) pública.
c) especial.
d) particular.

Questão 9:

Regimento e regulamento são documentos oficiais que, embora se confundam, não têm as mesmas características e funções.

A diferença entre eles é:

a) O regimento é um documento interno, que lida com direitos e deveres dentro da empresa; o regulamento é utilizado na realização de concursos.
b) O regimento é um conjunto de regras que determina direitos e deveres; já o regulamento estabelece como as regras devem ser cumpridas.
c) O regimento é um documento oficial, reconhecido pela empresa; o regulamento é informal e tem como objetivo esclarecer as regras veiculadas no regimento.
d) O regimento e o regulamento possuem a mesma finalidade: elencar regras de comportamento e fazer conhecer os direitos e deveres de todos os componentes de um grupo.

Escrita oficial

Questão 10:

A carta oficial configura-se em documento no âmbito oficial e pode ter mais de uma aplicação.

Assinale a aplicação que não pode ser atribuída à carta oficial:

a) nota de diplomata.
b) desligamento de função.
c) confirmação de resolução.
d) correspondência entre a alta chefia da empresa.

Apêndice gramatical V

Neste apêndice, veremos que a pontuação é um dos responsáveis por garantir que o enunciado não represente um amontoado de palavras e orações, mas um todo organizado segundo princípios gerais de dependência e independência, fundamentados em unidades melódicas e rítmicas.

Assim, proferidas palavras e orações sem esses aspectos melódicos e rítmicos, o enunciado encontra-se prejudicado em sua função comunicativa. Por isso, uma pontuação errônea possui efeitos tão desastrosos à comunicação!

Por fim, exploraremos o universo significativo das palavras – sinônimos e antônimos, homônimos e parônimos, bem como os processos de denotação e conotação –, verdadeiro potencial expressivo que pode e deve ser explorado pela linguagem que utilizamos nas diversas situações do cotidiano de nossas vidas.

Pontuação

Pontuação – logicidade e subjetividade

Observemos, no fragmento a seguir, como a integridade comunicativa do enunciado fica comprometida pela ausência de pontuação:

- O saci tem uma só perna e o cachimbo do saci é também o gorro.

Sem sentido, não? Mas, modificando um pouquinho o enunciado, tudo fica mais claro. Podemos perceber que uma única vírgula pode fazer muita diferença:

- O saci tem uma só perna e o cachimbo, do saci é também o gorro.

Contudo, não é tarefa fácil fixar regras para o emprego correto dos sinais de pontuação.

Além dos casos em que a utilização de alguns sinais é obrigatória – para organizar enunciados de forma lógica –, há também razões de ordem subjetiva que interferem nessa questão – para tentar reproduzir, na forma escrita, a melodia própria da linguagem oral.

A seguir, apresentaremos algumas orientações principais.

Ponto

O ponto indica pausa longa ou abreviação de palavras. É utilizado para encerrar qualquer tipo de período, exceto os terminados por orações interrogativas diretas, exclamativas ou finalizadas com reticências.

Vamos, agora, colocar um ponto-final em suas dúvidas sobre pontuação! Um grupo de períodos cujas orações se prendem pelo mesmo centro de interesse – tema ou assunto – é separado por ponto. Na prática, a noção de centro de interesse ou tópico temático é bastante variável, pois compreende tanto grandes blocos como unidades menores, sempre resultantes de um processo interpretativo, que é subjetivo.

Exemplos:
- Na origem de toda atividade comunicativa do ser humano, está a linguagem.
- sr., sra., srta., V. Exa.

Quando passamos de um centro de interesse para outro, devemos utilizar o ponto parágrafo, começando a escrever na outra linha, com a mesma distância da margem com que começamos o escrito ou saltando uma linha e começando a escrever sem distância da margem – o que constitui parágrafos americanos.

Na linguagem oficial dos artigos de lei, o parágrafo é indicado por um sinal especial – "§".

Ponto de interrogação

O ponto de interrogação é empregado ao final de orações interrogativas diretas.

Exemplo:
- Podemos falar em uma comunidade mundial de língua portuguesa?

Contudo, não o utilizamos nas interrogativas indiretas.

Exemplo:
- Gostaria de saber por que podemos falar em uma comunidade mundial de língua portuguesa.

Ficou claro o que é uma interrogação indireta? Isso mesmo, foi a estrutura que acabamos de empregar.

Nos diálogos, o ponto de interrogação pode aparecer sozinho ou acompanhado de ponto de exclamação. Também podemos utilizar reticências após o ponto de interrogação ou de exclamação.

Exemplo:
- – Isso será possível?!

Enquanto a interrogação conclusa de final de enunciado requer maiúscula inicial na palavra seguinte, a interrogação interna requer minúscula na palavra que a sucede.

Exemplos:

- – Você precisa de ajuda? **Gostaria** de ajudá-lo no que for possível.
- – Esqueceu alguma coisa? **perguntou** insatisfeito.

Ponto de exclamação

O ponto de exclamação é utilizado ao final de enunciados com entonação exclamativa – que denotam, entre outras ideias, entusiasmo, dor, surpresa, alegria, espanto, ordem –, principalmente depois de interjeições.

Aplicamos ao ponto de exclamação as mesmas observações feitas ao ponto de interrogação, no que se refere ao uso de maiúscula ou minúscula inicial da palavra seguinte. Assim, se o enunciado está completo antes da pontuação, utilizamos inicial maiúscula, caso contrário, devemos continuar, depois do ponto de exclamação, com letra minúscula.

Exemplos:

- – Isso não pode acontecer mais! **Temos** de encontrar uma saída!
- – Ah! **e**ntendi.

Dois-pontos

Os dois-pontos marcam a supressão da melodia de uma frase e são utilizados para:

A) Dar início a fala ou citação textual:

- Então ele disse: – Quando vamos começar?

B) Iniciar uma sequência que explique, esclareça, identifique, desenvolva ou discrimine uma ideia anterior:

- Eis a melhor forma de expressão do mundo: a língua escrita.

C) Nas expressões que apresentam uma quebra na sequência de ideias:

- Explico-me: tratava-se de más notícias.

Não utilizamos maiúsculas depois de dois-pontos que não precedam citação ou nome próprio.

Exemplo:
- Citei-lhe duas virtudes: **a** paciência e a perseverança.

Reticências

As reticências marcam uma interrupção na sequência lógica da frase. Podem ser usadas com a intenção de permitir que o leitor complete o pensamento que foi suspenso, criar expectativa ou marcar fala quebrada ou desconexa, própria de quem está nervoso ou inseguro.

Exemplos:
- – Não vou dizer mais nada. Você já deve ter percebido que ele**...**
- – Não sei**...** Talvez**...**

Empregamos também as reticências para reproduzir o fluxo livre da linguagem oral, mais solta de entraves e pausas bem marcadas. É por isso que, neste curso – em sua versão *on-line* –, usamos tanto as reticências... queremos que você leia como se estivesse assistindo a uma aula...
Por fim, usamos também as reticências – entre colchetes – para isolar parte de uma citação que foi omitida no início, no meio ou no fim do fragmento citado.

Exemplos:

- "Na origem de toda a atividade comunicativa do ser humano, está a linguagem [...]"
- "Língua é [...] um conjunto de sons e ruídos combinados, com os quais um ser humano [...] transmite a outro ou outros seres humanos [...] o que está em sua mente."

Se as reticências servem para indicar uma enumeração inconclusa, podem ser substituídas por "etc.", antecedido de vírgula.

Travessão

O travessão simples (–) serve para introduzir um discurso direto. Nesse caso, é empregado para marcar a mudança de interlocução nos diálogos. Desse modo, pode ou não se combinar com as aspas.

Exemplos:

- – E aí, colega?! Tudo bem?
- – "Tudo certo!" respondeu ele.

Também usamos o travessão simples para assinalar uma expressão intercalada que finaliza o texto.

Exemplo:

- Falávamos sobre muitas coisas diferentes – sobre a vida, a morte, a indefinição entre ambas...

No meio do enunciado, contudo, usamos o travessão duplo (– –), sobretudo quando pretendemos destacar o termo intercalado.

Exemplo:

- A língua – principal meio de comunicação do homem – é um conjunto de signos organizados.

A expressão intercalada, apresentada entre travessões, não dispensa o uso da vírgula nos casos em que essa pausa se fizer necessária.

Exemplo:

- Ao término deste módulo, o aluno deverá ser capaz de analisar sua empresa – com sua missão, visão e estratégia –, o que pressupõe a compreensão do macrocontexto em que ela se insere.

Nesse caso, não devemos considerar a expressão intercalada para pontuarmos, adequadamente, o período, como indica o uso da última vírgula no exemplo:

- Ao término deste módulo, **o aluno deverá ser capaz de analisar sua empresa, o que pressupõe a compreensão do macrocontexto em que ela se insere.**

Hífen e barras

Não devemos confundir o travessão (–) com o traço de união ou hífen (-), que é empregado nas seguintes situações:

A) Na anexação de pronomes aos verbos:

- falamos-lhe; eis-me; levantamo-nos.

B) Na indicação de relação, extensão, encadeamento, etc.

- binômio inteligência-sensibilidade; custo-hora; linha aérea Brasil-Argentina; período janeiro-julho.

C) Na formação de palavras compostas:

- corre-corre, afro-brasileiro; pré-requisito.

D) Na separação silábica:

- sub-li-nhar; ad-li-gar.

E) Na translineação:

Quando mudamos de linha em um texto, devemos evitar partições que, no fim ou no começo de linha, isolem vogais ou formem palavras chulas, como em:

- após-tolo.

F) As barras (/ /) também alternam-se com os hífens na indicação de relações opositivas ou contrastivas, sem espaço entre a barra e as palavras:

- língua/fala.

Falando em relações opositivas, é bom lembrar que devemos evitar o uso de "X" na expressão de oposição. Devemos utilizar, nesse caso, a sinalização "*versus*" ou "vs".

Parênteses e colchetes

Os parênteses servem para separar explicações, indicações ou comentários acessórios, indicando isolamentos no enunciado.

Exemplo:
- Em regiões da Ásia (Macau, Goa, Damão, Dio), uma pequena parcela da população fala o português.

Os colchetes são utilizados quando já se acham empregados os parênteses, para a introdução de uma nova inserção. Também são utilizados para introduzir, principalmente em citações, adendos ou explicações que facilitem o entendimento do texto.

Exemplo:
- Em regiões da Ásia (Macau [a maior delas], Goa, Damão, Dio), uma pequena parcela da população fala o português.

Nos dicionários ou nas gramáticas, os colchetes explicitam informações como a pronúncia correta dos vocábulos, no que também podem ser usados os parênteses.

O sinal de pontuação deve ser utilizado depois dos parênteses ou dos colchetes, sempre que a pausa coincida com o início da oração incidente, exatamente como indica o exemplo anterior.

Contudo, quando a frase inteira ou qualquer unidade autônoma de sentido se acha encerrada pelos parênteses ou colchetes, colocamos dentro deles a pontuação competente.

Exemplo:
- [...] tive (por que não dizer tudo?)... tive remorsos.

Como sinais gráficos ou matemáticos, não utilizamos espaço entre parênteses (ou colchetes) iniciais e palavras subsequentes, nem entre parênteses (ou colchetes) finais e palavras antecedentes.

Devemos evitar o uso de colchetes – e, consequentemente, o abuso de inserções – para não prejudicarmos a sequencialidade da leitura.

Também devemos notar que a relação entre parênteses e colchetes como sinais de pontuação é diferente da que se estabelece entre eles como sinais matemáticos, como ocorre na transposição de fórmulas.

Exemplo:
- $MF = (PF \times 0.55) + \{[(AI + PI)/2] \times 0.45\}$

Alínea

A alínea tem a mesma função do parágrafo, pois denota diversos centros de assuntos e, como o parágrafo, exige mudança de linha. Geralmente, vem indicada por número, letra ou marcador gráfico – *bullet* – para assinalar subdivisão da matéria tratada.

Os elementos listados em cada alínea podem vir expressos com minúsculas ou maiúsculas. Utilizamos minúsculas para indicar sequência entre os elementos listados e continuidade de sentido.

Nesse caso, cada alínea deve ser separada por ponto e vírgula, e a última delas, vir assinalada por ponto-final. Vejamos um exemplo:

- Os substantivos podem ser:

a) próprios;
b) comuns.

Vírgula

A vírgula indica pausa de curta duração, que não marca o fim do enunciado. Pode ser usada, no interior de uma oração, para:

- separar termos intercalados;
- marcar termos deslocados;
- assinalar omissões de palavras;
- separar termos coordenados;
- separar orações de um período, em se tratando de:
    - orações coordenadas;
    - orações subordinadas;
    - orações intercaladas.

Vamos estudar cada um desses casos a seguir.

Vírgula no interior da oração

Em português, a ordem normal dos termos da frase – ordem direta ou lógica – é a seguinte:

sujeito + verbo + complementos do verbo + adjuntos adverbiais

Dessa forma, não separamos por vírgulas seus constituintes imediatos sempre que utilizados em ordem direta:

As navegações portuguesas (sujeito)

↓

iniciaram (verbo)

↓

um longo processo de expansão linguística (complemento verbal)

↓

a partir do século XV. (adjunto adverbial)

Contudo, quando ocorre alteração na sequência lógica dos termos, temos a ordem indireta e, nesses casos, a vírgula é necessária para assinalar a inversão.

Exemplo:
- **A partir do século XV,** as navegações portuguesas iniciaram um longo processo de expansão linguística.

Dessa maneira, para desfazer possível má interpretação resultante da distribuição irregular dos termos na oração, separamos por vírgula a expressão deslocada.

Exemplo:
- **De todas as revoluções, para o homem,** a morte é a maior e a derradeira.

Vírgula na separação de termos intercalados

Os termos que se intercalam na ordem direta, quebrando, pois, a sequência natural da frase, devem vir isolados por vírgulas. São eles:

A) Apostos e certos predicativos intercalados:

- O português, **língua neolatina,** é originário das transformações verificadas no latim.
- **Lenta e triste,** a língua portuguesa vai-se arrastando.

B) Expressões explicativas ou corretivas:

- O português, **isto é,** uma língua neolatina, é originário das transformações verificadas no latim.

C) Conjunções coordenativas intercaladas:

- Não devemos, **todavia,** acreditar que existe um único meio de expressão.

D) Adjuntos adverbiais intercalados:

- O português, **em alguns países,** é a língua oficial.

E) Se o adjunto adverbial intercalado for de pequena extensão, não usamos a vírgula:

- Devemos **sempre** atentar para os diferentes contextos do ato comunicativo.

F) Vocativos:

- **Meus amigos,** saber usar a palavra é o mais importante.

G) Ocasionalmente, por motivo de ênfase, podemos também destacar o vocativo com ponto de exclamação:

- **Deus! Deus!** aqui estou.

Vírgula na marcação de termos deslocados

Além do adjunto adverbial, outros elementos podem ser deslocados de seu lugar original na frase e, nesses casos, também devem vir separados por vírgulas. São eles:

A) Complementos verbais antecipados que são retomados depois na ordem direta do enunciado:

- **Essa função da linguagem,** nós já **a** estudamos.

B) Nomes de lugares na indicação de datas:

- **Rio de Janeiro,** 2 de outubro de 2002.

Vírgula na marcação de omissões de palavras

A vírgula também assinala a omissão de termos da frase, principalmente do verbo, como em:

- Ele prefere escrever e **eu, falar**.

Nesse exemplo, a vírgula marca a omissão da forma verbal "prefiro".

Vírgula na separação de termos coordenados

Termos coordenados são palavras ou orações de valor semelhante, como "café" e "água"; "ler" ou "escrever".
Quando coordenamos termos na frase, utilizamos vírgula.

Exemplo:
- O objetivo da linguagem é despertar **emoções, surpresas, interesse**.

Na série de sujeitos seguidos imediatamente de verbo, o último sujeito da série não é separado do verbo por vírgula.

Exemplo:

- **Pedro Mello, Elisabeth Silveira, Eduardo Ayrosa, Sylvia Vergara são** professores-autores do FGV Online.

Se os termos coordenados vierem ligados pelas conjunções "e" ou "nem", não usamos vírgula, a menos que essas conjunções sejam repetidas.

Exemplos:

- **Os mamíferos, os insetos e as aves** têm mecanismos próprios de comunicação.
- **E os mamíferos, e os insetos, e as aves, todos** têm mecanismos próprios de comunicação.
- Não precisamos **de escolaridade ou talento** para falar.
- Não precisamos **de escolaridade, ou talento, ou qualidades especiais** para falar.

Vírgula na separação de orações

Utilizamos a vírgula também para separar diferentes tipos de orações. Vamos recordar quais são elas?

A) Orações coordenadas:

- adversativas;
- explicativas;
- conclusivas;
- aditivas;
- alternativas.

B) Orações subordinadas:

- adverbiais;
- adjetivas explicativas.

C) Orações intercaladas.

Orações coordenadas adversativas, explicativas e conclusivas

Utilizamos a vírgula para separar orações coordenadas adversativas, explicativas e conclusivas.

Exemplos:
- Cheguei atrasado, **mas tenho uma boa justificativa.**
- Ele está em casa, **pois a luz está acesa.**
- Penso, **logo existo.**

Conjunções pospositivas – usadas no meio ou no fim da oração –, adversativas e conclusivas são utilizadas entre vírgulas.

Exemplo:
- Já saiu o resultado. Venho, **pois,** anunciar a novidade.

Quando iniciam oração, depois de pausa longa, também são seguidas de vírgula.

Exemplo:
- **Entretanto,** não podemos deixar de mencionar outros pontos importantes.

Orações coordenadas aditivas e alternativas

As orações coordenadas aditivas e alternativas não se separam por vírgula.

Exemplos:
- Estudaremos o módulo **e faremos os exercícios.**
- Eles não chegaram **nem deram certeza de presença.**
- Leremos a apostila **ou estudaremos no ambiente *on-line*.**

Incluímos, no caso das coordenadas aditivas, as expressões do tipo "não só... mas também", que, em geral, não são separadas por vírgula:

Exemplo:

- **Não só** estudaremos a matéria desta semana **mas também** adiantaremos a matéria da próxima.

Contudo, a vírgula pode ser usada quando:

A) As orações coordenadas aditivas apresentam sujeitos diferentes:

- Os homens se comunicam de uma maneira, **e os animais, de outra**.

B) A conjunção "e" não tem valor aditivo, mas adversativo – semelhante a "mas" –, introduzindo ideia contrária à anterior:

- Estudamos muitos anos, **e** ainda assim não conhecemos nossa língua.

C) A conjunção vem repetida enfaticamente:

- **E** volta, **e** recomeça, **e** se esforça, **e** consegue.

D) A conjunção "e" se repete em diferentes sequências de coordenação:

- Neste módulo, apresentaremos uma visão histórica das sociedades agrícola, industrial **e** da informação, **e** o impacto que o modo de vida dessas sociedades exerceu no mundo do trabalho.

E) Também costumamos usar a vírgula para separar orações coordenadas alternativas quando proferidas com pausa. Nesses casos, a conjunção "**ou**" sempre exprime retificação:

- Ele sairá daqui logo, ou eu me desligarei do grupo.

F) Orações coordenadas aditivas construídas com verbo no gerúndio também se separam por vírgula:

- O vulto surgiu rapidamente, **desaparecendo na noite**. (= e desapareceu na noite).

Orações subordinadas adverbiais

As orações subordinadas adverbiais, principalmente quando ante-postas à oração principal, são separadas por meio de vírgula.

Exemplos:
- **Quando falamos alguma coisa a alguém,** estamos produzindo uma mensagem.
- **Fatigado,** ia dormir.

Em geral, nas orações adverbiais consecutivas, não utilizamos vírgula:

Exemplo:
- [O vento soprou **tão** forte] [**que** arrancou mais de uma árvore].

As orações subordinadas substantivas não se separam, por vírgula, da oração principal:

Exemplos:
- É certo **que estaremos aqui amanhã**.
- Seu receio era **que houvesse atraso.**
- Espero **que você volte logo.**
- Não nos opomos **a que você permaneça aqui.**
- Tenho certeza **de que irei**.

As subordinadas substantivas apositivas, em geral, são separadas da principal por dois-pontos.

Exemplo:
- Só receio uma coisa**: que você se machuque.**

Orações subordinadas adjetivas

Orações subordinadas adjetivas restritivas são necessárias à comple-mentação do sentido da frase, designando qualidades acidentais que in-cidem sobre os substantivos que modificam, sem qualquer tipo de pausa.

Exemplo:

- A linguagem **que é utilizada pelos sistemas computacionais** é bastante complexa.

Já as orações subordinadas adjetivas explicativas denotam uma qualidade essencial ao termo substantivo que modificam, a qual poderia ser facilmente subentendida sem a oração adjetiva explicativa.

A pausa, nesse caso, expressa o valor acessório da oração explicativa.

Exemplo:

- A linguagem**, que é fundamental para o homem,** representa um contrato social.

Orações intercaladas

Orações intercaladas são aquelas acrescentadas à frase como esclarecimento, ressalva, observação.

Justamente por quebrarem sequências de sentido e o ritmo na estrutura do período, essas orações são separadas por vírgula.

Exemplo:

- A gíria**, disse a menina,** é para ser dita, e não escrita.

As orações intercaladas também podem ser separadas por travessão ou parênteses.

Exemplos:

- Que coisa horrível – **pensava eu** – era aquilo ter ocorrido.
- Seria melhor que o diretor **(e todos sabiam disso)** tivesse comparecido.

Ponto e vírgula

O ponto e vírgula assinala uma pausa intermediária entre a vírgula e o ponto. Empregamos o ponto e vírgula para:

A) Separar orações coordenadas que venham quebradas em seu interior por vírgula:

- Ele prefere escrever; eu, falar.

B) Separar orações coordenadas que acentuem contrastes fortes:

- Muitos escrevem; poucos sabem exatamente o que escrevem.

C) Separar orações coordenadas mais longas:

- Sabemos que certos bichos marcam seu território com o cheiro de sua urina ou seu corpo; que as abelhas, volteando, transmitem vibrações às semelhantes, dando direção de locais em que há abundância de pólen.

D) Separar os diversos itens de uma enumeração:

- Em cada ato de comunicação, podemos identificar os seguintes elementos:
    - emissor, destinador ou remetente;
    - receptor ou destinatário;
    - mensagem;
    - canal de comunicação ou contato;
    - código;
    - referente ou contexto.

Aspas

As aspas simples (' ') são, em geral, utilizadas em trabalhos científicos, referindo-se a significados ou sentidos:

- *Amare*, lat. 'amar' port.

Empregamos aspas duplas (" ") em situações específicas que serão estudadas a seguir. São elas:

- isolar citação textual;
- destacar títulos de obras, no texto manuscrito;
- isolar palavras ou expressões estranhas à língua culta – neologismos, arcaísmos, estrangeirismo, gírias;
- mostrar que uma palavra está sendo usada em sentido diverso do habitual;
- dar destaque a uma palavra ou expressão;
- marcar expressões, palavras, letras e fórmulas citadas ou exemplificadas.

Isolamento de citação textual

Empregamos aspas duplas (" ") para isolar citação textual, como em:

- Como afirma Machado: **"Há mais coisas entre o céu e a terra do que sonha nossa vã filosofia.".**

Se o trecho transcrito contiver diversos parágrafos, as aspas de abertura deverão estar presentes antes da primeira palavra de cada parágrafo, e as de fechamento, depois da última palavra do parágrafo final.
Vejamos um exemplo:

- "Precisamos refletir mais sobre esta questão!
  "Não podemos admitir que tenhamos gasto nosso tempo e energia inutilmente."

Se o trecho citado contiver uma citação, esta deverá trazer aspas de abertura no começo de cada linha e aspas de fechamento, unicamente, no fim da última palavra da linha final.

Exemplo:
- "Há um ditado latino que afirma: "Ninguém é obrigado às coisas "impossíveis."

Nada impede, portanto, que utilizemos aspas no interior de um fragmento já colocado entre aspas:

- "Você já reparou no tom do "sim" que ele nos deu?", disse ela.

Quando a pausa coincide com o final da expressão que se acha entre aspas – e se elas encerram apenas parte da proposição –, colocamos o competente sinal de pontuação depois delas.

Exemplo:
- "Então conheceremos a verdade", disse ele.

Quando, entretanto, as aspas abrangem todo o período ou toda a expressão, o respectivo sinal de pontuação fica abrangido por elas.

Exemplo:
- "Mas quem garante que isso ocorrerá? Ninguém."

Destaque de títulos e obras

Vamos a mais uma aplicação das aspas duplas:
Empregamos aspas duplas (" ") para destacar títulos de obras, no texto manuscrito.

Exemplo:
- No **"Fedro"**, Platão exercita uma crítica à linguagem escrita.

No texto impresso – digitado –, utilizamos o itálico ou o negrito em lugar das aspas.

Exemplo:
- No *Fedro*, Platão exercita uma crítica à linguagem escrita.

Outros empregos das aspas duplas

Também empregamos aspas duplas (" ") para:

A) Isolar palavras ou expressões estranhas à língua culta – neologismos, arcaísmos, estrangeirismo, gírias:

■ As gírias que nem sempre **"pegam"** originam-se nos bailes **"funk"**.

B) Mostrar que uma palavra está sendo usada em sentido diverso do habitual:

■ Um certo tipo de golfinho pode emitir cerca de quinhentas **"mensagens"** sonoras diferentes entre si.

C) Dar destaque a uma palavra ou expressão:

■ A língua é um verdadeiro **"contrato"** que os indivíduos de um grupo social estabelecem.

D) Marcar expressões, palavras, letras e fórmulas citadas ou exemplificadas:

■ Estudaremos as funções do **"que"** e do **"se"**.

Apóstrofo

O apóstrofo indica supressão de letras e tem hoje seu uso restrito a apenas poucos casos:

A) Supressão de uma letra ou mais no verso, por exigência de metrificação:

■ of'recer; esp'rança; 'stamos.

B) Pronúncias populares:

■ 'tá; 'teve.

C) Supressão da vogal em palavras compostas ligadas pela preposição "de":

■ estrela **d'**alva; olho **d'**água.

Nos títulos de obras, não devemos utilizar a combinação da preposição com o artigo sem destacar os elementos do título original. Podemos utilizar o apóstrofo para indicar essa combinação ou empregarmos, ainda, outra opção.

Exemplo:
■ O autor **d'***Os lusíadas.*/O autor de *Os lusíadas.*

Observações finais

Vamos, enfim, às últimas observações sobre pontuação:

A) Pontuação com "etc.":

"Etc." é a abreviação latina de *et cetera* – ou *et coetera* –, que significa "e outras coisas".
Em sua evolução, desligou-se do rigoroso sentido originário – de coisas –, podendo designar também pessoas.
Pede a lógica que a pontuação utilizada com essa abreviação seja a mesma que separa os diversos conjuntos de uma enumeração.

Exemplo:
■ Compramos livros, cadernos**, etc.**

B) Ponto abreviativo e ponto-final:

Em fim de frase, não usamos, lado a lado, o ponto abreviativo e o ponto-final.
A tradição consagrou um critério de simplicidade, que é também a prática oficial – o ponto abreviativo acumula as duas funções.

Exemplo:

- Falávamos de ideias, juízos, opiniões, **etc.**

C) Pontuação em títulos e cabeçalhos:

A norma culta da língua recomenda – mas a prática tem sido, de fato, mais flexível – que todos os cabeçalhos e títulos sejam usados com ponto-final.

Exemplo:

- *Pequeno vocabulário ortográfico da Língua Portuguesa.*

Sentidos das palavras

Grafe e sentido

As palavras têm segredos para contar...

Segundo o filósofo grego Platão, os grafes (em grego, *sôma*) aprisionam os sentidos (em grego, *sêma*) da mesma forma que os corpos encarceram as almas. Vale dizer, portanto, que as palavras têm muitas histórias para contar e, para isso, elas dispõem de inúmeros recursos e estratégias, usando e abusando de inter-relações para multiplicar e refinar sentidos. Veremos alguns deles a seguir.

Sinônimos e antônimos

Palavras sinônimas são aquelas que possuem sentido equivalente ou próximo, como:

- branco/alvo;
- motivar/incentivar;
- medo/temor, dentre tantas outras.

Palavras antônimas são as que apresentam significação oposta, como:

- branco/negro;
- contratar/despedir;
- dia/noite, e assim por diante.

O que determina, contudo, a proximidade entre os sentidos? Que distância se abre entre as palavras e o que, de fato, as aproxima?

Algumas vezes, o que selecionamos dentro do grande paradigma da língua se dá por uma questão de estilo: preferências individuais que fazem a diferença entre cada um de nós, pelo que somos, pelo que fazemos, pelo que sentimos ou pensamos. Vale dizer: sabemos que existem as palavras "oscilar", "variar", "vacilar", "hesitar", "tremer", mas, em dado contexto, preferimos utilizar apenas uma delas, como, por exemplo:

Figura 20
A ESCOLHA

Nesse caso, a escolha por "oscilar" em lugar de "vacilar" ou "hesitar" é meramente pessoal.

Outras vezes, contudo, a seleção de palavras implica critérios outros que não o estilo. É o caso da adequação ao contexto, por exemplo. Trata-se de situações em que é preciso considerar o perfil da interlocução, o objetivo da mensagem, entre vários outros elementos. Vejamos, por exemplo, a seguinte frase dita por um político em um discurso em praça pública:

Figura 21
O discurso

"Inculcar" não é uma palavra comum na língua. Nesse sentido, o discurso apresentado poderia ser muito mais eficaz caso o político em questão buscasse, em função da multidão indiferenciada a sua frente, um vocabulário mais simples, como, por exemplo: "inspirar", "imprimir", "gravar" ou "consolidar".

Desse modo, o que delimita uma relação de proximidade entre as palavras não é necessariamente a equivalência exata e incondicional de sentidos. Observe os exemplos apresentados a seguir:

Figura 22
A cirurgia

Figura 23
A REFEIÇÃO

Algumas palavras podem possuir sentido mais popular, e outras mais culto, como no caso de "inspirar" e "inculcar"; outras podem expressar sentido mais genérico ou mais específico, como "cirurgia" e "cardioplastia"; algumas, enfim, podem-se referir ao todo, enquanto outras a apenas uma parte, como "refeição" em oposição a "carne" e "vegetais" – criando, ainda, expectativas outras, como a de quantidade!

O importante, portanto e sempre, é estarmos atentos às condições em que se processa todo ato comunicativo, para realizarmos a correta e a melhor seleção de palavras, aproveitando tudo aquilo que elas têm a dizer!

Homônimos e parônimos

Homônimos são palavras que:

A) Possuem a mesma grafia, mas pronúncias diferentes, sendo conhecidos, por isso, como homógrafos heterofônicos.

Exemplos:
- jogo (substantivo)/jogo (verbo);
- colher (substantivo)/colher (verbo);
- transtorno (substantivo)/transtorno (verbo).

B) Possuem a mesma pronúncia, mas grafias diferentes, sendo conhecidos, por isso, como homófonos heterográficos.

Exemplos:
- acender (pôr fogo)/ascender (subir);
- censo (recenseamento)/senso (juízo);
- cela (substantivo)/sela (verbo).

C) Possuem a mesma grafia e a mesma pronúncia, sendo conhecidos,
por isso, como homônimos perfeitos ou homófonos homográficos.

Exemplos:
- manga (fruta)/manga (de camisa);
- livre (substantivo)/livre (verbo);
- conta (operação matemática)/conta (verbo).

Parônimos, por sua vez, são palavras que são apenas parecidas, na
grafia ou na pronúncia, como:

- sede (vontade de beber)/cede (verbo ceder);
- eminente (famoso)/iminente (imediato).

O problema com as formas homônimas e parônimas é um só, como
podemos observar nos exemplos apresentados a seguir:

Figura 24
O ABONO

Quando lemos homônimos homógrafos, quando ouvimos homônimos homófonos ou quando, em qualquer circunstância, deparamo-nos com homônimos perfeitos, só o contexto é capaz de demarcar o sentido correto dessas palavras e eliminar qualquer ambiguidade, como ocorreu na figura 24: o chefe, desatento, respondeu à secretária que resolveria a questão no dia seguinte, "cedo", e ela entendeu que ele havia usado o verbo "ceder" para aprovar o abono no dia seguinte, gerando uma grande confusão.

Vale dizer que algumas palavras, como "cedo", são polissêmicas – como ocorre com a totalidade dos homônimos perfeitos –, ou seja, possuem uma gama de significações que ora facilitam, ora dificultam o processo de comunicação.

Denotação e conotação

Por fim, junto a seu sentido próprio ou denotativo, as palavras também podem ser usadas em um sentido figurado ou conotativo, como mostram os exemplos apresentados a seguir:

Figura 25
O ENCANADOR

Figura 26
O APAIXONADO

Na figura 25, temos a palavra "ferro" utilizada em seu sentido próprio ou denotativo: metal sólido com diversas aplicações industriais. Na figura 26, do sentido denotativo da palavra "ferro", deriva o sentido figurado ou conotativo apresentado para a mesma palavra: duro, inabalável, cruel.

Importa entendermos que o valor polissêmico das palavras e sua capacidade de ressignificação contínua abrem-nos um leque praticamente infinito de possibilidades interpretativas, muito além dos sentidos próprios que, originalmente, estão associados às palavras.

Nesse sentido, a conotação não está presente apenas nos textos literários, mas representa um imenso potencial expressivo que pode e deve ser explorado pela linguagem que utilizamos nas diversas situações do cotidiano de nossas vidas.

Autoavaliações

Pontuação

Considere a seguinte manchete:

> DEPUTADO ATROPELA E FOGE
> Membro da Câmara, estava em alta velocidade e não prestou socorro.

Leia a afirmação apresentada a seguir e assinale "falso" ou "verdadeiro", considerando o fragmento de texto acima:

"O enunciado apresenta problemas de pontuação."

a) Falso
b) Verdadeiro

Considere as seguintes frases:

I) Os alunos agitados saíram da sala.
II) Os alunos, agitados, saíram da sala.

A alternativa cujo par mantém a mesma relação semântica presente nas frases acima é:

a) Prefiro chocolate e João, chá./Prefiro chá e João, chocolate.
b) Tenho estudado muito, isto é, tenho tentado./Tenho estudado muito, ou melhor, tenho tentado.
c) Comprei chocolate, sorvete, bolo e queijo./O que mais gosto de comer é chocolate, sorvete, bolo e queijo.
d) Os pobres que trabalham dão maior valor ao dinheiro./Os pobres, que trabalham, dão maior valor ao dinheiro.

Questão 3:

A vírgula indica pausa de curta duração, que não marca o fim do enunciado.

A alternativa em que há erro no emprego da vírgula é:

a) Ele, com raiva, acariciou-me.
b) João, faça os deveres de casa!
c) São Paulo, 26 de novembro de 2005.
d) Antônio o seminarista, tem uma bela voz.

Questão 4:

Considere o fragmento a seguir:

"[...] denotam pensamento interrompido ou incompleto; há vários motivos para que isso ocorra: o produtor do texto quer deixar em suspenso o pensamento da personagem ou deseja mostrar hesitação, timidez e, até mesmo, uma ameaça jogada ao vento."

O fragmento acima explicita alguns usos de um sinal de pontuação comumente usado em narrativas.

Entre as frases apresentadas a seguir, a única que pode exemplificar um desses usos é:

a) João disse: "Estou com fome.".
b) Acho bom você ir agora, senão...
c) Preciso sair agora. Estou atrasada.
d) Você passou?? Como!!?? Não estudou nada!

Questão 5:

A pontuação é um dos responsáveis por garantir que o enunciado não represente um amontoado de palavras e orações, mas um todo organizado segundo princípios gerais de dependência e independência, fundamentados em unidades melódicas e rítmicas.

A alternativa em que o uso do sinal de pontuação **não** está corretamente explicado é:

a) – Vai sair hoje? – Não: o travessão indica que houve mudança de interlocutor.
b) Todos gritaram, e ele fugiu: a vírgula indica que houve soma de argumentos.
c) Nossa, hoje estou "um bagaço": as aspas sinalizam que o locutor faz uso de uma gíria.
d) Terei (por que não falar a verdade?) muitos aborrecimentos: os parênteses indicam a presença de um pensamento da personagem intercalado na frase.

Questão 6:

As orações subordinadas adjetivas explicativas e restritivas seguem regras de pontuação diferentes.

Leia a afirmação apresentada a seguir e assinale "falso" ou "verdadeiro", considerando o fragmento de texto acima:

"Não há erro de pontuação na frase: "Os pais que são responsáveis pelos filhos olham por eles.".

a) Falso
b) Verdadeiro

Questão 7:

A opção que apresenta sinais de pontuação que preenchem, corretamente, as lacunas presentes no enunciado a seguir é:

"O cão ( ) o gato ( ) o menino estavam aflitos ( ) mas esperançosos."

a) vírgula – vírgula – vírgula
b) reticências – reticências – reticências
c) vírgula – ponto de interrogação – vírgula
d) ponto de exclamação – ponto de exclamação – vírgula

Questão 8:

Considere o seguinte trecho:

"E disse ele, ainda mais seguro de que estava certo: "Alberto, não mudarei o relatório!"

A alternativa que contém uma associação **falsa**, em relação ao trecho, entre o sinal de pontuação utilizado e a justificativa para seu uso é:

a) aspas – assinalar citação
b) vírgula – destacar interlocutor
c) dois-pontos – introduzir vocativo
d) ponto de exclamação – marcar exaltação

Questão 9:

As aspas duplas (" ") possuem diversos usos em nossa língua.

A alternativa em que as aspas foram utilizadas de forma inadequada, segundo os padrões cultos da língua, é:

a) De César é a famosa frase: "Vim, vi e venci.".
b) A onda "abraçou" o pescador na noite escura.
c) Acabei de ler esta notícia "Na Folha de São Paulo".
d) A palavra "deletar" é um neologismo na língua portuguesa.

Questão 10:

Alguém elogiou os biscoitos *Arenque*; entretanto, você resolveu provar um deles e não gostou.

A alternativa que apresenta uma frase capaz de expressar seu desagrado é:

a) Coma os biscoitos *Arenque* e diga: "Isto é um biscoito?".
b) Coma, os biscoitos *Arenque* e diga: "Isto é um biscoito!".
c) Coma os biscoitos *Arenque* e diga: "Isto, é um biscoito!".
d) Coma os biscoitos *Arenque* e diga: – Isto é um biscoito!

O sentido das palavras

Questão 1

As palavras têm muitas histórias para contar e, para isso, elas dispõem de inúmeros recursos e estratégias.

Podemos afirmar que a função geral desses recursos e dessas estratégias é:

a) multiplicar e refinar sentidos.
b) reduzir as possibilidades de sentido.
c) encobrir o real sentido das palavras.
d) tornar complexa a forma de expressão dos sentidos.

Questão 2

Palavras sinônimas são aquelas que possuem sentido equivalente ou próximo.

Dessa forma, podemos apontar como exemplo de palavras sinônimas:

a) censo e senso.
b) branco e alvo.
c) motivar e indagar.
d) insegurança e indecisão.

Questão 3

Sinônimos e antônimos são tipos de recursos que visam multiplicar e refinar sentidos.

Desse modo, podemos afirmar que palavras antônimas são aquelas que apresentam significação:

a) oposta.
b) semelhante.
c) controversa.
d) complementar.

Questão 4

As palavras podem possuir sentido mais popular ou mais culto, podem expressar sentido mais genérico ou mais específico, podem-se referir ao todo ou a apenas uma parte.

Diante de tamanha variedade, para selecionar as palavras que vamos usar, devemos:

a) testar, dizendo a mesma coisa de várias formas.
b) estar atentos às condições em que se processa o ato comunicativo.
c) pensar sobre como o processo cognitivo acontece em nosso cérebro.
d) consultar o dicionário sempre que quisermos dizer algo com precisão.

Questão 5

Homônimos podem ser do tipo homógrafos heterofônicos, homófonos heterográficos e homônimos perfeitos.

Podemos afirmar que os homônimos perfeitos possuem:

a) pronúncia e grafia diferentes.
b) mesma grafia e mesma pronúncia.
c) mesma grafia, mas pronúncias diferentes.
d) mesma pronúncia, mas grafias diferentes.

Questão 6

Sabemos que tanto os homógrafos heterofônicos quanto os homônimos perfeitos apresentam a mesma grafia.

Entre os exemplos apresentados, os únicos que não são exemplos de homógrafos heterofônicos são:

a) livre (substantivo) e livre (verbo).
b) jogo (substantivo) e jogo (verbo).

c) colher (substantivo) e colher (verbo).

d) transtorno (substantivo) e transtorno (verbo).

Questão 7

Além de seu sentido próprio, as palavras podem ser usadas em um sentido figurado.

A palavra "sol" está sendo usada em sentido figurado em:

a) Minha esposa é o sol da minha vida.

b) Devemos passar filtro solar para proteger nossa pele da ação do sol.

c) A distância da Terra ao sol é de cerca de 150 milhões de quilômetros.

d) O sol aquece nosso planeta todos os dias e fornece a luz que nos permite enxergar.

Questão 8

"A luz é uma gama de comprimentos de onda a que o olho humano é sensível."

No exemplo acima, a palavra "luz" é usada em seu sentido próprio.

Podemos afirmar que, quando usamos uma palavra em seu sentido próprio, estamos diante de um caso de:

a) citação.

b) denotação.

c) conotação.

d) reutilização.

Questão 9

Nas diversas situações do cotidiano de nossas vidas, temos a oportunidade de explorar o leque praticamente infinito de possibilidades interpretativas das palavras.

É correto afirmarmos que, entre outras coisas, esse leque de possibilidades se dá devido:

a) ao caráter fixo das ideias.
b) à natureza irregular da língua.
c) ao valor polissêmico das palavras.
d) ao caráter engessado dos vocábulos.

Questão 10

Sabemos que existem as palavras "oscilar", "variar", "vacilar", "hesitar", "tremer", mas, em dado contexto, preferimos utilizar apenas uma delas.

Podemos afirmar que o que selecionamos dentro do grande paradigma da língua pode-se dar por uma questão de:

a) estilo.
b) coerção.
c) obrigação.
d) falta de opção.

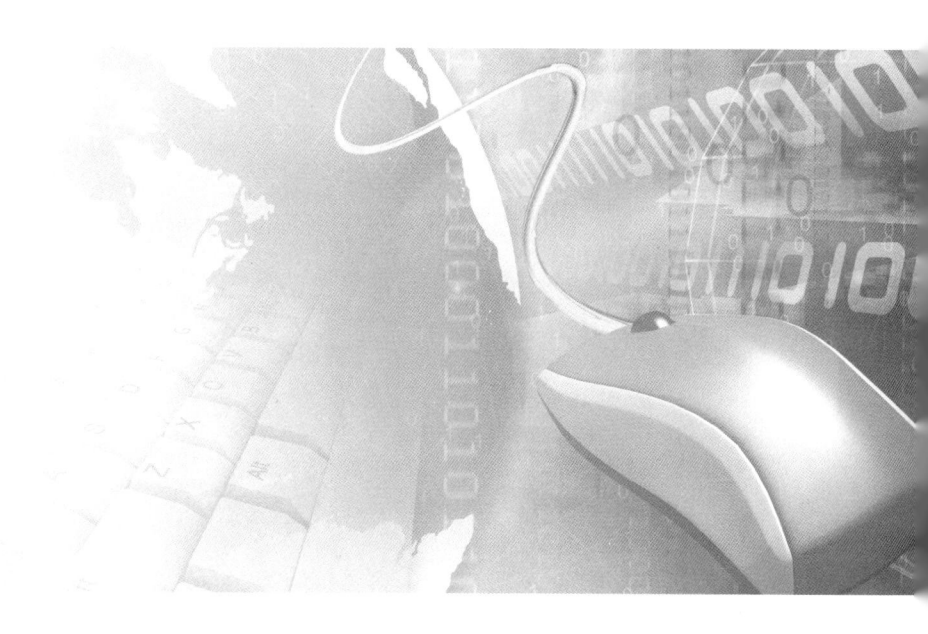

Anexos

Anexo 1 – Escrita comercial: Atestado

ATESTADO DE IDONEIDADE MORAL

Eneida Vasconcelos da Costa atesta, para fins de emprego, que conhece Guilherme Andrade Mercadino há quatro anos, que este é pessoa de alto conceito, digna de toda confiança, e que nada existe que possa comprometer sua idoneidade moral.

Por ser expressão da verdade, firmo o presente atestado.

Rio de Janeiro, 10 de outubro de 2010.

_____

Anexo 2 – Escrita comercial: Declaração

DECLARAÇÃO

Declaramos, para os devidos fins, que o sr. Frederico Aurélio Souza e Pascoal, portador da carteira de trabalho nº 56.152, da série 4.488, foi nosso funcionário no período de setembro de 2003 a junho de 2010, exercendo a função de auxiliar administrativo. Informamos ainda que o referido empregado, durante o tempo em que aqui trabalhou, exerceu sua função a contento, não havendo nada que possa desaboná-lo.

Por ser a expressão da verdade, firmamos a presente declaração.

Rio de Janeiro, 27 de julho de 2010.

_____

Benedito Felber Delfino
Gerente de Recursos Humanos

Anexo 3 – Escrita comercial: Termo

TERMO DE AVALIAÇÃO

A comissão signatária deste termo, designada em 12 de maio de 2010 pela Portaria nº 45/97, publicada no Diário Oficial de 10 de março de 1997, na falta de documento probatório do valor histórico do prédio da repartição, registro nº 52.632, situado na rua Campos Sales, 23, Centro, Rio de Janeiro, avaliou-o em R$ 230.000,00 (duzentos e trinta mil reais), substituindo este termo o documento de carga original.

Em 25 de maio de 2010.

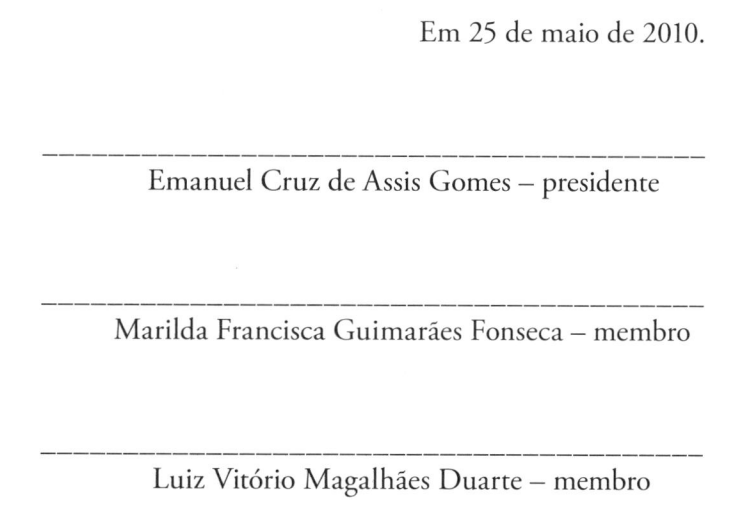

—————————————————————————————
Emanuel Cruz de Assis Gomes – presidente

—————————————————————————————
Marilda Francisca Guimarães Fonseca – membro

—————————————————————————————
Luiz Vitório Magalhães Duarte – membro

Anexo 4 – Escrita comercial: Ata

FUNDAÇÃO GETULIO VARGAS

ATA DA 1ª REUNIÃO ORDINÁRIA MENSAL
DA CIPA GESTÃO 2011/2012

Ata da reunião ordinária mensal da Cipa gestão 2011/2012 da Fundação Getulio Vargas, realizada no dia 15 de janeiro de 2011.

Aos quinze dias do mês de janeiro de dois mil e onze, às 9h30min, a Comissão Interna de Prevenção de Acidentes – Cipa –, gestão 2011/2012, da Fundação Getulio Vargas, reuniu-se no auditório central da Fundação Getulio Vargas, na praia de Botafogo, 190, no bairro de Botafogo, na cidade do Rio de Janeiro, Estado do Rio de Janeiro, conforme convocação feita pelo sr. presidente professor Afonso de Albuquerque Carvalho, dando cumprimento à Portaria nº 9, de 25-6-98, para tratar dos seguintes assuntos: a) informações gerais; b) eleição do 1º e 2º secretários; c) definição do plano de trabalho; d) definição dos grupos de trabalho; e) ações dos grupos de trabalho; f) o que ocorrer. Foi feita a preleção por parte do presidente da Cipa – gestão 2011/2012 –, onde a pauta foi sobre as definições relacionadas às atividades da nova gestão, ao horário, à assiduidade e ao comprometimento. Ficou definido, por votação, que as reuniões terão a tolerância máxima de cinco minutos após as 9h. Em relação à eleição do 1º e 2º secretários, foram indicados na seguinte disposição: a) Júlio/Zélia (2 votos), b) Tiago/Marcela (0 voto), c) Apolo/Hilda (12 votos), d) Herculano/Flávia (3 votos). Portanto, o sr. Apolo Porto de Faria e a sra. Hilda Gesser Dias foram eleitos 1º e 2º secretários respectivamente. Foi explanado o plano de trabalho 2011/2012, por meio de um planejamento sintético, planos de ação, propostas que serão analisadas pelos grupos de trabalho, análise de contribuição voluntária por parte do corpo de colaboradores e definição dos grupos de trabalho. Estiveram presentes os seguintes membros: os representantes do empregador Helena Jéssica Pinho (presidente), Andrea Tostes Rabelo, Sandro Fontenele Bonadia, Catarina Ferreira de Almeida e Paiva, Leandro Reis

Chaves (titulares), Renato Vitor Suarez, Marcelo de Oliveira Ramos, Miguel Azevedo de Pereira (suplentes), os representantes dos empregados Walmir Barros Alves (vice-presidente), Milena Souza de Moraes, Rosângela Barbosa de Sá (titulares), João Pedro Cavalcante da Silva (suplente). Como convidados, estavam os representantes do IDE, a sra. Elisabeth Silveira e a sra. Mary Murashima. Faltaram por motivos justificados: representante do empregador Fábio Gomes Reis da Paz (suplente) e os representantes dos empregados Luiz Valdo Alvarez de Souza, Wladimir Fonseca da Silva e Marcos Nunes Soares (suplentes). Quanto à brigada de incêndio, ficou definido que será feito contato, pela Cipa, nas pessoas do presidente, vice-presidente e secretário da Cipa e IDE, com a área de Gerência de Pessoas – GP –, para indicar a responsabilidade dessa atividade na instituição, após sua implantação. Em seguida, será avaliada a sua inclusão no plano de ação da Cipa. Inicialmente, o sr. presidente deu por aberta a reunião, dando as informações gerais. Em seguida, o sr. presidente levantou algumas questões problemáticas, tais como: presença de roedores no prédio, quebra de um dos elevadores, álcool em gel fora da validade e sujeiras no ar-condicionado. A partir disso, foram discutidas algumas ações a serem realizadas: agendamento de desratização, comunicado ao responsável pela manutenção dos elevadores, comunicado ao responsável pela compra do álcool em gel e agendamento de limpeza dos aparelhos de ar-condicionado. Ao final, o sr. presidente colocou a palavra à disposição dos presentes e, como ninguém teve mais nada a relatar ou discutir, deu por encerrada a reunião, às 12h25min, agradecendo a presença de todos. E, para constar, eu, Apolo Porto de Faria, lavrei a presente ata, que lida e aprovada, vai assinada por mim, pelo sr. presidente e pelos membros presentes na reunião.

_____   _____
Afonso de Albuquerque Carvalho   Apolo Porto de Faria
        Presidente da Cipa   Secretário da Cipa

Membros:

Helena Jéssica Pinho (presidente):_____

Walmir Barros Alves (vice-presidente):_____

Apolo Porto de Faria (1º secretário):_____

Hilda Gesser Dias (2ª secretária):_____

Andrea Tostes Rabelo:_____

Sandro Fontenele Bonadia:_____

Catarina Ferreira de Almeida e Paiva:_____

Leandro Reis Chaves:_____

Renato Vitor Suarez:_____

Marcelo de Oliveira Ramos:_____

Miguel Azevedo de Pereira:_____

Milena Souza de Moraes:_____

Rosângela Barbosa de Sá:_____

João Pedro Cavalcante da Silva:_____

Anexo 5 – Escrita comercial: Aviso

AVISO DE LICITAÇÃO
CONCORRÊNCIA PÚBLICA Nº 1/2002

A Comissão Especial de Licitações torna público que fará licitação na modalidade de concorrência pública, para retomada e conclusão da construção do prédio destinado a abrigar o Tribunal Superior do Trabalho, do tipo menor preço, estando a reunião de recebimento dos envelopes e abertura da documentação prevista para as 10h do dia 13 de novembro de 2002 e a reunião de abertura de propostas prevista para as 10h do dia 22 de novembro de 2002. O edital poderá ser retirado junto ao Serviço de Licitações e Contratos, no Saan, quadra 3, lote 915, 2º andar, no horário das 9h às 15h, em dias úteis, ao custo de R$ 3.000,00 (três mil reais), mediante apresentação de recibo de depósito bancário, que deverá ser feito a crédito da conta nº 515.634.500-6, em qualquer agência do Banco do Brasil, ou consultado no endereço <www.tst.gov.br>. Qualquer informação adicional poderá ser obtida na Secretaria Administrativa do Tribunal, no primeiro andar do Edifício Sede do TST, localizado na praça dos Tribunais Superiores, no horário supracitado, bem como por intermédio do fax (61) 314-4195, ou correio eletrônico cpl@tst.gov.br.

Brasília, 11 de outubro de 2002.

Cláudia Bruno Castello Branco
Presidente da comissão especial

Fonte:

Disponível em: <www.tst.gov.br/Srlca/certames/2002/2002cp001docs.pdf>. Acesso em: 10 fev. 2011.

Anexo 6 – Escrita comercial: Bilhete

Leandro dos Santos Oliveira
Rua da Vitória, 562
Rio de Janeiro – RJ

Sandro Fontenele Bonadia parabeniza o estimado colega Leandro dos Santos Oliveira pelo nascimento de seu primeiro filho.

23-5-2010

Anexo 7 – Escrita comercial: Recado

Fischer Veículos Ltda.
CGC 56.542.213/0001-54
Rua Princesa Isabel, 44,
Caixa postal 22, 55542-000
São José do Rio Pardo – MA

Número: 8   Data: 15 / 3 / 10

De: Sra. Patricia de Almeida

Para: Sr. Carlos Alberto

A sra. Patrícia de Almeida ligou e pede retorno pelo telefone 3799-5200 ainda hoje.

Maria do Carmo

Anexo 8 – Escrita comercial: Boletim

BOLETIM 545-76

Nomeações
Guilhermina dos Santos Aquino, para exercer o cargo de servente. Henrique de Assis Bernardes, para exercer o cargo de auxiliar administrativo.

Licença-prêmio
Concedida a Sérgio Fortes da Silva Oliveira, a partir de 1 de fevereiro de 2010.

Remoção
Autorizada a remoção de Maria José Hilário Gouveia.

Designação
Para constituírem a Comissão Parlamentar de Inquérito de que trata a Portaria 23-99, foram designados os parlamentares Inácio Lima e Diana Figueiredo.

Rio de Janeiro, 15 de março de 2010.

_____
Diogo Salles Paredes
Presidente da Assembleia Legislativa do Rio de Janeiro

Anexo 9 – Escrita comercial: Circular

CNSC
Colégio Nacional Santa Catarina

Rua Machado Valadares, 41, 55232-001

Rio de Janeiro – RJ – Tel.: 2556-5236

CIRCULAR Nº 12, de 12 de março de 2010.

Ementa: reunião de pais

Senhor responsável:

Comunicamos, por meio desta circular, que realizaremos nossa tradicional reunião de pais no próximo dia 29, para tratarmos de assuntos referentes ao ano letivo que se inicia. Contamos com sua presença para o bom desenvolvimento de seu filho em nossa instituição. Anote a data de nossa reunião em sua agenda. Estamos ansiosos, esperando por você.

Cordialmente,

_____
Elisabeth Santos da Silveira
Coordenadora pedagógica

Anexo 10 – Escrita comercial: Memorando

 **FUNDAÇÃO GETULIO VARGAS – FGV ONLINE**

Rio de Janeiro, 10 de abril de 2010.

Memorando nº 32/CG
Do: Coordenador geral
Ao: Departamento de Recursos Humanos
Assunto: Contratação de novo estagiário

Solicito, com urgência, a contratação, para este setor, de mais um estagiário do curso Engenharia de Produção, que esteja, no mínimo, no 3º período e, no máximo, no 5º período, para trabalhar em um período de quatro horas diárias.

Atenciosamente,

_____
Ronaldo de Assis Mascarenhas
Coordenador geral

Anexo 11 – Escrita comercial: Carta de cobrança

C&G
Clemente & Gouveia Ltda.
CGC 14.656.789/0001-45
Rua Marquês de São Francisco, 1235
52574-110 – Rio de Janeiro – RJ

Rio de Janeiro, 12 de fevereiro de 2010.

Sr. Marcelo Garcia Ferreira Lopez
Rua das Sete Marias, 36
52150-360 – Rio de Janeiro – RJ

Até a presente data, não consta, em nossos registros, a quitação da última parcela, R$ 356,00 (trezentos e cinquenta e seis reais), do carnê 5.623/02, cujo vencimento se deu no dia 14 de outubro de 2009.

Embora não tenhamos obtido resposta às últimas cartas enviadas a V. Sa., esclarecemos que continuamos à disposição para qualquer acordo ou para auxiliar na solução desse problema, pois acreditamos que tal atraso tenha motivos realmente relevantes. Entretanto, não podemos deixar de lembrar a importância de se ter crédito no mercado e que os recursos judiciais cabíveis nesse caso são trabalhosos e constrangedores.

Estamos certos de que V. Sa. providenciará, o mais rápido possível, o pagamento dessa obrigação.

Caso já tenha efetuado o pagamento de tal importância, pedimos que ignore esta carta.

Atenciosamente,

_____
Afonso Raimundo dos Anjos
Diretor financeiro

Anexo 12 – Escrita comercial: Carta particular

Rio de Janeiro, 21 de janeiro de 2011.

A/c diretor geral

Prezado sr. Carlos Alberto,

Pela presente, venho comunicar minha decisão de deixar a honrosa função de auxiliar administrativo, a mim confiada pela Fundação Getulio Vargas, desde janeiro de 2001.

Agradeço a oportunidade que me foi dada. Nesse período de 10 anos de trabalho, esforcei-me ao máximo para concretizar os objetivos que me foram determinados, por minha própria vontade de crescimento pessoal.

Muito foi realizado, e nossa sinergia trouxe benefícios evidentes para ambos os lados. Porém, chega o momento em que nossa parceria parece ter atingido seu ápice. Sinto meu desejo de crescimento pessoal ainda pungente e preciso atendê-lo.

Agora, é necessário fechar um ciclo de plenas realizações para iniciar outro. Por esse motivo e sem nenhuma reserva ou desagrado quanto a minha permanência até esta data na empresa, é que me demito.

Rescindo o contrato de trabalho com observação do período de aviso prévio de um mês com início no dia 21 de janeiro de 2011.

Peço que assine e me devolva a cópia da presente carta em sinal de acordo.

Atenciosamente,

_____

Helena de Andrade Santos

Fonte:

Disponível em: <www.doceshop.com.br/blog/index.php/como-pedir-demissao-modelo-de-carta-de-demissao-e-otimas-dicas>. Acesso em: 27 abr. 2011.

Anexo 13 – Escrita comercial: Carta comercial

FV

Fischer Veículos Ltda.

CGC 56.542.213/0001-54

Rua Princesa Isabel, 44,

Caixa postal 22, 55542-000

São José do Rio Pardo – MA

3/2011   São José do Rio Pardo, 12 de abril de 2011.

Ilmo. sr.

Edelmo Freire

Prefeito Municipal de São José do Rio Pardo

Rua do Arado, 56

55120-630 – São José do Rio Pardo – MA

Ref.: Inauguração de nova loja

Senhor prefeito:

Vamos inaugurar a nova loja da Fischer Veículos Ltda., na rua Bento Ribeiro, número 52, às 18h do dia 28 deste mês.

Sua presença na solenidade é muito importante e nos dará grande alegria.

Pedimos licença para sugerir a anotação dessa data e desse horário em sua agenda de compromissos para não esquecê-los e não nos privar de sua tão ilustre presença.

Atenciosamente,

––––––––––––––––––––––––––––––––––––––

Fernando Joaquim Kerk Moraes

Gerente geral

fjkm/mcm

Anexo 14 – Escrita comercial: Mala direta

COUROS S/A

Rua Bento Ribeiro, 235,
Jardim dos Guimarães
Rio de Janeiro – RJ

Senhores clientes,

Estamos com novos preços e novos descontos. Quanto mais V. Sas. comprarem, maiores serão os descontos e as vantagens. Confiram alguns exemplos:

	Preço normal	Preço para compras acima de R$ 5.000,00	Preço para compras acima de R$ 10.000,00
Bolsa em couro	R$ 25,00	R$ 22,50	R$ 20,00
Bolsa em tecido	R$ 20,00	R$ 18,00	R$ 16,00
Cinto em couro	R$ 15,00	R$ 13,50	R$ 12,00
Cinto em metal	R$ 18,00	R$ 16,20	R$ 14,40

Aguardamos o contato,
Couros S/A

Anexo 15 – Escrita comercial: Acordo

Pelo presente acordo de trabalho, celebrado entre a firma Storge & Cia., estabelecida nesta cidade, na rua dos Guimarães, nº 56, de um lado, e seus empregados abaixo assinados, de outro, fica estipulado o seguinte:

1º) os empregados trabalharão uma hora a mais às segundas, quartas e sextas-feiras, somando nove horas de trabalho nesses dias;

2º) os empregados receberão um aumento de 15% sobre o valor normal da hora por cada hora trabalhada a mais;

3º) o presente acordo pode ser desfeito por uma das partes mediante aviso prévio de 30 dias.

Com as duas partes de acordo, firmam o presente em duas vias de mesmo teor, perante as testemunhas Damiana Siqueira dos Santos e Guilherme Vieira Jacobina abaixo assinadas.

Rio de Janeiro, 30 de março de 2011.

1 _____
2 _____
3 _____
4 _____
5 _____
6 _____
7 _____
8 _____
9 _____

_____
    Horácio dos Santos Almeida – pela empresa

Testemunhas:

_____

_____

Anexo 16 – Escrita comercial: Contrato

CONTRATO DE PRESTAÇÃO DE SERVIÇOS
EDUCACIONAIS

Pelo presente instrumento particular, a Fundação Getúlio Vargas, como contratada, pessoa jurídica de direito privado, de caráter técnico-científico e educativo, inscrita no CNPJ sob o nº 33.641.663/0001-44, com sede na praia de Botafogo, nº 190, na cidade e no estado do Rio de Janeiro, doravante denominada FGV, neste ato representada pelo diretor do seu Instituto de Desenvolvimento Econômico, prof. Clovis José Daudt Lyra D. de Faro, portador da carteira de identidade nº 1587867-IFP, e do CPF/MF nº 004.560.207-72, e pelo seu diretor de Operações, sr. Mario Rocha Souza, portador da carteira de identidade nº 18.407-D, expedida pelo CREA/RJ, e do CPF/MF nº 149.493.427-20, residentes e domiciliados na cidade e no estado do Rio de Janeiro, conforme Portaria de Delegação de Competência nº 03/2006, e _____ (nome do aluno, nacionalidade, estado civil, RG, CPF), como contratante, residente e domiciliado na rua _____, na cidade _____ e no estado _____, doravante denominado(a) aluno (a), têm entre si justo e contratado o presente instrumento que se regerá pelas cláusulas e condições seguintes:

CLÁUSULA PRIMEIRA

1.1 Pelo presente instrumento, o contratante se inscreve no Curso Superior de Tecnologia em Gestão Empresarial, ministrado pela FGV, com início no (indicar semestre/ano).

CLÁUSULA SEGUNDA

2.1 No ato da matrícula, o(a) contratante, ao requerer sua matrícula, assina este contrato ciente e de acordo com as obrigações constantes da legislação aplicável à área de ensino e, ainda, com as emanadas de outras fontes legais, desde que regulem supletivamente a matéria.

CLÁUSULA TERCEIRA

3.1 O(A) contratante pagará à FGV o valor total semestral de R$ 2.400,00 (dois mil e quatrocentos reais), dividido em seis parcelas mensais, iguais e sucessivas, no valor de R$ 500,00 (quinhentos reais), no ato da matrícula semestral e de R$ 400,00 (quatrocentos reais) a cada mês subsequente, sendo a primeira paga até o dia _____ e as demais no mesmo dia dos meses seguintes, a partir de (indicar mês/ano).

3.2 As parcelas deverão ser quitadas pelo(a) contratante, única e exclusivamente, por meio de boleto bancário ou outro documento emitido pela FGV.

3.3 Havendo desistência ou interrupção do curso por parte do(a) aluno(a), será devido o valor proporcional ao período cursado.

3.4 O inadimplemento, total ou parcial, da obrigação de pagar à FGV a semestralidade implicará a perda, para o(a) aluno(a), do direito à renovação da matrícula, nos termos do art. 5º da Lei nº 9.870/99, sem prejuízo da adoção de todos os meios legais de cobrança dos valores devidos até a data da rescisão contratual, inclusive, a cobrança judicial desses mesmos valores, acrescidos de 20% a título de honorários advocatícios.

3.5 Ressalvado o disposto no item 3.4 acima, o não pagamento das parcelas nas datas de vencimento implicará acréscimo de 2%, a título de cláusula penal não compensatória e juros mensais de 1% calculados sobre o valor devido.

3.6 Nos termos da Lei nº 9.870/99, o valor da mensalidade referida no item 3.1 supra não será reajustada por pelo menos 1 ano, a contar da data de sua fixação, a menos que haja alteração na referida legislação permitindo revisão ou reajuste em prazo inferior, hipótese em que tal evento observará a variação do IGP-M, da FGV, ou, no caso de extinção do IGP-M, será utilizado o IGP-DI e, na falta deste, o IPC-FGV.

CLÁUSULA QUARTA

4.1 É de inteira responsabilidade da FGV o planejamento e a prestação dos serviços de ensino do curso, mencionado na cláusula primeira, além de toda e qualquer providência que as atividades docentes exigirem, segundo seu exclusivo critério.

CLÁUSULA QUINTA

5.1 O presente instrumento vigorará pelo período compreendido entre a data de sua assinatura e o quinto dia útil subsequente à data em que a FGV promover a publicação do resultado das avaliações semestrais do(a) aluno(a). Entende-se por publicação do resultado a divulgação, pela secretaria do curso de Graduação da FGV, das notas obtidas pelo(a) aluno(a) nas avaliações semestrais referentes a todas as disciplinas então cursadas, já computadas eventuais revisões.

5.2 O presente contrato terá seu prazo de vigência automaticamente renovado, por igual período, observado o prazo total de 12 meses, bem como a ausência de inadimplemento, total ou parcial, da obrigação de pagar a semestralidade prevista no item 3.1 supra.

CLÁUSULA SEXTA

6.1 O(A) contratante está ciente e de acordo que:

6.1.1 a reabertura de matrícula, no caso de trancamento, e a consequente frequência às aulas estão condicionadas à inexistência de débitos em atraso junto à Fundação Getulio Vargas;

6.1.2 o presente instrumento é reconhecido como título executivo extrajudicial de acordo com o art. 585, inciso II, do Código de Processo Civil.

CLÁUSULA SÉTIMA

7.1 A FGV, livre de quaisquer ônus frente ao(a) aluno(a), poderá utilizar a imagem deste para fins exclusivos de divulgação da instituição e suas atividades educacionais.

7.2 Em nenhuma hipótese, poderá a imagem do aluno(a) ser utilizada de maneira contrária à moral, aos bons costumes ou à ordem pública.

CLÁUSULA OITAVA

8.1 As partes reconhecem que: (i) o não exercício, por qualquer das partes, ou o atraso no exercício de qualquer direito que seja assegurado por este contrato ou por lei, não constituirá novação ou renúncia de tal direito, nem prejudicará seu eventual exercício, a qualquer tempo; (ii) a renúncia, por qualquer das partes, de algum desses direitos somente será válida se formalizada por escrito; (iii) a nulidade ou invalidade de qualquer das cláusulas contratuais não prejudicará a validade das demais cláusulas e do próprio contrato.

Anexo 17 – Escrita comercial: Convênio

CONVÊNIO QUE CELEBRAM A FUNDAÇÃO GETULIO VARGAS E O COLÉGIO NACIONAL SANTA CATARINA, DE ÂMBITO FEDERAL, PARA PERMISSÃO DE ESTÁGIO SUPERVISIONADO DOS ALUNOS DO CURSO DE LICENCIATURA PLENA NESTE ESTABELECIMENTO

Aos sete dias do mês de janeiro de 2011, reunidos em presença da magnífica reitora da FGV, professora Mary Murashima, da senhora diretora da Faculdade de Educação da FGV, professora doutora Elisabeth Silveira, e do senhor diretor-geral do Colégio Nacional Santa Catarina, professor Sandro Bonadia, resolveram celebrar convênio para que os alunos do curso de Licenciatura Plena da referida instituição possam cumprir seus estágios supervisionados na referida escola de ensino fundamental e médio a partir do primeiro semestre letivo de 2011, na forma das cláusulas seguintes:

Cláusula primeira – Os alunos da FGV só poderão cumprir 20% da carga horária mínima exigida para cada estágio supervisionado.

Cláusula segunda – Os professores do Colégio Nacional Santa Catarina devem se prontificar a auxiliar os alunos da FGV como orientadores do estágio supervisionado, cobrando as tarefas que devem fazer parte desse processo, bem como devem comparecer às reuniões que dizem respeito ao presente convênio.

Cláusula terceira – O presente convênio tem duração indeterminada, podendo ser rescindido por iniciativa de qualquer das partes, com antecedência de seis meses, respeitando os compromissos assumidos até o último dia de validade do convênio.

E por estarem de acordo, lavra-se este termo, assinado pelas partes interessadas.

Rio de Janeiro, 7 de janeiro de 2011.

Professora Mary Murashima

_____

Professora doutora Elisabeth Silveira

_____

Professor Sandro Bonadia

Anexo 18 – Escrita comercial: Convocação

CNSC
Colégio Nacional Santa Catarina

Rua Machado Valadares, 41, 55232-001

Rio de Janeiro – RJ – Tel.: 2556-5236

CONVOCAÇÃO

Ilmo. sr.

Prof. Arnaldo Guimarães Coelho,

Nesta escola.

Senhor professor:

Nos termos do artigo 15 do regimento, convoco V. Sa. para a reunião anual de congregação desta instituição, a ser realizada no dia 15 de fevereiro, às 9h, na sala 507.

Consta da ordem do dia, o seguinte:

- início do ano letivo de 2011;
- contato dos responsáveis com o corpo docente e com os demais funcionários de nossa escola;
- assuntos gerais.

Rio de Janeiro, 3 de fevereiro de 2011.

—————————————————————————

Roberto Carlos de Assis Ferreira

Diretor

Anexo 19 – Escrita comercial: Mensagem social ou comemorativa

Um novo ciclo está por iniciar. É tempo de curtir os grandes resultados. Copie tudo o que foi bom e cole as melhores lembranças. Exclua o que for ruim e salve em sua memória. Abra a cabeça para novas ideias e delete dela o vírus do baixo astral. Insira um pouco mais de saúde, sucesso e prosperidade em sua vida. Adicione amigos e clique aqui para reiniciar.

Siga novos caminhos, envie *scraps* e *retweet* boas vibrações. Seja #FELIZ!

O FGV Online deseja a você boas festas e um ano novo repleto de conquistas e realizações.

Anexo 20 – Escrita comercial: *E-mail*

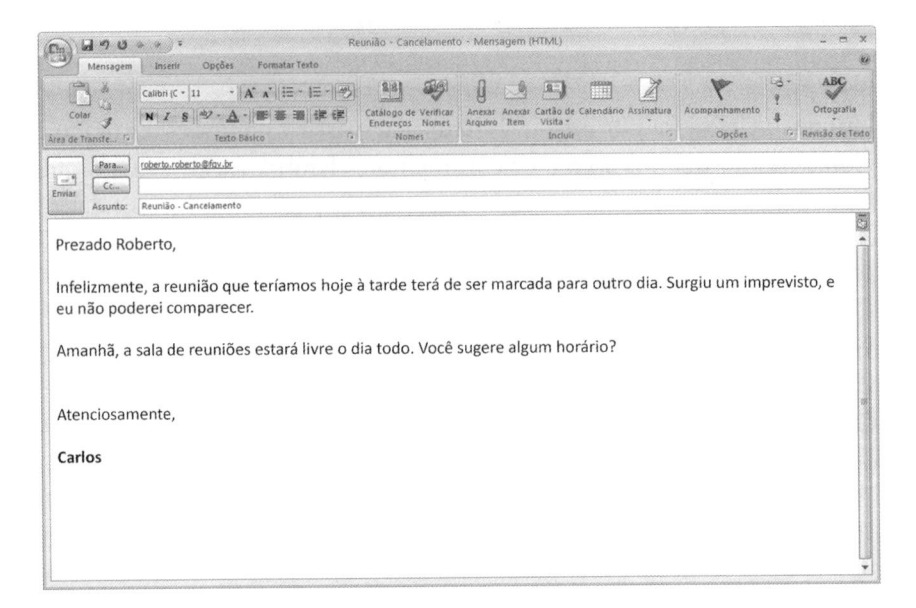

Anexo 21 – Escrita comercial: Cartão

Andréa Patricia Tostes R. Teixeira
Coordenadora adjunta de Recursos

Rua da Candelária, 6 - 4º andar - Centro
20091-020 - Rio de Janeiro - RJ Brasil
Tel.: (55 21) 3799-5200
E-mail: aptostes@fgv.br
www.fgv.br/fgvonline

Anexo 22 – Escrita comercial: Ordem de serviço

ORDEM DE SERVIÇO Nº 12/35 de 2010

A gerência geral da Consultoria G&F Ltda., no uso de suas atribuições, designa o funcionário Sérgio Gomes da Cruz para frequentar o VI Congresso de Consultoria Empresarial, ministrado pela Fundação Getulio Vargas, no período de 1 de março a 4 de março, na sede de Botafogo, com o objetivo de aperfeiçoamento para melhor atuar em nossa empresa.

_____

Maria Amélia Ferraz Bastos
Gerente geral

Anexo 23 – Escrita comercial: Procuração

PROCURAÇÃO

José Luiz Ferreira da Luz, brasileiro, solteiro, estudante, cédula de identidade nº 5.568.632 (RJ), CPF nº 123.856.65296, residente e domiciliado na rua dos Castelos, 452, no Rio de Janeiro, RJ, nomeia e constitui seu procurador, o sr. Antônio José Castanheira da Luz, brasileiro, casado, arquiteto, cédula de identidade nº 5.451.526 (RJ), CPF nº 444.235.858-11, residente e domiciliado na rua Rosa Bastos, 111/401, no Rio de janeiro, RJ, para realizar sua inscrição em disciplinas na Fundação Getulio Vargas – FGV – referente ao semestre 2011/1, podendo retirar o Resultado de Inscrição em Disciplinas – RID.

Rio de Janeiro, 10 de fevereiro de 2011.

José Luiz Ferreira da Luz

Testemunhas:

Maria de Lourdes da Silva
Rua Fonseca Magalhães, 445/203
CPF nº 452.652.897-23

Romilde Vasconcelos da Costa
Rua Filhos do Sol, 47
CPF nº 125.455.847-89

Anexo 24 – Escrita comercial: Protocolo

PROTOCOLO

DESTINATÁRIO   15 / 3 / 10

Nome: Fischer Veículos Ltda.

End.: Rua Princesa Isabel, 44,

Cidade: São José do Rio Pardo   UF MA

Contém: Livro Razão da   Recebido em 15 / 3 / 10

Fischer Veículos Ltda.

_____   Carimbo e Assinatura

OBSERVAÇÕES

Anexo 25 – Escrita comercial: Recibo

RECIBO

Nº 156

R$ 2.365,10

Recebi, de Gilberto da Cruz Araújo, inscrito no CPF sob o nº 23.632.894-85, residente na rua Filhos do Sol, 23, a quantia de R$ 2.365,10 (dois mil, trezentos e sessenta e cinco reais e dez centavos), referente ao pagamento de honorários advocatícios à base de 15% (quinze por cento) sobre o valor pago por Francisco Luz de Almeida na ação ordinária que Gilberto da Cruz Araújo moveu contra aquele.

Rio de Janeiro, 8 de maio de 2010.

Dr. Horácio José de Souza Dantas

OAB/RJ 52.235

Anexo 26 – Escrita comercial: Regulamento

REGULAMENTO DOS MBAs DO PROGRAMA FGV ONLINE

DESTE REGULAMENTO

O regulamento dos MBAs do Programa FGV Online é um instrumento normativo, destinado ao corpo discente, que descreve os padrões de qualidade dos processos acadêmicos e administrativos necessários a sua oferta.

DOS ATOS ADMINISTRATIVOS

CAPÍTULO I
DA ADMISSÃO E MATRÍCULA

Art. 1º As matrículas no MBA estarão abertas a alunos portadores de diploma de graduação.

§1º Não serão aceitas inscrições de portadores de certificado de cursos sequenciais na modalidade complementação de estudos.

§2º Compete à Secretaria Acadêmica verificar, no ato da inscrição, a documentação comprobatória da titulação do candidato ao curso.

Art. 2º Uma vez aprovada sua inscrição, o candidato deverá formalizar sua matrícula, com preenchimento do respectivo formulário e realização do pagamento.

Art. 3º No ato de matrícula, além de um retrato 3x4, deverão ser solicitados aos candidatos e arquivados, no local de inscrição dos cursos, os seguintes documentos:

I . cópia de diploma de graduação e respectivo histórico escolar, autenticados;
II . cópia autenticada do documento de identidade e do CPF.

§1º O aluno assinará, em campo próprio da ficha cadastral, o Termo de Responsabilidade sobre a veracidade das informações fornecidas no ato da matrícula.

§2º Caso o candidato ainda não disponha, no ato da matrícula, do diploma de graduação, poderá apresentar atestado ou declaração de conclusão de curso, emitido pela instituição de ensino superior onde o curso foi realizado.

a) No caso definido no *caput* deste parágrafo, o aluno assinará, em campo apropriado da ficha de matrícula, o termo de responsabilidade de apresentação posterior do diploma de graduação.

b) No caso da não apresentação do diploma referido na alínea "a", o aluno receberá, ao final do curso, somente o histórico escolar; o certificado de conclusão do curso só deverá ser expedido com a apresentação do diploma de graduação.

Art. 4º No seminário de abertura do curso, o aluno receberá o manual do aluno, no qual devem estar contidas as seguintes informações:

I . o nome, os objetivos e o público-alvo do curso;
II . a carga horária total e o cronograma do curso;
III . o tipo de curso e de certificação;
IV . a relação de atividades presenciais e disciplinas, com seus respectivos programas e sua carga horária;
V . o Código de Conduta.

§1º O Programa FGV Online se reserva o direito de, excepcionalmente, alterar a programação do curso, sem prejuízo de sua duração e qualidade.

§2º O aluno assinará, em duas vias, o contrato de prestação de serviços e receberá uma delas assinada pelo representante da FGV.

Art. 5º Ao ingressar no MBA, o aluno poderá solicitar isenção de disciplinas, por aproveitamento de disciplinas anteriormente realizadas em curso concluído na FGV, desde que:

I. a soma da carga horária a ser isenta não ultrapasse 25% do curso a ser realizado;

II. as disciplinas a serem isentas tenham carga horária e conteúdos idênticos ou semelhantes aos anteriormente cursados;

III. as disciplinas aproveitadas para isenção tenham sido realizadas em curso do mesmo nível e tipo;

IV. as disciplinas tenham sido realizadas em curso iniciado há, no máximo, 48 meses da data do início do novo curso.

§1º Para solicitar isenção, o aluno deve fazer requerimento por *e-mail*, especificando as disciplinas das quais deseja se isentar e o histórico escolar do curso que realizou.

CAPÍTULO II
DA AVALIAÇÃO

Art. 6º O aluno deverá participar ativamente e ser aprovado, obrigatoriamente, em todas as disciplinas do curso para ter direito à certificação.

Art. 7º A participação ativa do aluno nas disciplinas será registrada nas ferramentas de *software* utilizadas pelo Programa FGV Online.

Art. 8º Para ser aprovado em cada disciplina, o aluno deve obter, no mínimo, média final 7,0 (sete) nas avaliações realizadas.

§1º Para cada disciplina cursada, o aluno deverá obter uma média *on-line* que, juntamente com a nota da prova presencial – PP –, irá compor a média final de cada disciplina.

a) As disciplinas preveem uma nota obtida a partir de atividades inteiramente *on-line*, que equivale a 45% da média final da disciplina, e uma nota proveniente da prova presencial, que equivale a 55% da média final da disciplina.

b) A média *on-line* – MO – será composta pelas notas obtidas nas atividades individuais – AI –, nas atividades em equipe ou nos fóruns – AE ou Fo –, e pela participação nas discussões em sala de aula e reuniões *on-line* – PI –, sendo computada seguindo a fórmula MO = [AI + (AE ou Fo) + PI]/3.

a) A média final – MF – de cada disciplina será calculada segundo a seguinte fórmula: MF = (PP x 0,55) + (MO x 0,45).

§2º O aluno que não obtiver média *on-line* igual ou superior a 5,0 (cinco) estará, automaticamente, reprovado na disciplina.

a) O aluno que sofreu reprovação poderá cursar novamente a disciplina, desde que seja concluída dentro do prazo máximo de 48 meses da data do início de seu curso de origem e que arque com o ônus financeiro da disciplina reposta.

b) O aluno deve-se inscrever nas disciplinas em que sofreu reprovação, na Secretaria Acadêmica, ainda no período de duração do curso ou posteriormente, resguardado o prazo previsto na alínea "a".

§3º No dia de realização das provas presenciais, a tolerância para o atraso do aluno será de, no máximo, 30 minutos, não sendo permitida qualquer prorrogação no tempo de prova.

§4º Não será tolerado qualquer tipo de consulta não autorizada durante a realização das provas presenciais.

a) Caso não seja respeitada essa determinação, a prova presencial será considerada nula, e a nota atribuída será 0 (zero).

Art. 9º Ao final de cada disciplina, a média final do aluno deverá ser registrada, pelo professor-tutor, no ambiente virtual de aprendizagem.

§1º As notas e médias obtidas pelo aluno deverão ser grafadas na escala de 0 (zero) a 10 (dez), aceitando-se uma casa decimal.

§2º As notas e os comentários do professor-tutor ficarão à disposição do aluno na área de desempenho, no ambiente virtual de aprendizagem.

§3º As provas presenciais serão guardadas por até 30 dias após o registro das notas.

Art. 10º O aluno poderá solicitar à Secretaria Acadêmica vista ou revisão das notas obtidas em provas presenciais, em até 15 dias após sua divulgação.

§1º A vista da prova presencial será feita por meio de cópia xerográfica fornecida ao aluno.

§2º A solicitação de revisão da correção da prova presencial será feita mediante pagamento de taxa equivalente a R$ 70,00.

§3º A revisão será feita por um professor-tutor diferente do que atribuiu a nota, e deve ser encaminhada pelo aluno com as seguintes informações:

a) clara indicação, devidamente fundamentada, das questões a serem revistas;
b) justificativa da solicitação feita;
c) se for o caso, documento comprobatório de sua justificativa.

§4º A revisão poderá implicar tanto aumento quanto diminuição da nota da prova.

Art. 11 Em caso de ausência na prova de primeira chamada, o aluno terá direito a realizar uma prova presencial de segunda chamada, previamente agendada e divulgada no cronograma do curso.

§1º A prova de segunda chamada consistirá de uma prova escrita, individual, conforme a primeira chamada.

§2º A nota da prova de segunda chamada comporá a média final da disciplina, obedecendo ao mesmo critério e com o mesmo peso atribuído à prova que ela substitui.

Art. 12 Ao aluno que obtiver média final igual ou superior a 5,0 (cinco) e inferior a 7,0 (sete) em uma disciplina, desde que tenha realizado prova presencial, será também facultado o direito de realizar uma verificação suplementar, cuja nota substituirá a média anterior.

Art. 13 A verificação suplementar consistirá de uma prova escrita, individual, a ser realizada em data previamente agendada e divulgada no cronograma do curso.

§1º O aluno que não obtiver média final igual ou superior a 5,0 (cinco) estará, automaticamente, reprovado na disciplina realizada e não terá direito a nenhuma outra avaliação substitutiva da média final.

§2º A nota mínima para aprovação na verificação suplementar será 7,0 (sete), e, ainda que tenha obtido nota maior que 7,0 (sete) na verificação suplementar, a média final a ser lançada no histórico escolar será sempre igual a 7,0 (sete).

§3º Caso não tenha obtido a nota mínima na média final, o aluno poderá cursar a disciplina a distância novamente, dentro do prazo máximo de 48 meses da data do início do curso de origem, arcando com o ônus financeiro da disciplina reposta.

CAPÍTULO III
DO TRABALHO DE CONCLUSÃO DO CURSO

Art. 14 O trabalho de conclusão de curso – TCC – é obrigatório e deverá ser apresentado, presencialmente, no último seminário presencial, conforme Resolução nº 1 do Conselho Nacional de Educação, de 8 de junho de 2007.

§1º A não apresentação presencial do TCC na data do seminário presencial implicará a apresentação presencial em uma segunda data, definida no calendário do curso e disponibilizada somente mediante justificativa para a ausência na primeira data.

§2º O não cumprimento dessa regulamentação implicará reprovação no curso.

Art. 15 A orientação para elaboração do TCC e sua subsequente correção serão feitas, a distância, pelo professor-tutor que orientou o trabalho.

Art. 16 A entrega do TCC deverá ser feita no prazo máximo de 120 dias, após o término da última disciplina do curso, obedecendo a seu cronograma inicial.

Parágrafo único – A nota mínima para aprovação no TCC será 7,0 (sete), em escala de 0 (zero) a 10 (dez).

Art. 17 Os alunos que não obtiverem a nota mínima no TCC terão a oportunidade de reapresentá-lo, conforme instruções do professor responsável pela correção, em até 30 dias após sua devolução ao aluno.

Art. 18 Após a aprovação final, o aluno deverá entregar ao professor-tutor a versão final do trabalho.

CAPÍTULO IV
DO TRANCAMENTO, DO CANCELAMENTO E DO ABANDONO DE CURSO

Art. 19 O aluno poderá solicitar, em, no máximo, três ocasiões, o trancamento do curso, mediante o pagamento de despesas administrativas, equivalente a R$ 180,00.

§1º O prazo máximo de trancamento do curso é 12 meses.

§2º Ao solicitar o trancamento, o aluno terá de acusar recebimento e leitura de documento em que deverá declarar estar ciente de que o curso pode deixar de ser oferecido durante o período em que sua matrícula estiver trancada.

§3º Se o aluno já tiver cumprido pelo menos 70% da carga horária do curso, poderá concluir a carga horária remanescente, por meio do cumprimento, em outra turma do mesmo curso ou de outro curso, de disciplinas idênticas ou equivalentes às do curso de origem.

§4º No caso de o aluno efetuar o trancamento antes de atingir 70% da carga horária do curso, deverá, em seu retorno, ser transferido para nova turma.

§5º O aluno não arcará com custo adicional, decorrente de variações do preço do curso ocorridas durante seu período de trancamento, e terá todo e qualquer crédito referente a pagamento antecipado do valor total ou parcial do curso assegurado.

§6º No tocante a taxas ou multas referentes ao ato acadêmico, fica resguardado o que estiver estabelecido no contrato de prestação de serviços educacionais celebrado entre o Programa FGV Online e o aluno.

§7º O aluno deverá reativar sua matrícula dentro do prazo máximo de 12 meses, contados da data do trancamento do curso, para que possam ser revalidadas as disciplinas em que obteve aprovação bem como cumpridas as disciplinas faltantes.

§8º O aluno passará a ser regido pelo regulamento vigente à época de seu retorno ao curso.

§9º Caso o curso trancado não mais exista na programação da FGV, o aluno poderá aproveitar as disciplinas realizadas em um novo curso, presencial ou a distância.

§10º O trancamento do curso não isenta o aluno da obrigação de pagamento de suas prestações.

Art. 20 O aluno poderá solicitar, ainda, o trancamento de uma ou mais disciplinas, mediante o pagamento de R$ 100,00 por disciplina.

§1º O aluno só poderá solicitar trancamento de uma disciplina caso ainda não tenha cursado 1/3 da duração total da disciplina a ser trancada.

§2º Se o aluno solicitar trancamento da disciplina que dá suporte à elaboração do TCC, este trabalho só poderá ser elaborado e apresentado na turma em que, após seu retorno ao curso, realizará essa disciplina.

§3º O trancamento de disciplina não isenta o aluno da obrigação de pagamento das prestações do curso.

Art. 21 O aluno poderá solicitar cancelamento do curso junto à Secretaria Acadêmica.

§1º O aluno deverá pagar o valor correspondente à carga horária já cursada, além de multa compensatória pela rescisão contratual correspondente a 30% do valor total das prestações a vencer, além de outros débitos eventualmente existentes.

Art. 22 Serão considerados abandono de curso os casos em que o aluno deixar de cursar três disciplinas consecutivas sem que tenha solicitado o devido trancamento.

Parágrafo único – No caso de abandono de curso, ficará resguardado o que tiver sido estabelecido no contrato de prestação de serviços educacionais celebrado entre o Programa FGV Online e o aluno.

CAPÍTULO V
DA TRANSFERÊNCIA DE CURSO

Art. 23 Será permitida a transferência do aluno entre cursos da FGV, com possibilidade de aproveitamento, por pedido de equivalência, das disciplinas cursadas.

Parágrafo único – São condições cumulativas para transferência de curso:

a) existência de vaga no curso de destino;
b) apresentação, pelo aluno, de requerimento contemplando a situação contingente ou razão de força maior que justifique a transferência.

Art. 24 Será permitida a transferência entre ênfases teóricas do curso, desde que solicitada até 30 dias antes do início da primeira disciplina de cada ênfase.

Art. 25 Se o aluno que deseja pedir transferência estiver com a matrícula do curso de origem trancada, deverá ser respeitado o prazo de 12 meses, conforme §1º, do artigo 19, do capítulo IV deste regulamento.

CAPÍTULO VI
DA CERTIFICAÇÃO

Art. 26 Terá direito ao certificado do curso o aluno que for aprovado, dentro dos parâmetros definidos neste regulamento, em todas as suas disciplinas e no TCC.

§1º O aluno que tiver sido aprovado em todas as disciplinas, mas não obtiver aprovação no TCC dentro do prazo estabelecido, terá direito ao certificado de aperfeiçoamento e ao histórico escolar.

§2º Em nenhuma hipótese, o prazo máximo de 48 meses da data do início do curso de origem poderá ser excedido para conclusão de toda e qualquer obrigação acadêmica, incluídas, neste prazo, disciplinas trancadas, disciplinas cursadas por transferência e elaboração de TCC.

§3º O prazo para entrega final do TCC não deverá exceder 120 dias contados a partir do término da última disciplina do curso, não podendo ser estendido, mesmo que ainda não se tenham completado os 48 meses para integralização do curso.

§4º O certificado será emitido em até 180 dias após a aprovação em todas as disciplinas e no TCC.

§5º A emissão de 2ª via de certificado deverá ser solicitada à Secretaria Acadêmica e estará condicionada ao pagamento de R$ 60,00.

Art. 27 O certificado deverá conter o histórico escolar, onde serão registrados:

I . os dados do aluno;
II . o nome do curso;
III . o período em que o curso foi realizado e sua duração total equivalente a horas de efetivo trabalho acadêmico;
IV . o critério de avaliação adotado;
V . as disciplinas cursadas, com as respectivas equivalências de cargas horárias e notas nelas obtidas;
VI . o nome e a titulação dos professores-autores;
VII . a data de conclusão do curso;
VIII . o título e a nota obtida no TCC;
IX . a declaração de que o curso se enquadra na legislação vigente;
X . o coeficiente de rendimento, definido por meio do cálculo da média aritmética das notas obtidas em cada disciplina.

DAS DISPOSIÇÕES GERAIS

Art. 28 Os casos omissos serão resolvidos pelo diretor executivo do FGV Online, ouvida a Central de Qualidade, devendo a deliberação tomada ser expressa, por escrito.

Art. 29 Este regulamento entra em vigor na data de sua publicação.

Rio de Janeiro, 1º de agosto de 2010.

Stavros P. Xanthopoylos
Diretor executivo
FGV Online/IDE

Anexo 27 – Escrita comercial: Telegrama

DATA ACEITAÇÃO	HORA ACEITAÇÃO	CATEGORIA / SERVIÇOS TAXADOS		PALAVRAS TARIFADAS
Nº RST / Nº CARTÃO CRÉDITO	TAXADOR	PREFIXO / Nº TRANSMISSÃO		Nº GENTEX
HORA TRANSMISSÃO	SIGLA ORIGEM / DESTINO	PRIORIDADE/TARIFA	OPERADOR	

A SER PREENCHIDO PELO REMETENTE	
NOME DO DESTINATÁRIO OU ENDEREÇO TELEGRÁFICO	FONE, TELEX OU CX. POSTAL

MARIA APARECIDA GOMES

ENDEREÇO (RUA, AV., Nº, APT.º, ETC.)

RUA FIGUEIRA DUARTE 52 AP 506

	BAIRRO		DATA ENTREGA (SE TELEGRAMA PRÉ-DATADO)
	SERVIDORES		
CIDADE **RIO DE JANEIRO**	ESTADO OU PAÍS **RJ**	CEP **20561-000**	

TEXTO / ASSINATURA

PARABENS PASSAR CONCURSO PÚBLICO

FELICIDADE HOJE SEMPRE

SAUDADE SUA AMIGA VG

MARIA APARECIDA

DADOS DO REMETENTE – PREENCHIMENTO OBRIGATÓRIO	
- NÃO SÃO TRANSMITIDOS -	
NOME	FONE, TELEX OU CX. POSTAL
REGINA CÉLIA DE ANDRADE MARINHO	**2556-5623**
ENDEREÇO (RUA, AV., Nº, APT.º, BAIRRO, ETC.)	
AV. PEDRO DE ALBUQUERQUE, 63 – JARDIM GOMES	
CIDADE / ESTADO	OUTRAS INFORMAÇÕES (SE SOLICITADAS)
RIO DE JANEIRO – RJ	

Anexo 28 – Escrita oficial: Ofício

Fischer Veículos Ltda.
CGC 56.542.213/0001-54
Rua Princesa Isabel, 44
Caixa postal 22, 55542-000
São José do Rio Pardo – MA

Ofício nº 5/10   São José do Rio Pardo, 1 de fevereiro de 2010.

Ementa: Pedido de uso da calçada pública

Senhor prefeito:

Considerando a inauguração da nova loja da Fischer Veículos Ltda., na rua Bento Ribeiro, número 52, e considerando que já fazemos uso da calçada pública diante de nossa matriz para exposição de nossos produtos, vimos solicitar, de V. Sa., a cessão da calçada pública de nossa nova filial.

Dirigimos-lhe esse pedido por sabermos de seu interesse pelo desenvolvimento comercial de nosso município.

Atenciosamente,

_____
Fernando Joaquim Kerk Moraes – gerente geral

Ilmo. sr.
Edelmo Freire
Prefeito Municipal de São José do Rio Pardo
Rua do Arado, 56
Nesta

Anexo 29 – Escrita oficial: Requerimento

MERITÍSSIMO JUIZ DA 213ª ZONA ELEITORAL
DO RIO DE JANEIRO

Fernando Lúcio Borges de Assis, brasileiro, casado, residente na rua Coronel Albuquerque, 452, Costa Verde, Rio de Janeiro, cédula de identidade nº 526.895, título de eleitor nº 22203225425/94, pede dispensa da convocação para o serviço eleitoral, visto que já completou cinco eleições, de 2002 a 2010, e está desempregado, não obtendo os dias de folga correspondentes aos dias de trabalho.

Pede e aguarda deferimento.

Rio de Janeiro, 8 de dezembro de 2010.

_____
Fernando Lúcio Borges de Assis

Anexo 30 – Escrita oficial: Diploma

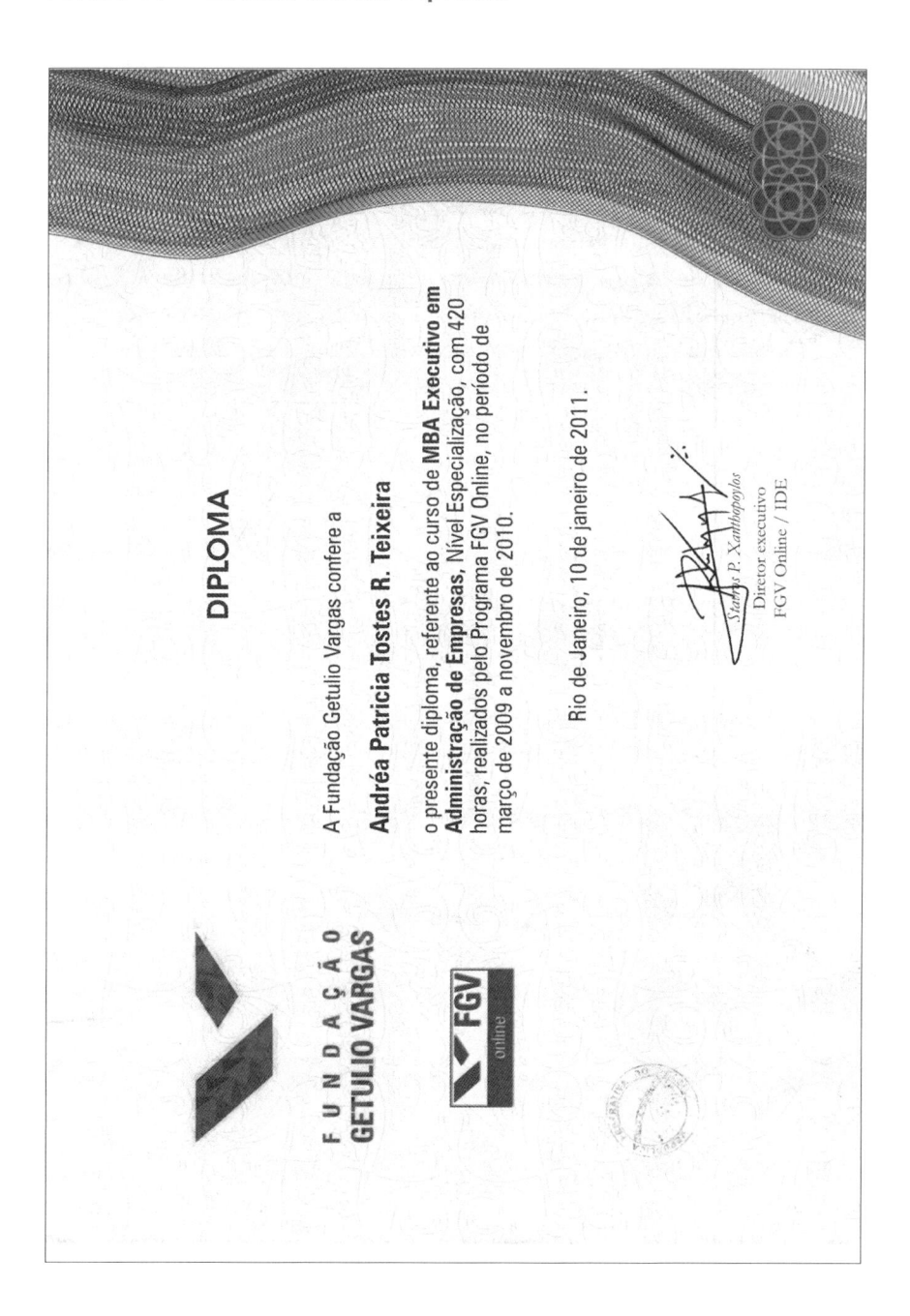

DIPLOMA

A Fundação Getulio Vargas confere a

Andréa Patricia Tostes R. Teixeira

o presente diploma, referente ao curso de **MBA Executivo em Administração de Empresas,** Nível Especialização, com 420 horas, realizados pelo Programa FGV Online, no período de março de 2009 a novembro de 2010.

Rio de Janeiro, 10 de janeiro de 2011.

Stathis P. Xanthopoylos
Diretor executivo
FGV Online / IDE

FUNDAÇÃO
GETULIO VARGAS

FGV online

Anexo 31 – Escrita oficial: Auto

Aos vinte e três dias do mês de maio do ano de dois mil e dez, na sala dezessete do quinto andar do prédio do Tribunal Regional Eleitoral, rua Maurício Gusmão, número oitocentos e cinquenta e sete, presentes os funcionários do órgão citado Francisco Manuel de Souza e Georgea Maria Gomes de Araújo, que assinam este auto, verificou-se a falta do livro de expedição de títulos eleitorais, em geral guardado no armário CD da referida sala. Lido e achado conforme o presente auto, vai assinado pelos cidadãos acima referidos e testemunhas. Eu, Francisco Manuel de Souza escrevi e assino.

Rio de Janeiro, 23 de maio de 2010.

Francisco Manuel de Souza

Georgea Maria Gomes de Araújo

Anexo 32 – Escrita oficial: Apostila

Rio de Janeiro, 17 de janeiro de 2011.

APOSTILA Nº 45

Declaro, a pedido da própria interessada e em face da certidão por ela apresentada, que a servidora Bruna Maria de Oliveira Pinto, com exercício na Secretaria de Segurança Pública deste estado, passará a assinar-se Bruna Maria de Oliveira Ferreira, em virtude de haver-se divorciado.

_____
Fábio Dias
Secretário de Segurança Pública do
Estado do Rio de Janeiro

Anexo 33 – Escrita oficial: Manifesto

SINDICATO DOS AGENTES DE TRÂNSITO DE CURITIBA E REGIÃO METROPOLITANA

MANIFESTO

Precisamos de uma voz
Texto distribuído aos agentes em 12 de janeiro de 2001.

O Sindicato dos Agentes de Trânsito de Curitiba e Região Metropolitana (Sindat) é resultado da vontade de pessoas que trabalham ou já trabalharam no exercício da atividade, conhecem os seus problemas e querem contribuir para a valorização de todos os integrantes da categoria.

Fundado, oficialmente, em 20 de dezembro de 2000, o sindicato nasce da constatação de que não há, hoje, nenhum canal de comunicação entre os agentes de trânsito e a administração municipal de Curitiba. Precisamos ter uma voz, concordamos. Pois então chegamos à conclusão: a voz que buscamos deve ser alcançada por meio da construção de um sindicato próprio, independente e combativo.

Ao contrário de outras entidades (é sabido que existem muitos sindicatos de gaveta espalhados pelo país), o processo de formação do nosso sindicato foi árduo. Desde o início, a iniciativa recebeu um tratamento repressivo da Urbs – tática que culminou com a demissão, ocorrida em setembro de 1999, de um agente envolvido com a criação da entidade.

[...]

Vale dizer, porém, que todos os agentes de trânsito são parte do sindicato. E apenas oferecer apoio não basta. A partir deste momento, é preciso que todos participem e se sintam corresponsáveis pela mobilização da categoria, por suas lutas e futuras conquistas.

Curitiba, janeiro de 2001.

Fonte:

Disponível em: <www.sindat.hpg.ig.com.br/docs/manifesto.html>. Acesso em: 11 fev. 2011.

Anexo 34 – Escrita oficial: Resolução

COMITÊ GESTOR DA ICP-BRASIL

RESOLUÇÃO Nº 7, DE 12 DE DEZEMBRO DE 2009.

Aprova os requisitos mínimos para políticas de certificado na ICP-Brasil.

O SECRETÁRIO-EXECUTIVO DO COMITÊ GESTOR DA IN-FRAESTRUTURA DE CHAVES PÚBLICAS BRASILEIRA – ICP-BRASIL – faz saber que aquele comitê, no uso das atribuições previstas nos incisos I, III, V e VI, do art. 4º da Medida Provisória nº 2.200-2, de 24 de agosto de 2009,

RESOLVE:
Art. 1º Ficam aprovados os REQUISITOS MÍNIMOS PARA AS POLÍTICAS DE CERTIFICADO NA ICP-BRASIL conforme estabelecidos em anexo.

Art. 2º Esta resolução entra em vigor na data de sua publicação.

Murilo Borges Barboza

Anexo 35 – Escrita oficial: Ato

ATO Nº 163

O presidente do Tribunal de Justiça do estado, em conformidade com o resolvido no Processo nº 526-09, de 23-5-2009, autoriza o dr.
juiz Roberto Fagundes Guimarães, estabelecido na rua das Hirondelas,
566, a representar a referida no VII Congresso de Direito Público do
Estado do Rio de Janeiro, a ser realizado entre os dias 15 e 18 do mês de
junho deste ano.

Rio de Janeiro, 25 de maio de 2010.

_____

Dr. José Olímpio Vasconcelos
Presidente do Tribunal de Justiça do Estado do Rio de Janeiro

Anexo 36 – Escrita oficial: Carta oficial

CARTA DAS NAÇÕES UNIDAS

Preâmbulo

NÓS, OS POVOS DAS NAÇÕES UNIDAS, RESOLVIDOS

a preservar as gerações vindouras do flagelo da guerra, que por duas vezes, no espaço da nossa vida, trouxe sofrimentos indizíveis à humanidade, e a reafirmar a fé nos direitos fundamentais do homem, na dignidade e no valor do ser humano, na igualdade de direito dos homens e das mulheres, assim como das nações grandes e pequenas, [...] e a promover o progresso social e melhores condições de vida dentro de uma liberdade ampla.

E PARA TAIS FINS,

praticar a tolerância e viver em paz, uns com os outros, como bons vizinhos, e unir as nossas forças para manter a paz e a segurança internacionais, e a garantir, pela aceitação de princípios e a instituição dos métodos, que a força armada não será usada a não ser no interesse comum, a empregar um mecanismo internacional para promover o progresso econômico e social de todos os povos.

RESOLVEMOS CONJUGAR NOSSOS ESFORÇOS PARA A CONSECUÇÃO DESSES OBJETIVOS.

Em vista disso, nossos respectivos governos, por intermédio de representantes reunidos na cidade de São Francisco, depois de exibirem seus plenos poderes, que foram achados em boa e devida forma, concordaram com a presente Carta das Nações Unidas e estabelecem, por meio dela, uma organização internacional que será conhecida pelo nome de Nações Unidas.

[...]

Fonte:

Disponível em: <www.onu-brasil.org.br/documentos_carta.php>. Acesso em: 11 fev. 2011.

Anexo 37 – Escrita oficial: Certidão

| PREFEITURA DA CIDADE DO RIO DE JANEIRO
SECRETARIA MUNICIPAL DE FAZENDA
COORDENADORIA DO ISS E TAXAS | Nº Autenticação: **5388391371**
Órgão: F/CIS-4
Controle: 24070/2006 |

─── NOME / RAZÃO SOCIAL / ENDEREÇO ───

ABC CONSULTORES LTDA

AV. RIO BRANCO 230
SALA 2
CENTRO RIO DE JANEIRO 20000-000 RJ

| ─── CNPJ ─── | ─── INSCRIÇÃO MUNICIPAL ─── |
| 07.541.317/0001-84 | ANTIGA: *************   NOVA: 374198-2 |

CERTIDÃO NEGATIVA DE DÉBITO DO IMPOSTO SOBRE SERVIÇOS DE QUALQUER NATUREZA - Modelo 1

CERTIFICO que, até a presente data, em relação ao contribuinte acima qualificado, não há débito apurado de Imposto sobre serviços de qualquer natureza, de acordo com o que consta de seus livros e dos registros desta coordenadoria. Fica, entretanto, assegurado ao município o direito de cobrança de qualquer débito que vier a ser verificado posteriormente, inclusive no que diz respeito às penalidades cabíveis previstas na legislação em vigor. A presente certidão, válida apenas em relação ao estabelecimento acima referido, serve como prova perante qualquer órgão público ou privado.

VALIDADE: 180 dias da data da sua expedição.
Certidão expedida com base na Resolução SMF nº 2245 de 03/03/2005

Rio de Janeiro, 7 de julho de 2006   *HORA:11:28*

PLANTÃO FISCAL
0 7 JUL 2006
WEBER ALEXANDRE ALVES
Fiscal de Rendas
Matr. 10/241.807-7

Carimbo e assinatura do fiscal de rendas

─── OBSERVAÇÕES ───

A autencidade desta certidão deverá ser confirmada na página da Secretaria Municipal de Fazenda, na internet, no endereço < www.rio.rj.gov.br/smf >.

Anexo 38 – Escrita oficial: Despacho

Ao senhor secretário estadual de Saúde

Rio de Janeiro, 16 de abril de 2010.

Roberto Fontes de Almeida
Assessor

De acordo.
Submeto o assunto ao senhor ministro da Saúde.

Rio de Janeiro, 16 de abril de 2010.

Fernando Gonçalves Brunel
Secretário estadual de Saúde

Aprovo.
Publique-se.

Rio de Janeiro, 17 de abril de 2010.

Rodrigo Antônio do Nascimento Júnior
Ministro da Saúde

Anexo 39 – Escrita oficial: Exposição de motivos

Exposição de motivos que encaminhou o projeto de lei para a criação do Inmetro

Brasília, 31 de outubro de 1973   EM/GM/Nº/79

Excelentíssimo senhor presidente da República,

A expansão da produção industrial, ao mesmo tempo que ampliou o mercado interno, hoje diversificado e crescentemente exigente, abriu, para nosso país, novas perspectivas de exportação de bens manufaturados.

As previsões a médio prazo indicam que, por volta de 1980, a nossa economia e, especialmente, a nossa produção e o comércio de bens manufaturados atingirão escala comparável à de países industrializados da Europa ocidental, sendo necessário adotar medidas para que a evolução prevista tenha lugar do ponto de vista quantitativo e do ponto de vista qualitativo.

Em primeiro lugar, é necessário disciplinar, do ponto de vista qualitativo, a produção e comercialização de bens manufaturados entregues ao consumidor brasileiro, inclusive aqueles importados, os quais nem sempre atendem a requisitos mínimos e razoáveis de qualidade e segurança.

Em segundo lugar, torna-se necessário estabelecer normas e procedimentos técnicos e administrativos que promovam a melhoria e regulamentem a verificação da qualidade dos produtos industriais destinados à exportação, visto que a sua reputação e competitividade no mercado internacional dependerão, cada vez mais, da sua qualidade dimensional, material e funcional. Ao mesmo tempo, é necessário estudar, de forma sistemática, as dificuldades e as potencialidades do mercado externo no que diz respeito às normas e especificações de qualidade internacionais, peculiares a cada mercado nacional, propondo as medidas adequadas que assegurem a defesa dos interesses do nosso comércio exterior.

[...]

Como órgão executivo central da política estabelecida pelo Conmetro, o projeto lei propõe a ampliação das atribuições do INPM e sua reformulação institucional, transformando-o em Instituto Nacional de Metrologia, Normalização e Qualidade Industrial – Inmetro –, com caráter de autarquia federal. Essa medida visa criar as condições para o Instituto, que é um dos instrumentos básicos de atuação deste ministério na área tecnológica, e contribuir eficazmente para a progressiva elevação dos padrões de qualidade da indústria nacional.

O patrimônio da autarquia será constituído, entre outros, pelos bens da União sob guarda, gestão e responsabilidade do INPM, adicionados de uma importância a ser destacada do orçamento para o exercício de 1973.

O sistema proposto visa harmonizar os interesses do consumidor individual, do consumidor institucional, do produtor e do país. Sua implantação é imperiosa no presente estágio industrial do país, pois será cada vez mais difícil e onerosa se protelada, como bem o demonstra a experiência de outros países. No estabelecimento e na operação do sistema, o Conmetro e o Inmetro se apoiarão, sempre que possível, nos institutos de tecnologia, nas associações interessadas e nas próprias empresas industriais e comerciais, visando à descentralização na execução das atividades inerentes ao sistema.

Aproveito a oportunidade para apresentar a Vossa Excelência, senhor presidente, os protestos de meu mais profundo respeito.

Luiz de Magalhães Botelho
Ministro Interino da Indústria e do Comércio

lmb

Fonte:

Disponível em: <www.inmetro.gov.br/inmetro/>. Acesso em: 11 fev. 2011.

Anexo 40 – Escrita oficial: Informação

Da Divisão Administrativa

Ao sr. delegado estadual

Interessado: Marcus André de Oliveira Pinto

Assunto: Justificação de faltas

O servidor supracitado, em requerimento de fl. 1, solicita o abono das faltas ao expediente referentes aos dias 3, 4 e 5 deste mês, juntando atestado médico que comprova que estava doente e incapacitado para o trabalho nesses dias.

Em face do exposto e de conformidade com o art. 158 da Lei no 1.711, de 28 de outubro de 1995, que permite o abono de faltas ao trabalho bem-fundamentadas, pode ser deferido o requerimento em tela.

Divisão de Pessoal, 11-5-2010
Rômulo de Andrade Ferreira Pontes,
Chefe da Divisão de Pessoal

Somos pelo deferimento da solicitação.

Divisão Administrativa, 12-5-2010
Carlos Alberto Junqueira de Assis,
Chefe da Divisão Administrativa

Defiro o requerimento de fl. 1 de acordo com o parecer de fl. 2. Publique-se no BLS e encaminhe-se à homologação.

Em 13-5-2010

Delegado Estadual

Em 25 de maio de 2010.

Emanuel Cruz de Assis Gomes – presidente

Marilda Francisca Guimarães Fonseca – membro

Luiz Vitório Magalhães Duarte – membro

Anexo 41 – Escrita oficial: Nota

1 de outubro de 2009

Enem adiado – Nota oficial

O Ministério da Educação informa que as provas do Enem marcadas para este final de semana foram adiadas por motivos de segurança.

O Inep já possui uma segunda prova e deve anunciar a nova data nos próximos dias, depois de reorganizar a logística.

O Ministério da Educação já tomou providências junto ao Ministério da Justiça e à Polícia Federal no sentido de apurar eventuais responsabilidades criminais relativas ao vazamento.

Os estudantes inscritos serão comunicados oportunamente pelos meios habituais da confirmação da nova data e do local das provas.

Em razão do adiamento, o resultado final das provas, inicialmente previsto para o dia 8 de janeiro, deve atrasar em cerca de um mês.

O Ministério da Educação trabalha para minimizar os efeitos do atraso.

Assessoria de Imprensa Inep/MEC

Fonte:

Disponível em: <www.inep.gov.br/imprensa/noticias/enem/news09_33.htm>. Acesso em: 11 fev. 2011.

Anexo 42 – Escrita oficial: Guia

CNSC
Colégio Nacional Santa Catarina
Rua Machado Valadares, 41, 55232-001
Rio de Janeiro – RJ – Tel.: 2556-5236

GUIA DE TRANSFERÊNCIA

Eu, Roberto Carlos de Assis Ferreira, diretor do Colégio Nacional Santa Catarina, nos termos do art. 25 do Decreto nº 6.141, de 28 de dezembro de 1996, declaro que a estudante Juliana Muniz Barreiros, natural do Rio de Janeiro – RJ, nascida em 23 de janeiro de 1987, filha de Maria Auxiliadora Muniz Barreiros e Antônio Gomes Barreiros, cursou, até 14 de julho de 2010, a 2ª série do ensino médio neste estabelecimento, conforme demonstram os resultados constantes do histórico escolar anexado a este documento, podendo, de acordo com a legislação vigente, continuar seus estudos em qualquer estabelecimento de ensino equivalente e reconhecido.

Rio de Janeiro, 18 de julho de 2010.

_____
Roberto Carlos de Assis Ferreira
Diretor

Anexo 43 – Escrita oficial: Notificação

NOTIFICAÇÃO

O sr. delegado regional da Receita Federal torna pública a convocação do sr. Adelmo Reis Junqueira para o comparecimento à sede da Receita Federal na cidade do Rio de Janeiro, marcado para o dia 25 de junho de 2010, com fins de declaração dos rendimentos auferidos entre 1 de janeiro de 2009 e 31 de dezembro do mesmo ano. Caso o contribuinte não compareça em até 10 dias após a data marcada, a Receita Federal arrolará processo cabível ao caso.

Delegacia regional da Receita Federal, Rio de Janeiro, 14 de maio de 2010.

Dr. Moacir Gomes Bernardes
Delegado regional da Receita Federal

Anexo 44 – Escrita oficial: Parecer

FUNDAÇÃO GETULIO VARGAS

PROGRAMA FGV ONLINE

PROVA DISSERTATIVA DE MATEMÁTICA

PARECER

A banca de matemática do concurso para o vestibular 2010 reconsidera a nota atribuída à candidata solicitante, sra. Cláudia Freire dos Santos Batista, inscrição nº 5.9963, por julgar procedente seu pedido no que se refere à questão 7, já que houve um erro de correção por parte do respectivo professor da banca.

A nota da candidata é alterada, portanto, de 85 para 95.

_____
Prof. Luiz Antonio Chagas Filho
Banca de matemática

Anexo 45 – Regência de verbos que costumam provocar dúvidas

A

aborrecer-se com
absolver de (ou sem preposição)
abster-se de
abundar em
abusar de
acabar com (ou sem preposição)
acautelar-se com
aceder a
acercar-se de
acomodar-se a
aconselhar a (ou sem preposição)
acontecer a, com
acordar com
acreditar em (ou sem preposição)
acudir a
acusar de (ou sem preposição)
adaptar a (ou sem preposição)
aderir a (ou sem preposição)
admirar-se com, por
afastar de (ou sem preposição)
afixar a (ou sem preposição)
agradar a
agradecer a
agregar-se a
ajudar a (ou sem preposição)
ajuntar a (ou sem preposição); ajuntar-se com
alertar de, sobre, contra (ou sem preposição)
alhear-se de
alimentar com, de (ou sem preposição)
almejar por (ou sem preposição)
aludir a

ameaçar com, de (ou sem preposição)

amofinar-se com

ansiar por (ou sem preposição)

antecipar-se a

antepor a (ou sem preposição)

apaixonar-se por, de

apartar de (ou sem preposição)

apear-se de

apegar-se a

apelar para, de

aperceber-se de

apiedar-se de

apoiar-se em

apressar-se a, em, por, para

aproveitar-se de

aproximar-se a, de

arguir de (ou sem preposição)

arrancar de (ou sem preposição)

arrepender-se de

arriscar-se a

aspirar (= desejar) a (ou sem preposição = inspirar)

assemelhar-se a, com

assenhorear-se de

assentir a

assinalar com (ou sem preposição)

assistir (= presenciar) a (ou sem preposição = ajudar)

assustar-se com

atemorizar-se com

atender a (ou sem preposição)

ater-se a

atestar contra, por

atinar com

atingir (sem "a"!)

atrair a (ou sem preposição)

atrever-se a, em

atribuir a

aumentar

ausentar-se de
autorizar a (ou sem preposição)
avaliar em (ou sem preposição)
averiguar de (ou sem preposição)
avisar de (ou sem preposição)
avizinhar-se de, a

B

baixar a (ou sem preposição)
bandear-se para
bastar a
batalhar com
bater a, em
blasfemar contra
brigar com
brindar com (ou sem preposição)

C

cair em, sobre
capitular com (ou sem preposição)
carecer de
casar-se com
ceder a (ou sem preposição)
chamar (= dar nome) a (ou sem preposição = mandar vir)
chegar(-se) a (não "em" junto à expressão de lugar)
cheirar a (ou sem preposição)
chorar por
circunscrever-se a
clamar por
cobrar de (ou sem preposição)
cobrir de (ou sem preposição)
coexistir com (ou sem preposição)
coincidir com (ou sem preposição)

coligar-se com
combater contra, por
combinar com (ou sem preposição)
começar a, por
cometer a (ou sem preposição)
compadecer-se de
comparar a, com (ou sem preposição)
comparecer a
compelir a (ou sem preposição)
competir com, a
compor-se de
comprazer a (ou sem preposição); (-se) em, com
comprometer-se a
comprovar com
comungar com
comunicar a (ou sem preposição)
concentrar em (ou sem preposição)
concordar com, em (ou sem preposição)
concorrer a, com
condenar a (ou sem preposição)
condoer-se de
confabular com
conferenciar com
confessar a (ou sem preposição)
confiar em, a
confinar com
conformar-se com, a
confrontar com (ou sem preposição)
confundir-se com
congratular-se com
consagrar a
consentir em (ou sem preposição)
considerar como
consistir em (e não "de")
consolar-se com
conspirar a, contra, para
constar de

constituir-se em
contagiar-se com
contaminar-se de, com
contemporizar com
contentar-se com, de, em
conter-se em
continuar em, com
contrapor a
contribuir para, com
convalescer de
convencer-se de
conversar com (ou sem preposição)
converter em, a (ou sem preposição)
convidar a, para (ou sem preposição)
convir a, com, em
convocar a, para (ou sem preposição)
cooperar com, para
coroar de, com (ou sem preposição)
corresponder a; (-se) com
corrigir-se de
cotejar com (ou sem preposição)
crer em, a (ou sem preposição)
cristalizar em (ou sem preposição)
cuidar de, em
culpar de
cumprir com, a (ou sem preposição)
curar-se de

D

dar a, em, com, por
dar-se (pressa) a, em
decair de
decidir sobre
declarar-se contra
declinar a, para

declinar de (ou sem preposição)
dedicar a (ou sem preposição)
deduzir de (ou sem preposição)
deitar-se a, em, sobre
deleitar-se com, em, de
denotar a, em (ou sem preposição)
deparar com (ou sem preposição)
depender de
dependurar de (ou sem preposição)
derivar de (ou sem preposição)
desafiar para (ou sem preposição)
desagradar a
desalojar de (ou sem preposição)
desapegar-se de
desapossar de (ou sem preposição)
desapropriar de (ou sem preposição)
desatar de, em (ou sem preposição)
descansar de (ou sem preposição)
descartar-se de
descender de
descer de, a
desconfiar de
descontar de (ou sem preposição)
descuidar-se de
desculpar-se de, com
descurar-se de (não "por")
desdizer-se de
desembaraçar-se de
desempenhar-se de
desenganar-se de
desertar de (ou sem preposição)
desesperar de (ou sem preposição)
desfazer-se de
desgostar-se de, com
designar-se de
desistir de
desobedecer a

despedir-se de
despojar de (ou sem preposição)
desprender de (ou sem preposição)
desquitar-se de
destituir de (ou sem preposição)
determinar-se a
deter-se em, com
dever de (ou sem preposição)
diferenciar de (ou sem preposição)
dignar-se de, a
discordar de
discrepar em
disfarçar em (ou sem preposição)
dispensar de, a (ou sem preposição)
dispor de; (-se) a, para (ou sem preposição)
disputar com
dissuadir de (ou sem preposição)
distar de
distinguir de (ou sem preposição)
distrair-se com
distribuir a, por, com, entre (ou sem preposição)
divertir-se com
divorciar-se de
dizer de (ou sem preposição)
doer-se de
dotar com, em (ou sem preposição)
duvidar de

E

eleger por, em, como
embaraçar-se com
embeber de, em (ou sem preposição)
embelezar-se com
embevecer-se em, com
embriagar-se de, com

embutir em (ou sem preposição)
emendar-se de
empapar de, em, com (ou sem preposição)
empenhar-se por, em, com
empregar-se com
encarar com (ou sem preposição)
encarregar de
encharcar-se em
encher de (ou sem preposição)
encomendar a (ou sem preposição)
encontrar-se com
encostar a (ou sem preposição)
enfadar-se com
enfastiar-se de, com
enfeitar-se com
enfurecer-se com, contra
enganar-se com, em
enlaçar-se em
enraivecer-se contra
enredar-se em
ensaiar-se em, para
ensinar a (ou sem preposição)
entender de
entregar-se a
entreter-se com, em
entristecer-se com, de
envaidar-se com, por
equiparar a, com
equivaler a (ou sem preposição)
escapar a, de
escapulir de
escarnecer de
escolher entre (ou sem preposição)
escusar-se de
esforçar-se em, por, para
esmerar-se em
espantar-se com, de

especular com, em (ou sem preposição)

esperar de, em (ou sem preposição)

esquecer (sem preposição); (-se) de

esquivar de (ou sem preposição); (-se) a

estabelecer-se com

estender-se em, a, por

estimular a, com

exceder a, em, de (ou sem preposição)

excetuar de

excitar a (ou sem preposição)

excluir de (ou sem preposição)

exercitar-se em

exigir de, a (ou sem preposição)

eximir de (ou sem preposição)

exonerar de (ou sem preposição)

exortar a (ou sem preposição)

expor a (ou sem preposição)

extorquir a, de (ou sem preposição)

extrair de (ou sem preposição)

F

falar de, em, com, a, sobre

faltar com, a

fartar com, de (ou sem preposição)

fatigar-se de, com

favorecer com, de (ou sem preposição)

fechar (-se) a

felicitar por, de (ou sem preposição)

fiar-se em, de

fincar-se em

florescer em

folgar de, em

formar-se em

forrar de, com (ou sem preposição)

fugir de, a

fundar-se em
furtar a, de (ou sem preposição)

G

gabar-se de
ganhar de, a (ou sem preposição)
glorificar-se de
gostar de
gozar de
graduar-se em
gravar com (ou sem preposição)
guardar-se de
guarnecer com

H

habilitar com, para (ou sem preposição)
habituar-se a
haver-se com
herdar de (ou sem preposição)
hesitar em, sobre
humilhar-se a

I

imbuir-se de, em
impedir de, a (ou sem preposição)
impelir a (ou sem preposição)
implicar (= provocar) com (ou sem preposição = acarretar)
impor a (ou sem preposição)
impossibilitar para, a (ou sem preposição)
imputar a (ou sem preposição)
inabilitar para (ou sem preposição)

incidir em
incitar a (ou sem preposição)
inclinar a, para (ou sem preposição)
incluir em (ou sem preposição)
incorporar a, em (ou sem preposição)
incorrer em
inculcar em (ou sem preposição)
incumbir de (ou sem preposição)
indenizar de (ou sem preposição)
indignar-se com
indispor contra (ou sem preposição); (-se) com
induzir a, em (ou sem preposição)
infestar de (ou sem preposição)
inflamar-se de
influir em, para, sobre
informar sobre, de (ou sem preposição); (-se) de
ingerir em (ou sem preposição)
inibir de (ou sem preposição)
iniciar em, a (ou sem preposição)
inimizar-se com
inquietar-se de, com
inserir em (ou sem preposição)
insinuar em (ou sem preposição)
insistir sobre, em
instar por, a (ou sem preposição)
instruir de, em, sobre (ou sem preposição)
inteirar-se de
intercalar entre
interceder por
interessar-se por
internar-se em
interpolar entre, com (ou sem preposição)
interpor entre (ou sem preposição)
interrogar a
intervir em
intrometer-se em
inundar de, em (ou sem preposição)

investir contra, com
isentar de (ou sem preposição)

J

jubilar em (ou sem preposição)
juntar a, com (ou sem preposição)
justificar de, a (ou sem preposição); (-se)

L

lamentar-se de
lançar em, (ou sem preposição); (-se) sobre
lastimar-se de
lembrar (sem preposição); (-se) de
levar em, a, por (ou sem preposição)
libertar de (ou sem preposição)
lidar com
ligar a, com (ou sem preposição)
limitar-se a, com
limpar em, a (ou sem preposição); (-se) de, em
lisonjear-se de
livrar de (ou sem preposição)
lograr (-se) de
lutar com, contra

M

manter-se com
maquinar contra (ou sem preposição)
maravilhar-se com, de
mediar entre
medir (-se) com, por
meditar em, sobre

melhorar de
merecer de
mergulhar em (ou sem preposição)
ministrar a (ou sem preposição)
moderar-se em
molestar com (ou sem preposição)
morrer de, por
mortificar-se com
mudar de (ou sem preposição); (-se) para

N

namorar-se de
necessitar de
negar-se a
negociar em, com (ou sem preposição)
nivelar-se a, com
nutrir-se de, com

O

obedecer a
obrigar a (ou sem preposição)
obstar a (ou sem preposição)
obstinar-se em
ocupar-se com, em, de
ofender com, por (ou sem preposição)
opinar sobre, de
opor (-se) a
oprimir com (ou sem preposição)
optar por, entre
orar por

P

pactuar com
padecer de
pagar a, de, em (ou sem preposição)
parecer com, a, de
participar de, em, a (ou sem preposição)
pasmar de
passar de, com, em
pegar de, em
pender de, a (ou sem preposição)
pendurar de, a (ou sem preposição)
pensar em
perdoar a (ou sem preposição)
perfumar com (ou sem preposição)
perguntar a, por
permutar com, por (ou sem preposição)
perseverar em
persistir em
persuadir de (ou sem preposição)
pertencer a
pospor a (ou sem preposição)
povoar de (ou sem preposição)
precaver-se contra, de
preceder em (ou sem preposição)
precisar de
preferir a (ou sem preposição)
preocupar-se com
preparar-se para
preponderar sobre
prescindir de
presentear com (ou sem preposição)
preservar de (ou sem preposição)
presidir a, em (ou sem preposição)
presumir de
prevalecer sobre (ou sem preposição)
prevenir de, para, contra (ou sem preposição)

prezar-se de
privar de, com (ou sem preposição)
proceder a, com
processar por (ou sem preposição)
professar em (ou sem preposição)
proibir a (ou sem preposição)
promover a (ou sem preposição)
prosseguir em (ou sem preposição)
protestar contra
provar de, a (ou sem preposição)
provocar a, contra (ou sem preposição)
purgar-se de
purificar-se de
puxar de, por (ou sem preposição)

Q

qualificar de (ou sem preposição)
queixar-se a, de
querelar contra
querer (= estimar) a (ou sem preposição)

R

radicar-se em
ralhar com
rebaixar de (ou sem preposição); (-se) a
rebentar de
recair em, sobre
reclamar contra (ou sem preposição)
reclinar-se sobre
recolher-se a
recomendar a (ou sem preposição)
recompensar com
reconciliar-se com

recorrer a
recostar-se sobre, em
recrear-se com
recusar a (ou sem preposição)
reduzir a (não em) (ou sem preposição)
referir-se a
refletir em, sobre
refugiar-se em
regalar-se com
regar de (ou sem preposição)
regozijar-se de, com
regular-se por
reincidir em
reintegrar em (ou sem preposição)
rejubilar com
relaxar-se em
remontar a (ou sem preposição)
remover de (ou sem preposição)
renascer a
render-se a
renegar de
renunciar a
repartir entre, com, por
representar contra (ou sem preposição)
requerer a (ou sem preposição)
resguardar-se de, contra
residir em
resignar-se a, com
resistir a
resolver a
ressentir-se de
restabelecer-se de
resultar de
retirar-se de, a
retrair-se a
retratar-se de
retroceder a, para (ou sem preposição)

revestir de, com (ou sem preposição)
rir-se de
rivalizar com (ou sem preposição)
rodear-se de, com
rogar por (ou sem preposição)
romper com (ou sem preposição)

S

sacar de (ou sem preposição)
saciar de, a (ou sem preposição)
sacrificar a (ou sem preposição); (-se) por
sacudir de (ou sem preposição)
safar-se de
sair de; (-se) com
salpicar de (ou sem preposição)
salvar de (ou sem preposição)
sanar de
sarar de (ou sem preposição)
satisfazer a (ou sem preposição); (-se) com
segregar de, a (ou sem preposição)
semelhar a (ou sem preposição)
sentir-se de
separar de (ou sem preposição)
servir a (ou sem preposição); (-se) de, para
sobrar a
sobrepujar em (ou sem preposição)
sobressair em, por
sobressaltar-se com
sobrevir a
sobreviver a
socorrer (-se) de, com, a (ou sem preposição)
solicitar de (ou sem preposição)
sonhar com
submeter a (ou sem preposição)
subordinar a (ou sem preposição)

substituir por, a (ou sem preposição)
subtrair de (ou sem preposição); (-se) a
suceder a
sujar-se com
sujeitar-se a
sumir-se em
suplicar a (ou sem preposição)
surpreender-se com
suspeitar de
suspender de (ou sem preposição)
sustentar-se de, com
suster com (ou sem preposição); (-se) de

T

tachar de (ou sem preposição)
tapar com (ou sem preposição)
tardar em
teimar em
temer de, por
terminar em, por
tingir de (ou sem preposição)
tirar de (ou sem preposição)
topar com
tornar a
trabalhar de, por, para, em
traduzir em, para, de (ou sem preposição)
transbordar de (ou sem preposição)
transferir a (ou sem preposição)
transfigurar-se em
transformar em (ou sem preposição)
transitar por
transplantar de, para (ou sem preposição)
transportar-se de
trasladar a, em, de (ou sem preposição)
tratar de (ou sem preposição)

travar-se de
tremer de
tributar a (ou sem preposição)
triunfar de
trocar por, de (ou sem preposição)

U

ufanar-se de, com
ultrajar com (ou sem preposição)
ungir com (ou sem preposição)
uniformizar com (ou sem preposição)
untar de, com (ou sem preposição)
usar de (ou sem preposição)
utilizar-se de

V

vacilar em
valer-se de, valer a (ou sem preposição)
vangloriar-se de, por
variar de, em (ou sem preposição)
vazar em (ou sem preposição)
vedar a (ou sem preposição)
velar por, em (ou sem preposição)
verter de, para, em (ou sem preposição)
vestir-se com, de
viciar-se com, em
vincular a (ou sem preposição)
vingar-se de, em
visar (= dar o visto)
visar (= pretender) a (ou sem preposição)
voltar de, a

Z

zangar-se com
zelar por
zombar de

Anexo 46 – Regência de nomes que costumam provocar dúvidas

A

abrigado de
aceito a
acessível a
adequado a
afável com, para com
agradável a
alheio a
amante de
amigo de
amoroso com, para com
análogo a
ansioso de, por
anterior a
aparentado com
apto para, a
atento a, em
avesso a
ávido de

B

bacharel em
bastante a, para
benéfico a
bom para, para com

C

capaz de, para
caro a
cego a
cheio de
cheiro a, de
circunvizinho de
cobiçoso de
coetâneo de
compatível com
compreensível a
comum a, de
conforme a, com
constante em
contemporâneo de
contíguo a
contrário a
cruel com, para com
cuidadoso com
cúmplice em
curioso de

D

desagradável a
desatento a
descontente com
desejoso de
desfavorável a
desleal a
devoto de
diferente de
difícil de
digno de
diligente em, para

ditoso com
diverso de
doce a
dócil a, para com
doente de
dotado de
doutor em
duro de

E

entendido em
equivalente a
erudito em
escasso de
essencial para
estéril de
estranho a
estreito de, para
exato em

F

fácil de
falto de
farto em
favorável a
fecundo em
fértil de, em
fiel a
firme em
forte de, em
fraco de, em
franco para com, de, em
frouxo de
furioso com, de

G

generoso com
grato a
grosso de
guerra a

H

hábil em
habituado a
horror a
hostil a

I

ida a
idêntico a
idôneo para, a
imediato a
impaciente com
impenetrável a
impossibilidade de
impossível de
impotente contra, para
impróprio para
inábil para
inacessível a
incansável em
incapaz de, para
incerto de, em
incessante em
incompatível com
incompreensível a
inconsequente com
inconstante em

indeciso em
independente de, em
indiferente a
indigno de
indócil a
indulgente para, para com
inerente a
inexorável a
infatigável em
infiel a
inflexível a
inimigo de
inocente de
insaciável de
insensível a
inseparável de
interesse em, por
intolerante com, para com
inútil para, a

L

leal a, com, para com
lento em
liberal com
ligeiro de
limitado de
limpo de
livre de
longe de
longínquo de
louco de, com

parco em, de
parecido a, com
passível de
perito em
pernicioso a
pesado a
piedade de
pobre de
poderoso para, em
possível de
possuído de
posterior a
prático em
prejudicial a
prestes a, para
primeiro de, dentre, em
pródigo de, em
proeminência sobre, de
pronto para, em
propício a
proporcionado a, com
próprio para, de
proveitoso a
próximo a, de

Q

querido de, por

R

rebelde a
rente com, a, de
respeito a, de, por
responsável por

rico de, em
rígido de
rijo de

S

sábio em
são de
seco de
sedento de, por
seguro de, em
semelhante a
sensível a
serviço em
severo com, para com, em
sito em
soberbo com, de
sóbrio de, em
sofrido em
solícito com
solto de
sujo de
superior a
surdo a, de
suspeito a, de

T

tardo a, em
temeroso de
temível a
traidor a, de
trespassado de
triste de, com

U

último em, de, a
único em
útil a, para

V

vazio de
versado em
visível a
vizinho a, de

Gabaritos e comentários

Autoavaliações

Gabaritos e comentários
Autoavaliações

Módulo I - Ato comunicativo

Linguagem e comunicação

Gabarito: b

a) controle.
b) repressão.
c) negociação.
d) compreensão.

Comentários:

O processo comunicativo difere, substancialmente, daquele que situa a nós e a nosso interlocutor como sujeitos que trocam – de forma isolada e solitária – mensagens ao longo de um canal de comunicação. Dessa forma, por construir sentidos, o processo de comunicação envolve controle, negociação e compreensão.

Questão 2:

Gabarito: c

a) a habilidade no uso da língua.
b) a atenção para não se dispersar.
c) o domínio de vocabulário especializado.
d) a imaginação para romper a assimetria de conhecimentos.

Comentários:

Da parte de nosso interlocutor, alguns fatores também são decisivos para o sucesso do ato comunicativo: experiência suficiente para compreender nossa intenção comunicativa; habilidade no uso da língua; imaginação para romper a assimetria de conhecimentos e atenção para não se dispersar.

Contrato social versus escolha individual

Questão 3:

Gabarito: d

Comentários:

a) "*book*" em lugar de "livro" – códigos linguísticos diferentes, e não variedades diferentes.
b) "apneia" em lugar de "ronco" – variedade profissional (termo médico).
c) "pra" em lugar de "para" – variedade popular (própria da oralidade).
d) "macaxeira" em lugar de "aipim"– variedade regional (variação existente em diferentes regiões do Brasil).

Questão 4:

Gabarito: d

a) gírias.
b) jargão.
c) marcas regionais.
d) variedade popular.

Comentários:

Cada falante imprime à língua suas próprias marcas. Com isso, temos um conjunto de variedades linguísticas que ampliam as possibilidades de uso da língua e concorrem para seu caráter dinâmico. Uma das manifestações dessa variação é o registro vulgar, ou variedade popular, que se caracteriza pelos desvios observados em relação ao registro-padrão, que é a variedade linguística de prestígio social.

A variedade popular expressa a forma de utilização da língua operada por aqueles que não tiveram acesso à escolarização e, consequentemente, à sistematização das regras que regem a utilização do código linguístico. Essa diferença, contudo, não deve ser tratada como fator de preconceito, mas vista como forma de enriquecer as manifestações linguísticas.

Questão 5:

Gabarito: a

a) jargão.
b) estrangeirismos.
c) variações socioculturais.
d) variedade culta da língua.

Comentários:

Determinadas atividades profissionais criam variedades no uso da língua. Trata-se do jargão, que atende aos profissionais de determinada área, já que todos compartilham seu entendimento, mas podem causar estranhamento a alguém que não faça parte desse grupo. Assim, é importante saber que o uso do jargão junto a pessoas que não o dominam pode gerar a sensação de exclusão e preconceito.

Questão 6:

Gabarito: a

a) a interação.
b) a construção do pensamento.
c) o domínio da estrutura linguística.
d) a estruturação do pensamento crítico.

Comentários:

A interação valoriza a posição ativa de autores e interlocutores na criação e no compartilhamento de sentidos, sem os quais não haveria comunicação.

Comunicação com textos técnicos

Questão 7:

Gabarito: d

a) pragmáticos – textos que disponibilizam conhecimentos legitimados socialmente.
b) didáticos – textos que buscam o desenvolvimento de habilidades e de procedimentos.

c) jurídicos – textos que pressupõem linguagem diferenciada para a apresentação de leis.

d) administrativos – textos que registram e divulgam informações relacionadas ao negócio da empresa.

Comentários:

Os textos técnicos subdividem-se nos seguintes tipos:

- administrativos – textos que registram e divulgam informações relacionadas ao negócio da empresa;
- didáticos – textos que disponibilizam conhecimentos legitimados socialmente;
- manuais – textos que descrevem funcionalidades e procedimentos.

Questão 8:

Gabarito: b

a) a fonte é uma bibliografia consagrada, e o escritor é mais um autor dessa bibliografia.

b) a fonte é o autor do conhecimento, enquanto o escritor é aquele que elabora o texto a partir da fonte.

c) a fonte é o parâmetro de conhecimento a ser utilizado, e o escritor é aquele que, efetivamente, detém o conhecimento.

d) a fonte é um conjunto de informações de origem desconhecida, ao passo que o escritor é o autor do conhecimento elaborado a partir das informações.

Comentários:

Na elaboração de um texto técnico, a fonte é sempre o autor do conhecimento técnico, que será sistematizado pelo autor do texto. O autor, portanto, não é a fonte, apenas dela se vale para organizar as informações.

Questão 9:

Gabarito: c

a) fonte – é a fonte do conhecimento técnico.
b) texto técnico – que disponibiliza informações técnicas.
c) **novo conhecimento – aquele que o leitor busca fora do texto técnico, para complementá-lo.**
d) leitor – aquele cujo conhecimento prévio acerca das informações veiculadas não é possível medir.

Comentários:

A partir do momento em que o leitor se depara com um texto técnico, ele passa a adquirir novas informações e, consequentemente, a construir um novo conhecimento, que não reproduz aquele detido pela fonte, mas o reconstrói. Assim, o leitor parte das informações obtidas no próprio texto para gerar novo conhecimento.

Questão 10:

Gabarito: d

a) o conhecimento adquirido pelo texto e as informações.
b) o conhecimento adquirido pela fonte e o conhecimento produzido no texto.
c) o conhecimento produzido pelo leitor e as informações disponibilizadas no texto.
d) **o conhecimento produzido pela fonte e as informações disponibilizadas no texto.**

Comentários:

Se, mesmo com grande esforço, não conseguimos escrever, satisfatoriamente, um texto técnico, o texto que resulta desse esforço não cumpre seu papel, pois, como existem distorções entre o conhecimento produzido pela fonte e as informações disponibilizadas no texto, passam a existir também distorções entre o conhecimento adquirido pelo leitor e o conhecimento produzido pela fonte.

E, como para tudo existe um culpado, a culpa dessas distorções acaba sendo atribuída à fonte do conhecimento, nunca a quem elaborou o texto que disponibilizou o conhecimento ou a quem, a partir da leitura do texto, deveria manifestar um novo conhecimento.

Apêndice gramatical I

Acentuação gráfica

Questão 1:

Gabarito: d

Comentários:

a) dólar – ítens – tórax – hífen: incorreto. Não acentuamos, graficamente, as paroxítonas terminadas em "-ens"; portanto, as formas corretas são: "dólar", "itens", "tórax" e "hífen".

b) táxi – taxis – fórum – bônus: incorreto. As paroxítonas terminadas em "i(s)", "um (uns)", "us" levam acento gráfico; portanto, as formas corretas são: "táxi", "táxis", "fórum" e "bônus".

c) secretária – secretaría – úteis – decência: incorreto. Com exceção de "secretaria" (se-cre-ta-ri-a), todas as paroxítonas da opção terminam em ditongo e, por isso, são acentuadas graficamente; portanto, as formas corretas são: "secretária", "secretaria", "úteis" e "decência".

d) paranoia – apoio – estreia – ideia: correto. Os ditongos abertos "ei" e "oi" não são mais acentuados graficamente.

Questão 2:

Gabarito: a

Comentários:

a) será – você – freguês – cipó: correto. Todas as oxítonas terminadas em "a", "e", "o" são acentuadas graficamente.

b) dividí – destruí – baú – saí: incorreto. Não acentuamos, graficamente, as oxítonas terminadas em "i" ou "u", a menos que essas letras constituam hiato com a vogal anterior, sem serem seguidas por "nh" e sem formarem sílaba com letra que não seja "s"; portanto, as formas corretas são: "dividi", "destruí", "baú" e "saí".

c) elogiá-la – vendê-los – partí-lo – compô-las: incorreto. As formas verbais seguidas de "-lo", "-los", "-la", "-las" seguem a mesma regra das oxítonas terminadas em "a", "e", "o"; portanto, as formas corretas são: "elogiá-la", "vendê-los", "parti-lo" e "compô-las".

d) armazém – contém (3ª pessoa do singular) – deténs – detém (3ª pessoa do plural): incorreto. Acentuamos todas as oxítonas terminadas em "em" ou "ens". Nos compostos do verbo "ter", a 3ª pessoa do plural recebe sempre acento circunflexo, e não agudo; portanto, as formas corretas são: "armazém", "contém", "deténs" e "detêm".

Questão 3:

Gabarito: d

Comentários:

a) esplêndido – umido – estômago – pálido: incorreto. Todas as proparoxítonas são acentuadas graficamente; portanto, as formas corretas são: "esplêndido", "úmido", "estômago" e "pálido".

b) público – fêmea – area – desânimo (substantivo): incorreto. Todas as proparoxítonas são acentuadas graficamente; portanto, as formas corretas são: "público", "fêmea", "área" e "desânimo".

c) rapido – término (substantivo) – números – lógica: incorreto. Todas as proparoxítonas são acentuadas graficamente; portanto, as formas corretas são: "rápido", "término", "números" e "lógica".

d) fôssemos – discutíamos – falávamos – construíramos: correto. Todas as formas verbais apresentadas são proparoxítonas e, por isso, devem ser acentuadas graficamente.

Questão 4:

Gabarito: d

Comentários:

a) dô (de + o) – pó – há – hás: incorreto. "Do" ("de" + "o") não é monossílabo tônico e, por isso, não deve ser acentuado; portanto, as formas corretas são: "do", "pó", "há" e "hás".

b) véu – dói – têu – réis (moeda): incorreto. Nos monossílabos, apenas os ditongos abertos "ei", "eu" e "oi" são acentuados graficamente; portanto, as formas corretas são: "véu", "dói", "teu" e "réis".

c) pá – más (adjetivo) – dô (de + o) – fez: incorreto. Apenas os monossílabos tônicos terminados em "a", "e", "o", seguidos ou não de "s", levam acento gráfico; portanto, as formas corretas são: "pá", "má", "do" e "fez".

d) pés – dó (igual a "piedade") – mês – pôs: correto. Todas as opções correspondem a monossílabos tônicos terminados em "a", "e", "o", seguidos ou não de "s".

Questão 5:

Gabarito: c

Comentários:

a) "pôr" (preposição) em oposição a "por" (o mesmo que "colocar"): incorreto. As opções estão trocadas, é o verbo "pôr" que recebe acento diferencial, e não a preposição "por"; portanto, as formas corretas são: "por" e "pôr".

b) "têm" (3ª pessoa do plural) em oposição a "tém" (3ª pessoa do singular): incorreto. A 3ª pessoa do singular do verbo "ter" não é acentuada graficamente; portanto, as formas corretas são: "têm" e "tem".

c) **"mantêm" (3ª pessoa do plural) em oposição a "mantém" (3ª pessoa do singular): correto. Nos compostos de "ter", a 3ª pessoa do singular recebe acento agudo.**

d) "pode" (3ª pessoa do singular, presente do indicativo) em oposição a "póde" (3ª pessoa do singular, pretérito perfeito do indicativo): incorreto. A forma do pretérito perfeito do indicativo tem "o" fechado; portanto, as formas corretas são: "pode" e "pôde".

Questão 6:

Gabarito: c

Comentários:

a) dó – rape – orfã – ínterim: incorreto. Os monossílabos terminados em "o" são acentuados; todas as oxítonas terminadas em "e" são acentuadas; todas as paroxítonas terminadas em "ã" são acentuadas e todas as proparoxítonas são acentuadas; portanto, as formas corretas são: "dó", "rapé", "órfã" e "ínterim".

b) má – mocotó – biceps – levedo: incorreto. Os monossílabos tônicos terminados em "a" são acentuados; as oxítonas terminadas em "o" são acentuadas; as paroxítonas terminadas em "ps" são acentuadas; todas as proparoxítonas são acentuadas. No caso de "lêvedo" (adjetivo), temos uma proparoxítona; em se tratando de "levedo" (substantivo), temos uma paroxítona terminada em "o", que não leva acento gráfico. De qualquer forma, há erro na opção, pois ela não apresenta "bíceps" com acento gráfico. As formas corretas, portanto, são: "má", "mocotó", "bíceps" e "lêvedo" (adjetivo) ou "levedo" (substantivo).

c) **pá – armazém – álbum – síndrome: correto. Os monossílabos terminados em "a" são acentuados; as oxítonas terminadas em "em" são acentuadas; as paroxítonas terminadas em "um" são acentuadas; e todas as proparoxítonas são acentuadas.**

d) pés – maracujas – flexível – lâmpada: incorreto. Os monossílabos tônicos terminados em "e(s)" são acentuados; as oxítonas terminadas em "as" são acentuadas; as paroxítonas terminadas em "l" são acentuadas e todas as proparoxítonas são acentuadas; portanto, as formas corretas são: "pés", "maracujás", "flexível" e "lâmpada".

Questão 7:

Gabarito: a

Comentários:

a) **mandarás – lês – dá – perdêramos: correto. As oxítonas termina-das em "a", seguidas ou não de "s", são acentuadas; os monossíla-bos tônicos terminados em "e" são acentuados; os monossílabos tônicos terminados em "a" são acentuados; e as proparoxítonas são acentuadas.**

b) dá-lo – entendê-la – cumprí-los – repô-las: incorreto. As oxítonas terminadas em "a" são acentuadas; as oxítonas terminadas em "e" são acentuadas; não acentuamos as oxítonas terminadas em "i"; e as oxítonas terminadas em "o" são acentuadas; portanto, as for-mas corretas são: "dá-lo", "entendê-la", "cumpri-los" e "repô-las".

c) fazíeis – cumprías – escrevíamos – construíamos: incorreto. As paro-xítonas terminadas em ditongo são acentuadas; não acentuamos as paroxítonas terminadas em "a" seguidas ou não de "s"; e as propa-roxítonas são acentuadas; portanto, as formas corretas são: "fazíeis", "cumprias", "escrevíamos" e "construíamos".

d) enxagúo – frequentarem – argüiiu (pretérito perfeito do indicativo) – argúi (presente do indicativo): incorreto. O "u" de "enxáguo" se pro-nuncia e é átono. Há uma variação na pronúncia dos verbos termina-dos em "guar", como "enxaguar". Esse verbo admite duas pronúncias em algumas formas do presente do indicativo, presente do subjuntivo e também do imperativo. Se forem pronunciadas com "a" ou "i" tôni-cos, essas formas devem ser acentuadas: "enxáguo". Não se usa mais trema, sinal colocado sobre a letra "u" para indicar que ela deve ser pronunciada nos grupos "gue", "gui", "que", "qui". Em "argúi" (pre-sente do indicativo), o "u" tônico leva acento agudo no grupo "gui"; portanto, as formas corretas são: "enxáguo", "frequentarem", "arguiu" e "argúi".

Questão 8:

Gabarito: c

Comentários:

a) chapéu – céus – atêu – réu: incorreto. Acentuamos o ditongo aberto "éu", seguido ou não de "s", nas oxítonas. Em "ateu", temos um ditongo fechado, portanto, as formas corretas são: "chapéu", "céus", "ateu" e "réu".

b) areia – jôio – comeu – anzóis: incorreto. Acentuamos os ditongos abertos "ei", "eu" e "oi", seguidos ou não de "s", nas oxítonas. Em "areia" e "joio", temos um ditongo fechado, e as palavras são paroxítonas. Em "comeu", temos um ditongo fechado em uma oxítona. As formas corretas, portanto, são: "areia", "joio", "comeu" e "anzóis".

c) herói – Niterói – corrói – destrói: correto. Acentuamos o ditongo aberto "oi" nas oxítonas.

d) estreio – odisséia – idéia – epopeia: incorreto. Os ditongos abertos "ei" e "oi" das palavras paroxítonas não são mais acentuados; portanto, as formas corretas são: "estreio", "odisseia", "ideia" e "epopeia".

Questão 9:

Gabarito: d

Comentários:

a) saíu – reúne – saída – país: incorreto. Acentuamos o "i" e o "u" que formam hiato com a vogal anterior, formando sílaba sozinhos ou com "s" e não seguidos de "nh". Em "saiu", temos um ditongo, e não um hiato, portanto, as formas corretas são: "saiu", "reúne", "saída" e "país".

b) egoísta – raínha – caí – moinho: incorreto. Acentuamos o "i" e o "u" que formam hiato com a vogal anterior, formando sílaba sozinhos ou com "s" e não seguidos de "nh". Em "rainha" e em "moinho", o "i" vem seguido de "nh"; portanto, as formas corretas são: "egoísta", "rainha", "caí" e "moinho".

c) saúde – ruím – sairmos – uísque: incorreto. Acentuamos o "i" e o "u" que formam hiato com a vogal anterior, formando sílaba sozinhos ou com "s" e não seguidos de "nh". Em "ruim", o "i" forma sílaba com "m", e não com "s", e, em "sairmos", o "i" forma sílaba com "r"; portanto, as formas corretas são: "saúde", "ruim", "sairmos" e "uísque".

d) juízo – saímos – proíbem – influí: correto. Acentuamos o "i" e o "u" que formam hiato com a vogal anterior, formando sílaba sozinhos ou com "s" e não seguidos de "nh".

Questão 10:

Gabarito: a

Comentários:

a) Vê-se – últimos – imprescindíveis – é – máxima – urgência – papéis – necessários

b) Vê-se – últimos – imprescindíveis – vêm – é – máxima – urgência – papéis – necessários

c) Vê-se – últimos – imprescindíveis – vém – é – máxima – urgência – papéis – necessários

d) Vê-se – últimos – imprescindíveis – vêm – é – máxima – urgência – papéis – necessários – ítens

"Vê-se" é uma oxítona terminada em "e"; "últimos" é uma proparoxítona; "imprescindíveis" é uma paroxítona terminada em ditongo; "é" é um monossílabo tônico terminado em "e"; "máxima" é uma proparoxítona; "urgência" é uma paroxítona terminada em ditongo; "papéis" é uma oxítona com um ditongo aberto "ei" e "necessários" é uma paroxítona terminada em ditongo; por isso, todas são acentuadas graficamente. "Vem" encontra-se na 3ª pessoa do singular e, portanto, não leva acento gráfico. "Itens" não leva acento gráfico porque não acentuamos paroxítonas terminadas em "ens".

Crase

Questão 1:

Gabarito: a

a) 1 – 2 – 2 – 1
b) 2 – 2 – 1 – 1
c) 1 – 2 – 1 – 1
d) 2 – 2 – 2 – 2

Comentários:

( ) "Obedeça às leis de trânsito.": correto. O verbo "obedecer" exige a presença de uma preposição "a" ("obedeça a"), que irá fundir-se com o artigo definido determinante do substantivo "leis" ("obedeça a" + "as leis" = "obedeça às leis").

( ) "O álcool é prejudicial a saúde.": incorreto. O adjetivo "prejudicial" exige preposição "a" ("prejudicial a") para completar-lhe o sentido; a preposição "a" deverá fundir-se ao artigo definido determinante do substantivo "saúde" ("a saúde"); portanto, a frase correta é: "O álcool é prejudicial à saúde.".

( ) "Daqui à alguns anos, estarei formado.": incorreto. "Daqui a alguns anos" indica futuro; a expressão exige tão somente a preposição "a"; além disso, para que haja o fenômeno da crase, é preciso a fusão com o artigo "a", e não tem sentido um artigo definido funcionar como determinante de um pronome indefinido ("alguns"); portanto, a frase correta é: "Daqui a alguns anos, estarei formado.".

( ) "Anexa àquela bagagem, havia uma carta.": correto. "Anexa a" ("a" = preposição) + "aquela" = "Anexa àquela". Assim, haverá fusão da preposição "a", exigida pelo adjetivo "anexa", com o "a" inicial de "aquela", fato que resultará no fenômeno da crase.

Questão 2:

Gabarito: a

Comentários:

a) **"Todos se referiram à mesma opção.": correto. "Todos se referiram a" + "a mesma" = "Todos se referiram à mesma". Haverá fusão da preposição "a", exigida pelo verbo "referir-se", com o artigo definido "a" que antecede "mesma", fato que resultará no fenômeno da crase.**

b) "A equipe se dedicou à todas as tarefas.": incorreto. O verbo "dedicar-se" exige preposição "a" ("dedicar-se a"); contudo, o pronome indefinido "todas" não pode ser determinado por artigo definido; portanto, a frase correta é: "A equipe se dedicou a todas as tarefas.".

c) "As pessoas respeitam à suas próprias leis.": incorreto. O verbo "respeitar" não exige preposição "a" em seu complemento obrigatório; além disso, o pronome "suas" é plural, o que exigiria um artigo plural "as", e não singular "a"; portanto, a frase correta é: "As pessoas respeitam a suas próprias leis.".

d) "Nunca se obedeceu aqui à mais de uma regra.": incorreto. O verbo "obedecer" exige preposição "a" ("obedecer a") para completar-lhe o sentido; contudo, o advérbio "mais" não é determinado por artigo definido "a"; portanto, a frase correta é: "Nunca se obedeceu aqui a mais de uma regra.".

Questão 3:

Gabarito: d

a) A – a
b) A – à
c) À – à
d) À – a

Comentários:

Primeiramente, vamos pôr a frase na ordem direta da língua portuguesa. Dessa forma, teremos: "(Eu) pedi a revisão da minha nota à professora". Devemos notar que o verbo "pedir" exige uma dupla regência; seus participantes obrigatórios são:

- sujeito que pede = eu.
- coisa pedida = a revisão da minha nota.
- a quem ele pede = à professora.

Portanto, temos que o "a" antes do substantivo "revisão" é o artigo definido (determinante) e o "à" antes de "professora" é igual à preposição "a" (pedir alguma coisa "a" alguém) + artigo "a" ("a" professora), fato que resulta no fenômeno da crase, representado graficamente pelo acento grave.

Questão 4:

Gabarito: d

a) 1 – 2 – 2 – 1
b) 2 – 2 – 1 – 1
c) 1 – 2 – 1 – 1
d) 1 – 1 – 2 – 2

Comentários:

( ) "Vou a Roma.": correto. Em "Vou a Roma.", temos que "a" = "a" (preposição exigida pelo verbo "ir" – "vou a algum lugar"); aqui não pode haver fusão porque não existe artigo definido. Devemos notar que "Roma" não exige um artigo como determinante – dizemos "Roma é uma linda cidade.", e não "A Roma é uma linda cidade.".

( ) "Vou à Alemanha.": correto. Em "Vou à Alemanha.", temos que "à" = "a" (preposição exigida pelo verbo "ir" – "vou a algum lugar") + "a" (artigo definido determinante de "Alemanha", por exemplo: "A Alemanha é um belo país.").

( ) "O presidente pediu paciência a nação.": incorreto. A frase correta é "O presidente pediu paciência à nação.". Devemos notar que pedimos alguma coisa (no caso, "paciência") a alguém; já temos, portanto, a preposição "a"; no caso do substantivo "nação", este exige artigo definido que o determine, por exemplo: "A nação está de luto."; dessa forma, constatamos a existência do fenômeno da crase, pois o "a" (preposição) fundir-se-á com o "a" (artigo).

( ) "O funcionário pediu desculpas à todos.": incorreto. A frase correta é "O funcionário pediu desculpas a todos.". Vamos entender por quê: sabemos que pedimos desculpas a alguém; portanto, já temos uma preposição "a"; todavia, não temos o artigo definido exigido para que haja a fusão, uma vez que o pronome "todos" é indefinido e, como tal, não pode ser determinado por um artigo definido.

Questão 5:

Gabarito: b

a) à – a – à – a
b) a – à – a – a
c) à – à – à – a
d) a – a – à – à

Comentários:

- "Esta é a casa a qual conheço.": no caso dessa frase, devemos observar que o verbo "conhecer" é transitivo direto e, portanto, não exige preposição; se não há preposição, não pode haver fusão; logo, o "a" antes do relativo "qual" é apenas o artigo definido que precede o relativo.

- "Esta é a carta à qual me referi.": o raciocínio aqui é idêntico ao da opção "a"; contudo, há uma informação a mais: agora, estamos trabalhando com o relativo "qual"; este, por seu turno, é precedido de artigo definido ("a qual"); na frase em questão, teremos, então, a fusão da preposição "a" (exigida por "referir-se") com o artigo definido "a" (de "a qual").

- "Esta é a revista a que me referi.": primeiramente, precisamos observar a regência do verbo, no caso, "referir-se"; precisamos notar que nos referimos a alguma coisa ou a alguém; portanto, esse verbo exige preposição "a"; basta, pois, que a ponhamos antes do relativo "que", que não pode ser determinado por artigo.

- "Esta é a moça com a qual estudei no primário.". Se pusermos essa frase na ordem direta, teremos "Estudei com esta moça no primário."; devemos observar que a preposição exigida no contexto da frase é a preposição "com", que, aliás, já está presente; portanto, não há preposição "a"; se não há preposição, não pode haver fusão; logo, o "a" antes do relativo "qual" é apenas o artigo definido que precede o relativo.

Questão 6:

Gabarito: b

Comentários:

a) "A anos que o conheço.": incorreto. "Há anos" indica tempo decorrido e, assim, temos de usar o impessoal "haver", portanto, a frase correta é: "Há anos que o conheço.".

b) **"A festa estará animada.": correto. O "a" antes de "festa" é o artigo definido determinante do substantivo.**

c) "Daqui há pouco, vai escurecer.": incorreto. "Daqui a pouco" indica futuro próximo; a expressão exige tão somente a preposição "a" para dar-lhe sentido; portanto, a frase correta é: "Daqui a pouco, vai escurecer.".

d) "Já está na hora de apagarmos às velas do bolo!": incorreto. O verbo "apagar" não exige preposição "a" para que possa haver qualquer fusão com o artigo definido "as", determinante de "velas"; portanto, a frase correta é: "Já está na hora de apagarmos as velas do bolo!".

Questão 7:

Gabarito: c

Comentários:

a) "Na certa, não se deu a devida atenção àquele pronunciamento.": correto. O verbo "dar" exige dois complementos: um sem preposição (a coisa dada) e outro regido de preposição "a" obrigatória (a pessoa a quem se dá). A construção, portanto, está correta, já que da junção de "a" + "aquele" ocorre a fusão em "àquele".

b) "Dava-se àquilo mais importância do que, de fato, era necessário.": correto. O verbo "dar" exige dois complementos – um sem preposição (a coisa dada) e outro regido de preposição "a" obrigatória (a pessoa a quem se dá). A construção, portanto, está correta, já que da junção de "a" + "aquilo" ocorre a fusão em "àquilo".

c) **"Na empresa, todos já haviam esquecido àqueles dias de dificuldade.": incorreto. O verbo "esquecer" não exige preposição "a", portanto, a construção correta seria: "Na empresa, todos já haviam esquecido aqueles dias de dificuldade.".**

d) "De todas as queixas, a comissão atendia às que pareciam ser mais urgentes.": correto. O verbo "atender" exige complemento regido de preposição obrigatória "a" que se funde, portanto, com o demonstrativo "as", que corresponde a "aquelas" em: "De todas as queixas, a comissão atendia às (= àquelas) que pareciam ser mais urgentes.".

Questão 8:

Gabarito: d

Comentários:

a) "Dedico-me a sua filha porque gosto de crianças.": correto. No caso da frase em questão, o produtor do texto optou por não usar o artigo antes do possessivo; dessa forma, o "a" que aparece na frase é tão somente a preposição exigida pelo verbo "dedicar-se".

b) "Dedico-me à sua filha porque disponho de tempo.": correto. O verbo "dedicar-se" exige a presença da preposição "a" para completar-lhe o sentido; dessa forma, temos "dedico-me a alguém ou a alguma coisa"; por outro lado, o possessivo "sua" pode aparecer em uma frase precedido – ou não – de artigo definido; vejamos: "A sua televisão é linda." ou, então, "Sua televisão é linda.". Desse modo, podemos afirmar que a presença ou não do artigo definido depende de nossa preferência no contexto da frase; isso é o mesmo que dizer que o fenômeno da crase poderá ou não acontecer, pois a preposição, de qualquer maneira, estará lá, mas o artigo não necessariamente. Temos aqui, portanto, um emprego facultativo do acento grave indicador do fenômeno da crase.

c) "Dedico-me à minha tia porque ela não tem ninguém.": correto. O possessivo "minha" tem situação idêntica à do possessivo "sua", uma vez que é possível usá-lo com ou sem um artigo definido que o preceda; vejamos: "Minha situação está melhorando." ou, então, "A minha situação está melhorando.". Dessa forma, o produtor do texto optou por não usar o artigo antes do possessivo; logo, o "a" que aparece na frase é tão somente a preposição exigida pelo verbo "dedicar-se".

d) **"Dedico-me à pescar porque não tive grandes oportunidades na vida.": incorreto. No caso dessa frase, não pode haver o fenômeno da crase, já que não há nenhuma fusão; é de se notar que "pescar" é uma forma verbal no infinitivo e, como sabemos, artigo é determinante de substantivo, não de verbo; logo, o "a" que aparece na frase é tão somente a preposição "a" exigida pelo verbo "dedicar-se". A frase correta, portanto, seria: "Dedico-me a pescar porque não tive grandes oportunidades na vida.".**

Questão 9:

Gabarito: a

Comentários:

a) **"Dedico-me à uma proposta nova de ensino.": incorreto. No caso dessa frase, não pode haver o fenômeno da crase, já que não há**

nenhuma fusão, nem poderia haver, uma vez que "uma" é artigo indefinido e, como tal, não pode ser determinado por um artigo definido. Dessa forma, só pode aparecer na frase a preposição "a" exigida pelo verbo "dedicar-se". A frase correta, portanto, é: "Dedico-me a uma proposta nova de ensino.".

b) "Dedico-me a você porque considero-o honesto.": correto. No caso dessa frase, não pode haver o fenômeno da crase, já que não há nenhuma fusão; é de se notar que "você" é um pronome de tratamento e, como sabemos, artigo é determinante de substantivo, não de pronome; logo, o "a" que aparece na frase é tão somente a preposição "a" exigida pelo verbo "dedicar-se".

c) "Dedico-me a esta escola porque aqui aprendi muito.": correto. No caso dessa frase, não pode haver o fenômeno da crase, já que não há nenhuma fusão; é de se notar que "esta" é um demonstrativo e, como sabemos, artigo é determinante de substantivo, não de pronome demonstrativo, que, por sua vez, também é termo determinante; logo, o "a" que aparece na frase é tão somente a preposição exigida pelo verbo "dedicar-se".

d) "Dedico-me à Maria porque ela não tem quem olhe por ela.": correto. O verbo "dedicar-se" exige a presença da preposição "a" para completar-lhe o sentido; dessa forma, temos "dedico-me a alguém ou a alguma coisa"; por outro lado, o substantivo próprio pode aparecer em uma frase precedido – ou não – de artigo definido; vejamos: "Maria esteve aqui ontem." ou, então, "A Maria esteve aqui ontem.". Desse modo, podemos afirmar que a presença ou não do artigo definido depende de nossa preferência no contexto da frase; isso é o mesmo que dizer que o fenômeno da crase poderá ou não acontecer, pois a preposição, de qualquer maneira, estará lá, mas o artigo, não necessariamente. Temos aqui, portanto, um emprego facultativo do acento grave indicador do fenômeno da crase.

Questão 10:

Gabarito: a

Comentários:

a) **"O ensino à distância tem muitas vantagens.": incorreto. Em várias expressões adverbiais, a ausência de fusão leva-nos à não utilização do acento indicativo de crase, como é o caso da expressão "a distância".**

b) "Comprei o carro a prazo, pois estava muito caro.": correto. Não podemos usar o acento grave diferencial antes da palavra "prazo", pois não temos o que diferenciar; devemos notar que a expressão "a prazo" significa "pagamento parcelado", e esse significado é único, não há outro previsto na língua para essa expressão; se retirarmos dela a palavra "prazo" e a utilizarmos em outro contexto qualquer, como se trata de uma palavra masculina, o artigo usado será o masculino, como, por exemplo, em "O prazo foi prorrogado.".

c) "Finalmente a tarde chegou! Tenho um compromisso urgente!": correto. Devemos notar que "a tarde" é o sujeito de "chegou"; portanto, o "a" de "a tarde" só pode ser artigo definido, já que o sujeito não pode vir preposicionado; lembremo-nos de que as expressões preposicionadas, de um modo geral, funcionam como termos determinantes, e o sujeito é um termo determinado, visto que se trata de uma função contraída por um substantivo.

d) "À tarde, chegou. Finalmente! Eu já não aguentava mais esperar!": correto. No caso dessa frase, temos que "à tarde" é uma locução adverbial e funciona como determinante de "chegou" (ele chegou "à tarde", e não "à noite", por exemplo); nesse caso, não temos o fenômeno da crase, já que não há nenhuma fusão; temos tão só o acento grave diferencial, ou seja, usado para marcar a locução adverbial e diferenciá-la de outro uso, como, por exemplo, em "A tarde morreu.", em que "a tarde" é o sujeito de "morreu".

Gabaritos e comentários
Autoavaliações

Módulo 2 – Leitura

Processamento da leitura

Questão 1:

Gabarito: b

a) criar empatia.
b) resumir textos.
c) buscar informações.
d) analisar argumentos.

Comentários:

A competência textual implica que todos os usuários da língua são capazes, dentre tantas outras habilidades, de parafrasear ou parodiar textos, resumi-los e atribuir-lhes um título.

Questão 2:

Gabarito: d

a) leitor.
b) texto.
c) autor.
d) assunto.

Comentários:

No processo que começa na escritura – que desencadeia a leitura –, estão contidos três elementos fundamentais: autor; texto e leitor.

Tipos de leitores

Questão 3:

Gabarito: a

a) é capaz de inventar o que o texto não diz.
b) é incapaz de atingir as intenções do autor do texto.
c) tem sempre em mente a integralidade das informações veiculadas.
d) desconsidera informações prévias para prever informações contidas no texto.

Comentários:

O leitor construtor se apoia em seus conhecimentos prévios para prever as informações veiculadas em um texto. Esse leitor prediz muito do que é dito no texto e, mais ainda, inventa coisas que o texto não diz. A desvantagem desse tipo de procedimento é evidente: por falta de precisão, as adivinhações do leitor construtor prejudicam a integridade das informações veiculadas no texto.

Questão 4:

Gabarito: b

a) mais rápido.
b) mais atento.

c) mais criativo.

d) mais ousado.

Comentários:

O leitor analisador é aquele que analisa, linearmente, as informações do texto. Para tal, ele processa, vagarosamente, o significado de todas as partes do texto para atingir a compreensão do todo. A compreensão do texto pode ser afetada pela leitura excessivamente linear, ou seja, pouco ousada e sem predições.

Estratégias de leitura

Questão 5:

Gabarito: a

a) buscar reescrever as ideias do autor.
b) avaliar a consistência das informações.
c) relacionar as diferentes partes do texto.
d) distribuir a atenção entre as informações mais relevantes e os detalhes.

Comentários:

A apreensão dos sentidos inerentes a essas múltiplas leituras otimiza-se por meio das seguintes estratégias:

- identificar os objetivos do texto, a intenção do autor e as informações mais importantes;
- distribuir a atenção entre as informações mais relevantes e os detalhes;
- relacionar as diferentes partes do texto;
- avaliar a consistência das informações e
- reler o texto quando falhas de compreensão são detectadas.

Questão 6:

Gabarito: b

a) identidade do autor.
b) progressão do texto.
c) decifração de segredos.
d) inconsistência da escritura.

Comentários:

O efeito-leitor está diretamente relacionado à coerência, à consistência, à não contradição, à progressão e à unidade do texto.

Questão 7:

Gabarito: b

a) tipologia.
b) ideologia.
c) coerência.
d) cooperação.

Comentários:

Alguns fatores influenciam os processos de compreensão e interpretação dos textos – falados ou escritos. São eles:

- conhecimentos compartilhados – pois mais do que o simples domínio de regras gramaticais, é necessário compartilhar os sentidos do texto;
- coerência – visto que a falta de coerência afeta tanto a produção quanto a recepção de um texto;
- cooperação – porque a compreensão exige negociações bilaterais, que se evidenciam na colaboração entre o autor e o leitor;

- abertura – já que o texto deve proporcionar possibilidades interpretativas, a partir de alternativas mutuamente aceitáveis;
- contexto – haja vista que a contextualização situa o texto no tempo e no espaço;
- tipologia – pois cada tipo de texto carrega em si condições restritivas a sua produção.

Leitor do texto técnico

Questão 8:

Gabarito: d

a) a ideologia desse leitor acerca do tema a ser tratado.
b) a titulação desse leitor na área de conhecimento do texto.
c) a visão de mundo desse leitor em outras áreas de conhecimento.
d) o grau de conhecimento desse leitor sobre o conhecimento técnico.

Comentários:

A variável mais significativa é o grau de conhecimento desse leitor sobre o conhecimento técnico que nosso texto vai transmitir. Se escrevemos para leitores com o mesmo nível de conhecimento que nós, tudo fica mais fácil. Se o contrário é verdadeiro, todo cuidado é pouco.

Questão 9:

Gabarito: b

a) empatia.
b) abstração.
c) persuasão.
d) imaginação.

Comentários:

Alguns textos técnicos exigem do leitor elevado grau de abstração. Por exemplo, a leitura de um memorando é mais fácil do que a leitura de um relatório sobre a performance de um equipamento.

Questão 10:

Gabarito: a

a) utilizar exemplos que remetam ao conhecimento de mundo de seus possíveis leitores.

b) criar cenários imaginários que motivem a capacidade criativa de seus possíveis leitores.

c) utilizar argumento de autoridade que comprove a veracidade dos fatos apresentados a seus possíveis leitores.

d) listar todas as fontes que assegurem a coerência das informações apresentadas a seus possíveis leitores.

Comentários:

Ficamos mais interessados quando encontramos, no texto, exemplos que nos remetam ao que já conhecemos, a nosso conhecimento prévio sobre um determinado assunto.

Apêndice gramatical II

Correção ortográfica

Questão 1:

Gabarito: a

Comentários:

a) **"alizar": incorreto. "Alisar" = "a" (prefixo) + "liso" (adjetivo) + "ar" (sufixo); devemos notar que o uso de "s" ou "z" depende da palavra primitiva, no caso, "liso", que se escreve com "s".**

b) "analisar": correto. "Analisar" = "análise" (substantivo) + "ar" (sufixo); devemos notar que o uso de "s" ou "z" depende da palavra primitiva, no caso, "análise", que se escreve com "s".

c) "suavizar": correto. "-izar" = sufixo verbal (que forma verbo); articula-se ao radical "suav-" para formar o verbo "suavizar".

d) "hospitalizar": correto. "-izar" = sufixo verbal (que forma verbo); articula-se a substantivo ou a adjetivo; no caso, "hospital" é um substantivo; dessa forma: "hospital" + "izar".

Atenção! O sufixo "-izar" grafa-se tão somente com "z".

Questão 2:

Gabarito: a

a) Falso
b) Verdadeiro

Comentários:

A construção correta seria: "A infraestrutura desta empresa não reflete a autodeterminação de seus dirigentes na adoção de medidas anti-inflacionárias.". Na frase em questão, "infraestrutura" é formação em que o prefixo "infra-" termina em vogal diferente daquela que inicia o elemento que a ele se pospõe: "estrutura", caso em que não utilizamos hífen. Já "autodeterminação" encontra-se corretamente grafada, pois o falso prefixo "auto-" é seguido de elemento que começa por consoante, situação em que também não usamos o hífen. Já a palavra "anti-inflacionárias" necessita do hífen, visto que se trata de formação em que o prefixo "anti-" termina em vogal idêntica a que inicia o segundo elemento da composição: "inflacionárias".

Questão 3:

Gabarito: a

Comentários:

a) **"cafezinho": correto. Se a palavra primitiva apresentar terminação diferente de "s" ou "z", devemos acrescentar o sufixo "-zinho(a)". Assim, "café" + "zinho" = "cafezinho".**

b) "lapizinho": incorreto. Se a palavra primitiva apresentar terminação igual a "s" ou "z", devemos acrescentar o sufixo "-inho(a)". Assim, "lápis" + "inho" = "lapisinho".

c) "pirezinho": incorreto. Se a palavra primitiva apresentar terminação igual a "s" ou "z", devemos acrescentar o sufixo "-inho(a)". Assim, "pires" + "inho" = "piresinho".

d) "perdisinha": incorreto. Se a palavra primitiva apresentar terminação igual a "s" ou "z", devemos acrescentar o sufixo "-inho(a)". Assim, "perdiz" + "inha" = "perdizinha".

Questão 4

Gabarito: d

Comentários:

A palavra "viagem", com "g", é um substantivo; com "j", trata-se de uma forma verbal, mais precisamente, a 3ª pessoa do plural do presente do subjuntivo: "(que) eles viajem":

a) "Viajem? Agora? Não creio que terei dinheiro...": incorreto. Trata-se de "viagem", pois é substantivo.

b) "Quero que eles viagem logo, antes que as férias acabem!": incorreto. Trata-se de "viajem", pois é verbo.

c) "Quando será essa viajem? Não sei se poderei acompanhá-los...": incorreto. Trata-se de "viagem", pois é substantivo.

d) "Que eles viajem, vá lá, mas eu não posso pensar em viagem nem tão cedo!": correto. A primeira forma é verbo, e a segunda, um substantivo.

Questão 5:

Gabarito: a

a) x – x – ch – x
b) ch – x – x – x
c) ch – x – x – ch
d) x – x – ch – ch

Comentários:

Usamos "x", e não "ch", após um ditongo; dessa forma, temos: "seixo" (ditongo "ei" + "x"), "caixa" (ditongo "ai" + "x") e "feixe" (ditongo "ei" + "x"). No caso de "chenile", não há presença de ditongo.

Questão 6:

Gabarito: b

a) 4 – 3 – 2 – 1
b) 2 – 1 – 4 – 3
c) 3 – 4 – 1 – 2
d) 3 – 4 – 2 – 1

Comentários:

1) "experto" = perito em alguma coisa, experiente, especialista.
2) "esperto" = ágil, vivo, diligente, ativo.
3) "expectador" = pessoa que tem esperança, que permanece na expectativa.
4) "espectador" = testemunha, observador, pessoa que assiste a um espetáculo.

Questão 7:

Gabarito: a

a) Falso
b) Verdadeiro

Comentários:

Todas as palavras estão grafadas corretamente; cada par de palavras – "quociente/cociente", "quotidiano/cotidiano" e "quatorze/catorze" – tem o mesmo significado e admite duas grafias diferentes.

Questão 8:

Gabarito: b

a) 1 – 2 – 2 – 2
b) 1 – 2 – 2 – 1
c) 1 – 2 – 1 – 1
d) 1 – 1 – 2 – 2

Comentários:

( ) "jiló": correto. É palavra de origem africana, e palavras de origem indígena ou africana grafam-se com "j".
( ) "giboia": incorreto. É palavra originária do tupi, e palavras de origem indígena ou africana grafam-se com "j".
( ) "genipapo": incorreto. É palavra originária do tupi, e palavras de origem indígena ou africana grafam-se com "j".
( ) "majestade": correto. É palavra originária do latim "majestas".

Questão 9:

Gabarito: d

a) 1 – 2 – 2 – 2
b) 2 – 1 – 2 – 1
c) 1 – 2 – 1 – 1
d) 2 – 2 – 1 – 2

Comentários:

( ) "exeção": incorreto. A forma correta é "exceção".
( ) "posseção": incorreto. A forma correta é "possessão".
( ) "dissensão": correto.
( ) "excurssão": incorreto. A forma correta é "excursão".

Questão 10:

Gabarito: a

a) Falso
b) Verdadeiro

Comentários:

A palavra "empecilho", de fato, significa "obstáculo", mas grafa-se com "e", pois é formada a partir da articulação do sufixo nominal "-ilho" ao substantivo "empeço", que significa "obstáculo", "óbice".

Palavras e expressões que oferecem dificuldade

Questão 1:

Gabarito: d

a) 1 – 2 – 2 – 2
b) 2 – 2 – 1 – 1
c) 1 – 2 – 1 – 1
d) 2 – 2 – 2 – 1

Comentários:

( ) "Mau saiu, o visitante chegou.": incorreto. A forma correta é "mal", que, no contexto da frase, comporta-se como uma conjunção temporal e pode ser substituída por "assim que" ou "nem bem" para indicar um momento bastante próximo no tempo.
( ) "Sabe o J. J.? Está muito mau de vida.": incorreto. A forma correta é "mal", que, no contexto da frase, comporta-se como um advérbio de modo, em oposição a "bem".

( ) "Você precisa corrigir esse mal hábito.": incorreto. A forma correta é "mau", que é um adjetivo, determinante do substantivo "hábito" e se opõe a "bom".

( ) "Não fique perto dele: é um homem mau.": correto. O adjetivo "mau" é determinante do substantivo "homem" e opõe-se a "bom".

Questão 2:

Gabarito: a

a) Aonde – Onde – Onde
b) Onde – Aonde – Onde
a) Onde – Aonde – Aonde
b) Aonde – Onde – Aonde

Comentários:

I) "Aonde você vai?": primeiramente, vamos olhar para o verbo, no caso, "ir"; sabemos que o verbo em questão exige preposição "a" para completar-lhe o sentido ("você vai a algum lugar"); dessa forma, temos que "a" + "onde" = "aonde".

II) "Onde você está?": o verbo "estar" exige preposição "em"; nesse caso, a preposição já virá embutida na tradução da palavra "onde"; dessa forma, "onde" = "em algum lugar"; portanto, "onde você está" = "você está em algum lugar".

III) "Onde você mora?": o verbo "morar" exige preposição "em"; nesse caso, a preposição já virá embutida na tradução da palavra "onde"; dessa forma, "onde" = "em algum lugar"; portanto, "onde você mora" = "você mora em algum lugar".

Questão 3:

Gabarito: b

a) 2 – 1 – 1 – 2
b) 2 – 2 – 1 – 1
c) 1 – 2 – 1 – 1
d) 2 – 2 – 2 – 1

Comentários:

( ) Você devia se divertir mas!": incorreto. A forma correta é "mais", que funciona como determinante do verbo "divertir" e, portanto, tem por função intensificar-lhe o sentido.

( ) "Quero dormir, mais não posso.": incorreto. A forma correta é "mas", que é uma conjunção coordenativa adversativa e introduz uma oposição ao que foi dito anteriormente; note que, se alguém diz "quero dormir", esperamos que a pessoa deite e durma; entretanto, quebramos a expectativa (poder dormir), uma vez que a pessoa não pode fazê-lo.

( ) "Coma mais! Você não comeu nada.": correto. O "mais" funciona como determinante do verbo "comer" e, portanto, é um advérbio, cuja função é a de "intensificador" do verbo em questão.

( ) "Você não fez boa prova, mas passou.": correto. De fato, a expectativa era de que a pessoa não tivesse passado, afinal, não fez boa prova; entretanto, a pessoa passou, fato que se opõe ao esperado (ficar reprovado).

Questão 4:

Gabarito: b

a) sessão – sessão – cessão – Seção
b) seção – sessão – sessão – Cessão
c) seção – sessão – secção – Cessão
d) cessão – secção – sessão – Sessão

Comentários:

I) "Você já visitou a seção de perfumaria?": o substantivo "seção" ou "secção" (de "seccionar") significa "cortar", "dividir", daí o significado de "divisão"; por isso, podemos falar na seção de perfumaria de uma loja de departamentos, por exemplo.

II) "A sessão com o terapeuta durou duas horas.": aqui o substantivo "sessão" designa uma "reunião de duas pessoas", como é o caso de uma terapia, caso ela seja individual.

III)"A sessão começa às 20h10min em ponto.": o substantivo "sessão" designa o intervalo de tempo durante o qual um grupo de pessoas se reúne; essa reunião independe de lugar e número de pessoas, inclusive, as pessoas reunidas não precisam, necessariamente, conhecer-se, como é o caso de uma sessão de cinema, em que, geralmente, só conhecemos quem está a nosso lado ou, no máximo, um grupo reduzido.

IV)"Cessão de livros só amanhã. A biblioteca já fechou.": o substantivo "cessão" é o "ato ou efeito de ceder", daí podermos falar em "cessão de livros" ou "cessão de bens em uma partilha", por exemplo.

Questão 5:

Gabarito: a

Comentários:

a) **"– Porque tenho um compromisso e já estou atrasado.": correto. A conjunção "porque", de valor explicativo ou causal, introduz a resposta à pergunta feita; no caso, a pergunta solicita uma explicação, da parte do interlocutor, sobre o motivo de estar saindo tão cedo de casa.**

b) "– Porquê tenho um compromisso e já estou atrasado.": incorreto. A frase é agramatical e sem sentido; temos aqui o substantivo "porquê", que, naturalmente, não pode responder à pergunta feita, uma vez que esta exige a conjunção "porque" para introduzir a resposta.

c) "– Por que tenho um compromisso e já estou atrasado.": incorreto. Temos aqui uma preposição "por" + um pronome "que", combinação apropriada para fazer perguntas, não para respondê-las.

d) "– Por quê tenho um compromisso e já estou atrasado.": incorreto. A frase é agramatical e sem sentido, pois o "por quê" não é uma conjunção e só pode aparecer em final de frase.

Questão 6:

Gabarito: a

a) Falso
b) Verdadeiro

Comentários:

O período: "Você não virá? Por quê?" está correto; para entendermos o porquê do uso do pronome "que" acentuado, vejamos um outro exemplo: os vocábulos "sem" e "cem", sendo o primeiro átono e o segundo, tônico; vamos observar que podemos elaborar uma frase que termine com "cem", mas não podemos fazê-lo com a preposição "sem"; devemos notar que "Os trabalhadores são em número de cem." é uma frase perfeitamente viável na língua portuguesa; o mesmo não ocorre com "sem", pois, mesmo que façamos uma frase como "João está de camisa e Pedro está sem.", há um substantivo (camisa) subentendido depois de "sem"; então, na verdade, a frase não termina em "sem", mas em "camisa".

Isso se dá porque a língua portuguesa não aceita que terminemos uma frase com monossílabo átono, mas tão somente com tônico; assim, caso desejemos encerrar uma frase com um monossílabo, temos de acentuar o pronome "que" para torná-lo tônico; a função do acento gráfico, portanto, é a de tornar o pronome "que" um monossílabo tônico para poder terminar a frase.

Questão 7:

Gabarito: c

a) Há – a – A
b) A – há – Há
c) Há – a – Há
d) Há – há – Há

Comentários:

I) "Há anos que não nos falamos.": o verbo "haver" é impessoal e indica tempo decorrido, passado, e, como tal, opõe-se à preposição "a", que indica tempo que ainda virá, futuro.

II) "Não posso falar agora, daqui a pouco eu ligo.": aqui temos a preposição "a" a indicar-nos tempo futuro; no contexto da frase, trata-se de um futuro próximo.

III) "Parece que foi ontem, não? Há quanto tempo estamos casados?": aqui o verbo "haver" é impessoal e indica tempo decorrido, passado, e, como tal, opõe-se à preposição "a", que indica tempo que ainda virá, futuro.

Questão 8:

Gabarito: c

a) acerca de – Acerca de – há cerca de
b) acerca de – Há cerca de – acerca de
c) há cerca de – Acerca de – há cerca de
d) há cerca de – Há cerca de – acerca de

Comentários:

I) "Viemos a esta cidade há cerca de dois anos.": a expressão "há cerca de" significa um período mais ou menos determinado de tempo já transcorrido ou uma distância.

II) "Acerca de novas regras, nada mais temos a dizer.": "acerca de" é uma locução, utilizada com o mesmo sentido de "a respeito de" ou "sobre".

III) "Existe um local adequado há cerca de alguns quilômetros.": a expressão "há cerca de" significa um período mais ou menos determinado de tempo já transcorrido ou uma distância.

Questão 9:

Gabarito: d

a) 1 – 2 – 2 – 2
b) 2 – 2 – 1 – 1
c) 1 – 2 – 1 – 1
d) 2 – 1 – 2 – 2

Comentários:

( ) "Falar de mais nem sempre é bom.": incorreto. A construção correta seria "falar demais", já que o verbo "falar" necessita, no caso, de um advérbio de intensidade, com o mesmo sentido de "muito".

( ) "Os demais candidatos não puderam comparecer.": correto. O substantivo "candidatos", no caso, só pode ser modificado por um pronome indefinido com o mesmo sentido de "outros".

( ) "Este contrato é demais valor para nós que todos os outros juntos": incorreto. A construção correta seria "de mais valor", já que o substantivo "valor", no caso, só pode ser modificado por uma expressão de valor adjetivo, que se opõe a "de menos".

( ) "Comunicaremos aos de mais interessados o adiamento da reunião.": incorreto. A construção correta seria "demais interessados", já que o adjetivo substantivado "interessados", no caso, só pode ser modificado por um pronome indefinido com o mesmo sentido de "outros".

Questão 10:

Gabarito: b

a) na medida em que – À medida que – À medida que
b) à medida que – À medida que – Na medida em que
c) à medida que – Na medida em que – À medida que
d) na medida em que – Na medida em que – À medida que

Comentários:

I) "Ficávamos mais cansados à medida que o trabalho aumentava.": "à medida que" indica desenvolvimento gradativo e tem o mesmo valor de "à proporção que".

II) "À medida que o tempo passava, as esperanças iam-se desvanecendo.": "à medida que" indica desenvolvimento gradativo e tem o mesmo valor de "à proporção que".

III)"Na medida em que tínhamos tempo, conseguimos escrever o projeto no prazo.": "na medida em que" indica relação de causa e tem o mesmo valor de "porque", "visto que".

Gabaritos e comentários
Autoavaliações

Módulo 3 – Processamento da escrita

Função da escrita

Questão 1:

Gabarito: d

a) expressa as reais intenções de seu autor.
b) é corretamente compreendido por seu leitor.
c) vai além de sua intenção comunicativa original.
d) é capaz de alterar o comportamento de seu leitor.

Comentários:

Para os retóricos, escrevemos bem se nos expressamos com eficácia e expressamo-nos com eficácia se conseguimos que nosso interlocutor não apenas identifique nossas intenções comunicativas mas também altere seu comportamento em função dessa compreensão – efeito-leitor.

Questão 2:

Gabarito: c

a) ser rápido e conciso.
b) ser inovador e criativo.
c) ser persuasivo e cativante.
d) ser inteligente e complexo.

Comentários:

Se nos preocupamos com a capacidade de compreensão de nosso interlocutor, nosso esforço deve-se voltar para a produção de textos legíveis e transparentes. Já a preocupação com o efeito-leitor nos levará a produzir textos atraentes e interessantes.

Dessas duas preocupações, emergem mais duas metas: ser persuasivo e ser cativante. Assim, quando não alcançamos qualquer uma dessas metas, afetamos o texto. Na verdade, prejudicamos sua legibilidade.

Questão 3:

Gabarito: a

a) persuadir é mais do que convencer alguém.
b) convencer é mostrar que há apenas uma verdade.
c) convencer é ser capaz de fazer alguém mudar de opinião.
d) persuadir é fazer alguém chegar à compreensão de seu ponto de vista.

Comentários:

Convencer e persuadir são diferentes, pois podemos ser convincentes, sem sermos persuasivos, mas, para sermos persuasivos, necessariamente, seremos convincentes.

Estratégias de escrita

Questão 4:

Gabarito: b

a) falar várias línguas.
b) ser bastante heterogêneo.
c) conhecer todos os assuntos.
d) possuir habilidade diferenciada de interpretação.

Comentários:

Quando escrevemos um livro, por exemplo, sabemos que nosso público-leitor poderá ser bem heterogêneo. Sob essa ótica, podemos dizer que nosso leitor é um "leitor universal".

Questão 5:

Gabarito: c

a) consultar fontes específicas.
b) interagir com outros especialistas.
c) buscar escrever sobre temas novos.
d) conhecer, previamente, o perfil de nosso interlocutor.

Comentários:

Para elaborarmos eficientemente nosso texto, podemos contar com três procedimentos:

- interagir com outros especialistas, ou seja, trocar informações e experiências com os que já se envolveram com questões semelhantes;

- consultar fontes específicas e fundamentar, teoricamente, nosso texto em busca de reforço para nossa argumentação ou
- conhecer, previamente, o perfil de nosso interlocutor, o que significa saber, exatamente, para que tipo de plateia estaremos escrevendo, contemplando grau de escolaridade, cultura, motivações, etc.

Questão 6:

Gabarito: c

a) alinhar os fatos segundo sua temporalidade.
b) destacar o ponto de maior interesse no texto.
c) **estabelecer entre os fatos relações de causa e efeito.**
d) enumerar questões que levem à solução de um problema.

Comentários:

No método lógico, objetivamos alinhar acontecimentos, estabelecendo entre eles vínculos lógicos de causa e consequência, por exemplo.

Questão 7:

Gabarito: d

a) despertando o interesse de nosso leitor.
b) focalizando, claramente, nossos objetivos.
c) repetindo as informações principais do texto.
d) **resgatando um ou mais pontos principais da exposição.**

Comentários:

Na conclusão, devemos retomar o objetivo principal de nosso texto, articulando-o a tudo que apresentamos ao longo de nossa exposição.

Assim, podemos elaborar a conclusão de diferentes maneiras:

- como um sumário conciso – consolidando as ideias apresentadas;
- com um apelo à aplicação – demonstrando a transformação das ideias apresentadas em ações;
- com uma ilustração rápida – reforçando, com exemplos, as considerações feitas;
- com o resgate de um ou mais pontos principais da exposição – enfatizando ideias ou objetivos principais da exposição ou
- com uma citação incisiva – reforçando nossas ideias com um argumento de autoridade.

Escritura

Questão 8:

Gabarito: a

a) a geração de ideias.
b) a busca de informações.
c) a definição dos objetivos do texto.
d) a verificação da aceitabilidade do leitor.

Comentários:

Na fase de escritura, começamos, realmente, a escrever e, baseando-nos nos objetivos que definimos, executamos as seguintes tarefas: geração de ideias e organização do texto.

Escritura de textos técnicos

Questão 9:

Gabarito: d

a) modifiquemos nossas ideias em função das expectativas de nossos leitores.
b) escrevamos apenas a leitores que possuem um ponto de vista semelhante ao nosso.
c) selecionemos, criteriosamente, palavras e termos que não vão chocar nossos leitores.
d) apresentemos conclusões parciais sobre as informações que estamos disponibilizando.

Comentários:

Para facilitar a compreensão de nossos leitores, convém que, conforme o texto vá sendo construído, apresentemos conclusões parciais sobre as informações que estamos disponibilizando.

Questão 10:

Gabarito: d

a) definir a função do texto.
b) organizar as informações.
c) submeter o texto à crítica.
d) desconsiderar o perfil do leitor.

Comentários:

Podemos considerar as seguintes etapas na escritura de um texto técnico:

- definir a função do texto;
- definir o perfil do leitor;
- definir e recortar a informação;
- organizar as informações;
- resumir as informações em sumário;
- submeter o sumário à crítica;
- definir o formato do texto;
- gerar o texto inicial;
- revisar o texto inicial;
- corrigir o texto inicial;
- submeter o texto à crítica;
- reescrever o texto;
- diagramar o texto;
- imprimir e rever a prova e
- fazer o índice e imprimir/disponibilizar o texto.

Apêndice gramatical III

Concordância verbal

Gabarito: a

a) Falso
b) Verdadeiro

Comentários:

A forma correta é "hão de existir"; devemos notar que o verbo principal é "existir" e, portanto, flexiona-se, normalmente, para concordar com o sujeito "ruínas" e "mosquitos"; entretanto, como se trata de uma locução verbal, o verbo auxiliar "haver" é que deverá flexionar-se.

Questão 2:

Gabarito: d

Comentários:

a) "Fizeram-se novas chaves.": correto. A estrutura equivale a "Novas chaves foram feitas."; nesse caso, o "se" é pronome apassivador, e o verbo concorda com o sujeito posposto.
b) "Consertaram-se as bicicletas.": correto. A estrutura equivale a "As bicicletas foram consertadas."; nesse caso, o "se" é pronome apassivador, e o verbo concorda com o sujeito posposto.

c) "Trocaram-se as demais mesas do bufê.": correto. A estrutura equivale a "As demais mesas do bufê foram trocadas."; nesse caso, o "se" é pronome apassivador, e o verbo concorda com o sujeito posposto.

d) **"Procederam-se aos cálculos mais urgentes.": incorreto. O "se" da frase original é índice de indeterminação do sujeito, e, portanto, o verbo irá para a 3ª pessoa do singular: "Procedeu-se aos cálculos mais urgentes.".**

Questão 3:

Gabarito: b

Comentários:

a) "Faltava um brinco e uma pulseira.": correto. O verbo anteposto concorda com o sujeito mais próximo.

b) **"Pintou-se mal os quadros da galeria.": incorreto. A estrutura equivale a "Os quadros da galeria foram malpintados."; nesse caso, o "se" é pronome apassivador, e o verbo concorda com o sujeito posposto.**

c) "Hoje faz dois meses que nos conhecemos.": correto. O verbo "fazer", quando indica tempo decorrido, é impessoal; trata-se, portanto, de uma oração sem sujeito, cuja marca gramatical é o verbo na 3ª pessoa do singular.

d) "Atendeu-se a todos os aposentados que estavam na fila.": correto. O "se" da frase é índice de indeterminação do sujeito e, portanto, o verbo irá para a 3ª pessoa do singular.

Questão 4:

Gabarito: d

Comentários:

a) "Deve haver livros na estante."/"Devem existir livros na estante.": correto. "Deve haver" é uma locução verbal, sendo "haver" o verbo principal no infinitivo. Como "haver" está no sentido de "existir", já sabemos que "haver" não vai ser flexionado, pois é impessoal; ocorre que, na locução verbal, somente o auxiliar se flexiona e, portanto, o verbo "haver" transfere sua impessoalidade para o auxiliar "dever", que vai, então, ficar na 3ª pessoa do singular. No caso de "devem existir", "livros" é o sujeito, pois, na locução verbal, "existir" é o verbo principal – lembremo-nos de que "existir" se flexiona normalmente – e vai, portanto, concordar com o sujeito. Ocorre que, como se trata de uma locução verbal e nesta somente o auxiliar se flexiona, quem irá se flexionar para concordar com o sujeito "livros" é o auxiliar "dever"; por isso, a forma "devem".

b) "Parece haver livros na estante." e "Parecem existir livros na estante.": correto, por raciocínio idêntico ao da alternativa "a".

c) "Há de haver livros na estante."/"Haverão de existir livros na estante.": correto, por raciocínio idêntico ao da alternativa "a".

d) "Haverão de haver livros na estante."/"Haveria de existir livros na estante.": incorreto. Por raciocínio idêntico ao da alternativa "a", teremos "Haverá de haver livros na estante." e "Haveriam de existir livros na estante.".

Questão 5:

Gabarito: c

Comentários:

a) "Restava menos de dois quilômetros.": incorreto. Com as expressões que indicam quantidade aproximada, como "mais de", "menos de", "perto de", "cerca de", o verbo concorda com o numeral que se segue a essas expressões. A construção correta seria: "Restavam menos de dois quilômetros.".

b) "Perto de 10 funcionários compareceu.": incorreto. Pela mesma justificativa utilizada na alternativa "a", a construção correta, portanto, seria: "Perto de 10 funcionários compareceram.".

c) **"Mais de uma pessoa assistiu à apresentação.": correto. Pela mesma justificativa utilizada na alternativa "a", a expressão "mais de" leva à concordância do verbo com a expressão numérica no singular.**

d) "Cerca de duas páginas foi traduzida incorretamente.": incorreto. Pela mesma justificativa utilizada na alternativa "a", a construção correta seria: "Cerca de duas páginas foram traduzidas incorretamente.".

Questão 6:

Gabarito: a

a) **Falso**
b) Verdadeiro

Comentários:

Na frase "Medo e receio nos machucam o coração.", devemos notar que "medo" e "receio" são palavras quase sinônimas; logo, temos um elemento, e não dois; por isso, o verbo deve ficar no singular: "Medo e receio nos machuca o coração.".

Questão 7:

Gabarito: d

Comentários:

a) "São meio-dia e meia.": incorreto. O verbo "ser" concorda com a expressão "meio-dia", que está no singular. A construção correta seria, portanto: "É meio-dia e meia.".

b) "Os culpados são nós.": incorreto. Com pronomes pessoais no sujeito ou no predicativo do sujeito, o verbo "ser" concorda sempre com eles. A construção correta seria, portanto: "Os culpados somos nós.".

c) "Os filhos era a alegria do pai.": incorreto. Se o sujeito do verbo "ser" designar uma pessoa, o verbo concordará com ele. A construção correta seria, portanto: "Os filhos eram a alegria do pai.".

d) "É uma hora e cinquenta e nove minutos.": correto. O verbo "ser" concorda com a palavra que designa a hora.

Questão 8:

Gabarito: d

a) 2 – 1 – 2 – 1
b) 1 – 2 – 2 – 2
c) 1 – 2 – 1 – 1
d) 2 – 2 – 2 – 1

Comentários:

( ) "Não se ouvia ruídos no porão.": incorreto. A construção equivale a "Ruídos não eram ouvidos no porão."; nesse caso, o "se" é pronome apassivador, e o verbo concorda com o sujeito posposto. A construção correta, portanto, seria: "Não se ouviam ruídos no porão.".

( ) "Se não me engano, fazem uns três meses que eu o vi.": incorreto. O verbo "fazer", quando indica tempo decorrido, é impessoal; trata-se, assim, de uma oração sem sujeito, cuja marca gramatical é o verbo na 3ª pessoa do singular. A construção correta, portanto, seria: "Se não me engano, faz uns três meses que eu o vi.".

( ) "Era penosa a obrigação que os mantinham debaixo do mesmo teto.": incorreto. O verbo concorda com o sujeito, portanto, se este está no singular, o verbo, obrigatoriamente, irá para o singular: "Era penosa a obrigação que os mantinha debaixo do mesmo teto.".

( ) "Durante o encontro de casais, falou o padre, o sacristão e o coroinha.": correto. O verbo anteposto concorda com o sujeito mais próximo.

Questão 9:

Gabarito: a

Comentários:

a) **"Vinte por cento dos cargos será extinto.": incorreto. O verbo concorda, preferencialmente, com a expressão preposicionada: "Vinte por cento dos cargos serão extintos.".**

b) "Doze dias é suficiente para você trazer a encomenda.": correto. Nas expressões de preço, medida, peso e quantidade seguidas de "é muito", "é pouco", "é bastante", "é suficiente", o verbo "ser" fica no singular.

c) "Eram duas horas e cinquenta minutos quando acordei.": correto. Nas expressões que indicam horas, datas ou distâncias, o verbo "ser" concorda com essas expressões.

d) "No próximo dia 12, faz cinco anos que nos casamos.": correto. O verbo "fazer", quando indica tempo decorrido, é impessoal; trata-se, portanto, de uma oração sem sujeito, cuja marca gramatical é o verbo na 3ª pessoa do singular.

Questão 10:

Gabarito: b

a) Falso
b) Verdadeiro

Comentários:

Com a expressão "um dos que", geralmente, o verbo vai para o plural; entretanto, também pode ir para o singular; portanto, as duas construções estão corretas: "Ele é um dos que conhece o problema a fundo." e "Ele é um dos que conhecem o problema a fundo.".

Concordância nominal

Questão 1:

Gabarito: d

a) 1 – 2 – 2 – 2
b) 2 – 2 – 1 – 1
c) 1 – 2 – 1 – 1
d) 2 – 2 – 2 – 2

Comentários:

( ) "No quarto, havia discos bastantes preciosos.": incorreto. "Bastante" está funcionando como intensificador do adjetivo "preciosos"; nessa função de intensificador – modificador –, "bastante" é um advérbio, palavra morfologicamente invariável. A construção correta seria: "Os discos são bastante preciosos.".

( ) "Anexa àquela mala de viagem foram enviadas as obras.": incorreto. O adjetivo (termo determinante) concorda com o substantivo (termo determinado) a que se refere: "Anexas àquela mala de viagem foram enviadas as obras.".

( ) "O advogado classificou de ilegal as determinações do colega.": incorreto. O adjetivo (termo determinante) concorda com o substantivo (termo determinado) a que se refere. A construção correta seria: "O advogado classificou de ilegais as determinações do colega.".

( ) "Foi instituído, ontem de manhã, uma classe noturna só para zeladores.": incorreto. O adjetivo-particípio (termo determinante) concorda com o substantivo (termo determinado) a que se refere. A construção correta seria: "Foi instituída, ontem de manhã, uma classe noturna só para zeladores.".

Questão 2:

Gabarito: a

a) Falso
b) Verdadeiro

Comentários:

A frase "Vossa Excelência é muito interessante e bonita." não é incompatível com a norma culta, porque o pronome de tratamento obriga o verbo a flexionar-se na 3ª pessoa do singular; em relação aos adjetivos, apenas o segundo indica gênero, ou seja, "bonita" indica que "Vossa Excelência" é do sexo feminino.

Questão 3:

Gabarito: d

Comentários:

a) "Oh! Perdi teu óculos.": incorreto. A palavra "óculos" possui, implicitamente, ideia de plural. A construção correta seria: "Oh! Perdi teus óculos.".

b) "Agora há menas coisas para fazer.": incorreto. A forma "menas" não existe! A palavra "menos" é um advérbio e, portanto, morfologicamente invariável. A construção correta, portanto, seria: "Agora há menos coisas para fazer.".

c) "Nossa! Já é meio-dia e meio! Como estou atrasada!": incorreto. Devemos notar que o numeral adjetivo (termo determinante) concorda com o substantivo "hora", ao qual se refere. A construção correta seria: "Nossa! Já é meio-dia e meia! Como estou atrasada!".

d) "Procurem por quaisquer homens com uma tatuagem em forma de borboleta!": correto. O pronome adjetivo "qualquer" concorda com o substantivo a que se refere, no caso, "homens".

Questão 4:

Gabarito: b

Comentários:

a) "Quero esta blusa! Ela está muito barato.": incorreto. O adjetivo "barata" concorda com o substantivo "blusa". A construção correta, portanto, seria: "Quero esta blusa! Ela está muito barata.".

b) "Nós lhes rogamos que não as deixem sós.": correto. "Lhes" é igual a "a eles" ou "a elas"; "as" equivale a "as moças" ou "as mulheres", por exemplo, e "sós" é igual a "sozinhas", porque se refere ao pronome "as".

c) "Aquelas mulheres sempre serão bastantes inteligentes para você!": incorreto. A palavra "bastante" funciona como intensificador do adjetivo "inteligente"; portanto, é um advérbio e, como tal, morfologicamente invariável. A construção correta, portanto, seria: "Aquelas mulheres sempre serão bastante inteligentes para você!".

d) "Se ficarem pronto os pratos principais, não cancelaremos o jantar.": incorreto. O adjetivo "prontos" concorda com o substantivo "pratos". A construção correta, portanto, seria: "Se ficarem prontos os pratos principais, não cancelaremos o jantar.".

Questão 5:

Gabarito: c

Comentários:

a) "Vão anexas as notas fiscais de compra.": correto. O adjetivo "anexas" concorda com o substantivo "notas".

b) "Os documentos vão apensos ao processo.": correto. O adjetivo "apensos" concorda com o substantivo "documentos".

c) "Finalmente, doutor, (nós) ficamos quite com o senhor.": incorreto. O adjetivo "quites" concorda com o pronome substantivo "nós", que está implícito na frase. A construção correta, portanto, seria: "Finalmente, doutor, (nós) ficamos quites com o senhor.".

d) "Enviamos, em anexo, os panfletos que você pediu.": correto. A expressão "em anexo" é morfologicamente invariável.".

Questão 6:

Gabarito: b

a) Falso
b) Verdadeiro

Comentários:

A frase "Por prudência, estamos sempre alerta." está correta. A palavra "alerta" é um advérbio e, portanto, morfologicamente invariável.

Questão 7:

Gabarito: b

Comentários:

a) "Comprei duas blusas: a verde e amarela.": incorreto. A construção "a verde e amarela" dá a entender que se trata de uma única blusa com duas cores, quando, na verdade, fala-se de duas blusas. Desse modo, o artigo é necessário para demarcar essa diferença, e a construção correta, portanto, seria: "Comprei duas blusas: a verde e a amarela.".

b) "As gramáticas inglesa e espanhola são facílimas.": correto. Se a palavra determinada está no plural, os determinantes ficam sem o artigo.

c) "Gostaria muito de aprender o idioma francês e chinês.": incorreto. Se a palavra determinada está no singular, o artigo é obrigatório a partir do segundo determinante. A construção correta, portanto, seria: "Gostaria muito de aprender o idioma francês e o chinês.".

d) "A língua alemã é mais difícil que as línguas portuguesa e a russa.": incorreto. Se a palavra determinada está no plural, os determinantes ficam sem artigo. A construção correta, portanto, seria: "A língua alemã é mais difícil que as línguas portuguesa e russa.".

Questão 8:

Gabarito: d

Comentários:

a) "Comida italiana é muito boa.": incorreto. As expressões "é bom", "é necessário", "é proibido", além de tantas outras formadas com o verbo "ser" mais um adjetivo, são invariáveis. A construção correta, portanto, seria: "Comida italiana é muito bom.".

b) "Até agora, é bom os resultados.": incorreto. Quando o sujeito das expressões do tipo "é bom", "é necessário", "é proibido" vem precedido de artigo ou palavra equivalente, a concordância dessas expressões com o sujeito é obrigatória. A construção correta, portanto, seria: "Até agora, são bons os resultados.".

c) "É proibida comida e bebida neste local.": incorreto, pela mesma razão já exposta na alternativa "a". A construção correta, portanto, seria: "É proibido comida e bebida neste local.".

d) "Era permitida a entrada de qualquer pessoa naquela área.": correto, pela mesma razão já exposta na alternativa "b".

Questão 9:

Gabarito: b

Comentários:

a) "Os filhos são tais qual o pai.": correto. Na expressão "tal que", "tal" concorda com o temo anterior e "qual", com o posterior.

b) "As regras eram tal qual a previsão": incorreto, pelas mesmas razões já apontadas na alternativa "a". A construção correta, portanto, seria: "As regras eram tais qual a previsão.".

c) "Um grupo social é tal quais as leis que imperam na sociedade.": correto, pelas mesmas razões já apontadas na alternativa "a".

d) "As expectativas das pessoas são tais quais as promessas que lhes são oferecidas.": correto, pelas mesmas razões já apontadas na alternativa "a".

Questão 10

Gabarito: c

Comentários:

a) "A empresa necessita de respostas as mais precisas possível.": incorreto. A palavra "possível", em expressões superlativas como "o mais", "o
menos", "o melhor", "o pior", fica no plural quando o artigo que compõe essas expressões estiver no plural. A construção correta, portanto,
seria: "A empresa necessita de respostas as mais precisas possíveis.".

b) "Espero encontrar pessoas o mais possíveis comprometidas.": incorreto. A palavra "possível", em expressões superlativas como "o mais",
"o menos", "o melhor", "o pior", fica no singular, afastada ou não
dessas expressões. A construção correta, portanto, seria: "Espero encontrar pessoas o mais possível comprometidas.".

c) **"As dúvidas não poderiam deixar de ser as mais variadas possíveis.": correto, pelas mesmas razões já expostas na alternativa "a".**

d) "Precisamos encontrar, com urgência, locais o menos caros possíveis.": incorreto, pelas mesmas razões expostas na alternativa "b".
A construção correta, portanto, seria: "Precisamos encontrar, com
urgência, locais o menos caros possível.".

Módulo 4 – Textualidade

Falhas na comunicação

Questão 1:

Gabarito: c

a) Nenhum dos atletas entrevistados quis falar sobre o caso de doping, já confirmado pelo dirigente da delegação.
b) A avaliação do governo a respeito das metas a atingir é pessimista e demonstra que o governo não está preparado para o desafio.
c) **Perguntado sobre sua carreira, o cantor afirmou que, desde os 12 anos de idade, vem se apresentando em várias cidades do Brasil.**
d) Segundo a assessoria do ator, o que causou o cancelamento da apresentação da peça neste sábado foi a impossibilidade de o ator trabalhar após a embriaguez do dia anterior.

Comentários:

No trecho, a informação que, efetivamente, buscava-se foi encoberta por uma outra, que ocultou seu verdadeiro sentido. Assim, a relevância da informação não foi respeitada, e o sentido do texto foi desviado para uma outra informação, que não respondia à pergunta feita.

Questão 2:

Gabarito: c

a) Em seus olhos marejados, pude ver a dor da saudade.
b) Ele ensinou a todos com quantos paus se faz uma canoa.
c) **Sabíamos que a moça não era, exatamente, uma miss Brasil.**
d) O cheiro da chuva não permitia que ninguém se concentrasse, todos voltavam ao passado que tinham vivido naquele lugar.

Comentários:

No trecho, a sinceridade foi encoberta por uma outra forma de expressar a opinião do emissor, gerando, em consequência, uma fala irônica.

Coerência textual

Questão 3:

Gabarito: a

a) **a falta de lógica.**
b) um texto irônico.
c) a perda da clareza.
d) um texto sem coesão.

Comentários:

Seja qual for a causa, o efeito da incoerência é, para o leitor, a falta de lógica do texto.
Essa falta de lógica se caracteriza:

- quando não temos nossa expectativa preenchida ou respeitada;
- quando uma informação contraria o conhecimento geral ou

- quando os elementos do texto são combinados de forma a nos causar estranhamento.

Questão 4:

Gabarito: c

a) clareza.
b) coesão.
c) **coerência.**
d) sinceridade.

Comentários:

Informações novas ou desconhecidas podem inviabilizar o entendimento do texto, tornando-o incoerente. Se o texto apresentar informações que não conhecemos, não será possível gerar sentidos para ele, e ele nos parecerá incoerente.

Questão 5:

Gabarito: d

a) menção a falas conhecidas de autores conhecidos.
b) utilização de textos literários para compor o sentido do texto.
c) fornecimento de informações sobre textos da área de conhecimento em questão.
d) **inserção de diferentes textos no texto em construção, que com ele dialogam**.

Comentários:

A intertextualidade consiste na inserção de textos ou referências textuais no texto que se está construindo. Essas inserções estabelecem um diálogo entre os textos – os que estão sendo inseridos e o que está sendo construído – e ocorrem explícita ou implicitamente. O conhecimento ou reconhecimento do texto com o qual se estabelece o diálogo concorre para a coerência do texto em construção.

Questão 6:

Gabarito: b

a) É uma forma de se obter a coerência do texto.
b) **É a forma como nos expressamos em um texto, para atingir nossos objetivos de comunicação.**
c) Trata-se daquilo que se quer comunicar, ainda que não se tenha definido completamente como.
d) É o nível de sinceridade que se coloca em um texto, de modo a deixar clara a intenção de quem o escreveu.

Comentários:

Ao produzirmos um texto, temos o objetivo de nos comunicarmos com nossos interlocutores. A maneira como utilizamos o texto para atingir esse objetivo é a intencionalidade.

Coesão textual

Questão 7:

Gabarito: a
a) conexão.
b) inferência.
c) justaposição.
d) marcação textual.

Comentários:

A coesão pode ser estabelecida por diversos mecanismos, como remissão, inferência, marcação textual, justaposição, conexão. A conexão é obtida a partir da utilização de conectores gramaticais.

No texto do enunciado, temos marcados os conectores de tempo e proporcionalidade.

Cuidados na escritura de textos técnicos

Questão 8:

Gabarito: d

a) cortesia.
b) precisão.
c) objetividade.
d) impessoalização.

Comentários:

No texto técnico, não existe um leitor especial ao qual o texto é dirigido. Qualquer pessoa pode ser leitor desse tipo de texto, ou seja, ele é impessoal. Para isso, concorrem estratégias de construção textual específicas, que buscam o distanciamento entre texto e leitor.

Questão 9:

Gabarito: c

a) utilizar neologismos, para adaptar o texto à realidade da empresa.
b) utilizar as palavras estrangeiras com sentidos adaptados ao jargão corporativo.
c) **utilizar as palavras em seu sentido primeiro, sem alargar suas fronteiras de significação.**
d) utilizar as palavras em sentido figurado, permitindo uma compreensão mais ampla de seus significados.

Comentários:

A denotação é a utilização da palavra em seu grau zero, ou seja, em seu sentido primeiro, sem a possibilidade de que se gerem novos sentidos no contexto em que é utilizada.

No texto técnico, a denotação deve ser preservada a todo custo, para manter o texto neutro, livre da expressão de opiniões.

Questão 10:

Gabarito: b

a) as ideias devem ser enumeradas em sequência de acontecimento.
b) **cada informação deve ser escrita em um parágrafo, priorizando informações de caráter permanente.**

c) quanto mais informações, melhor, pois o texto deve refletir a realidade do que está sendo relatado.

d) deve-se utilizar um número reduzido de parágrafos, buscando concentrar o máximo de informações por parágrafo.

Comentários:

No texto técnico, cada parágrafo deve conter uma única informação, de modo a facilitar a leitura e o entendimento. O parágrafo deve-se iniciar com uma frase que antecipe o que será dito ali, e as informações devem ser ordenadas dando-se prioridade às de caráter permanente e relevante.

Apêndice gramatical IV

Regência verbal

Questão 1:

Gabarito: a

a) 1 – 1 – 2 – 2
b) 2 – 2 – 1 – 1
c) 1 – 2 – 1 – 1
d) 2 – 2 – 2 – 2

Comentários:

( ) "Pare de implicar comigo!": correto. O verbo "implicar", quando significa "ser implicante", é transitivo indireto e, portanto, exige uma preposição, no caso, "com", para completar-lhe o sentido.

( ) "Aspirei o ar perfumado das montanhas.": correto. O verbo "aspirar", quando significa "sorver o ar", é transitivo direto e, portanto, não exige preposição para completar-lhe o sentido.

( ) "O deputado aspira a presidência do partido.": incorreto. O verbo "aspirar", quando significa "pretender", "almejar", é transitivo indireto e, portanto, exige uma preposição, no caso, "a", para completar-lhe o sentido. Essa preposição vai fundir-se ao artigo (determinante do substantivo "presidência"). A construção correta, portanto, seria: "O deputado aspira à presidência do partido.".

( ) "A atitude dele implicará em pesados encargos.": incorreto. O verbo "implicar", quando significa "acarretar", é transitivo direto e, portanto, não exige preposição para completar-lhe o sentido. A construção correta, portanto, seria: "A atitude dele implicará pesados encargos.".

Questão 2:

Gabarito: d

a) a – a – a – à
b) à – a – a – à
c) a – à – à – a
d) a – à – a – à

Comentários:

I) "Paguei a consulta à médica.": o verbo "pagar", quando se refere ao que se paga (= objeto, coisa), é transitivo direto e, portanto, não exige preposição para completar-lhe o sentido; em relação a quem se paga (= pessoa), é transitivo indireto e, portanto, exige uma preposição, no caso, "a", para completar-lhe o sentido. Essa preposição vai fundir-se ao artigo (determinante do substantivo "médica") e, dessa forma, temos que: "paguei a consulta" (o "a" determinante de consulta é um artigo) + "paguei a" + "a médica" = "paguei à médica", ou seja, "paguei a consulta à médica".

II) "O juiz perdoou a afronta à ré.": o verbo "perdoar", quando se refere ao que se perdoa (= objeto, coisa), é transitivo direto e, portanto, não exige preposição para completar-lhe o sentido; em relação a quem se perdoa (= pessoa), é transitivo indireto e, portanto, exige uma preposição, no caso, "a", para completar-lhe o sentido. Essa preposição vai fundir-se ao artigo (determinante do substantivo "ré") e, dessa forma, temos que: "perdoou a afronta" (o "a" determinante de "afronta" é um artigo) + "perdoou a" + "a ré" = "perdoou à ré", ou seja, "perdoou a afronta à ré".

Questão 3:

Gabarito: a

a) o – o – ao
b) ao – o – o
c) o – ao – ao
d) ao – ao – o

Comentários:

I) "Decidido, visou o pássaro.": o verbo "visar", quando significa "mirar ou dar o visto", é transitivo direto e, portanto, não exige preposição para completar-lhe o sentido. Dessa forma, temos: "visou (= mirou) o pássaro" e "visou (= deu o visto) o passaporte".

II) "O funcionário visou o passaporte.": a justificativa é a mesma que a utilizada no item "I".

III) "Ela visa ao melhor cargo da empresa.": o verbo "visar", quando significa "pretender", "almejar", é transitivo indireto e, portanto, exige uma preposição, no caso, "a", para completar-lhe o sentido. Essa preposição vai fundir-se ao artigo (determinante do substantivo "cargo"); dessa forma, temos que: "visa a" + "o melhor cargo" = "visa ao melhor cargo".

Atenção! O fato de um verbo significar outro não quer dizer que ambos tenham a mesma regência; observe: "visou o passaporte", mas "deu o visto no passaporte".

Questão 4:

Gabarito: a

a) Falso
b) Verdadeiro

Comentários:

Na verdade, a frase em questão – "Ontem assisti um filme ótimo na televisão." – é compatível com o registro informal da língua. O verbo "assistir", quando significa "ver", "presenciar", é transitivo indireto e, portanto, exige uma preposição, no caso, "a", para completar-lhe o sentido.

Dessa forma, temos que: "assisti a" + "um filme" = "assisti a um filme".

Atenção! O fato de um verbo significar outro não quer dizer que ambos tenham a mesma regência; observe: "assisti a um filme", mas "vi um filme" e "presenciei uma cena".

Questão 5:

Gabarito: d

Comentários:

a) "fiz" + "as" = "fi-las": correto. Quando a forma verbal termina em "-r", "-s" ou "-z" –, o que é o caso de "fiz" e "entender" –, os pronomes ganham um "-l" inicial. Dessa forma, estão corretas as formas "fi-las" e "entendê-los".

b) "põe" + "as" = "põe-nas": correto. Quando a forma verbal termina em "-ão", "-õe", "-am" e "-em" –, o que ocorre com "põe" –, a forma pronominal ganha um "-n" inicial. Desse modo, a construção "põe-nas" também está correta.

c) "entender" + "os" = "entendê-los": correto, pela mesma justificativa apontada na alternativa "a".

d) "comprou" + "os" = "comprou-nos": incorreto. Visto que a forma verbal não termina em "-ão", "-õe", "-am" e "-em", a construção com o pronome átono "os" de 3ª pessoa do plural deveria ser "comprou-os". No caso, a forma "comprou-nos" mostra a junção do verbo com o pronome átono de 1ª pessoa do plural.

Questão 6:

Gabarito: b

a) a – o – o – os
b) a – o – ao – os
c) da –ao – o – dos
d) da – ao – ao – dos

Comentários:

I) "Lembrei a cena da novela!"/"Esqueci os problemas que me perseguiam.": os verbos "lembrar" e "esquecer" são, ambos, transitivos diretos e, portanto, não exigem preposição para completar-lhes o sentido. Dessa forma, temos: "lembrei a cena" e "esqueci os problemas"; entretanto, se ambos forem pronominais, comportar-se-ão como transitivos indiretos. Desse modo, temos: "lembrei-me da cena" e "esqueci-me dos problemas".

II) "O médico assistiu o doente.": o verbo "assistir", quando significa "dar assistência", é transitivo direto e, portanto, não exige uma preposição, no caso, "a", para completar-lhe o sentido. Dessa forma, temos: "assistiu" + "o doente" = "assistiu o doente".

III) "O delegado procedeu ao inquérito.": o verbo "proceder", quando significa "dar início", é transitivo indirecto e, portanto, exige uma preposição, no caso, "a", para completar-lhe o sentido. Dessa forma, temos que: "procedeu a" + "o inquérito" = "procedeu ao inquérito".

IV) "Esqueci os problemas que me perseguiam.": conferir o comentário "I".

Questão 7:

Gabarito: a

Comentários:

a) **"Ao rapaz Pedro observava atentamente.": a preposição existe para evitar ambiguidade na construção em virtude da inversão dos termos da oração – "Pedro observava atentamente o rapaz.". É preciso notar que o verbo "observar" é transitivo direto.**

b) "Ao trabalho todos costumavam chegar cedo.": a preposição "a" introduz complemento por exigência do verbo "chegar".

c) "As pessoas visavam aos melhores resultados.": a preposição "a" introduz complemento por exigência do verbo "visar" no sentido de "almejar".

d) "Preferíamos o excesso de trabalho aos períodos sem nada para fazer.": a preposição "a" introduz complemento por exigência do verbo "preferir" – "alguém prefere uma coisa a outra".

Questão 8:

Gabarito: a

a) **Falso**
b) Verdadeiro

Comentários:

Ambas as frases – "Prefiro vinho a cerveja." e "Prefiro o vinho à cerveja." – são compatíveis com a norma culta. Vejamos, primeiro, a regência do verbo "preferir": esse verbo é transitivo direto e indireto; direto para a coisa preferida e indireto para a coisa preterida (a que não escolhemos); portanto, temos: "Prefiro vinho a cerveja.", sendo "vinho" a coisa preferida e "cerveja" a coisa preterida (o "a" antes de "cerveja" é a preposição exigida pelo verbo "preferir").

No caso da segunda frase, temos o acréscimo do artigo definido antes da palavra "vinho". Ao acrescentarmos o artigo antes de "vinho", o paralelismo sintático exigirá que façamos o mesmo antes de "cerveja". Assim, como antes de "cerveja" temos a preposição "a", ela fundir-se-á com o artigo definido, o que resultará no fenômeno da crase, representado na escrita pelo acento grave. Dessa forma, temos: "Prefiro o vinho" + "a" (preposição)" + "a (artigo) cerveja" = "Prefiro o vinho à cerveja.".

Questão 9:

Gabarito: b

a) -a, -lhes, o, o
b) -a, -lhes, lhe, o
c) a ela, -lhes, o, lhe
d) a ela, -lhes, lhe, lhe

Comentários:

I) "Você pagou a dívida? Sim, paguei-a.": o verbo "pagar", no exemplo, pede complemento de coisa a ser paga – "a dívida" –, não preposicionado, que, dessa forma, pode ser substituído pelo pronome átono "a".

II) "Isto pertence a seus pais? Sim, pertence-lhes.": o verbo "pertencer" pede complemento de pessoa regido de preposição obrigatória – "a seus pais" –, que pode ser substituído pelo pronome átono "lhes" ou pelo pronome tônico "a eles".

III) "Você pagou ao cobrador? Não, ainda não lhe paguei.": o verbo "pagar", no exemplo, pede complemento de pessoa a ser paga – "o cobrador" –, regido de preposição obrigatória, que deve ser substituído pelo pronome átono "lhe" ou pelo pronome tônico "a ele".

IV) "Você ama este rapaz? Não tenho certeza de que o ame.": o verbo "amar" é transitivo direto, exigindo, portanto, complemento regido sem preposição obrigatória, no caso, o pronome "o".

Questão 10:

Gabarito: d

a) de cuja obra – cuja obra – cuja obra – cuja obra
b) cuja obra – de cuja obra – cuja obra – a cuja obra
c) cuja obra – em cuja obra – por cuja obra – cuja obra
d) de cuja obra – em cuja obra – por cuja obra – a cuja obra

Comentários:

I) "Falamos sobre o autor de cuja obra gosto.": o verbo "gostar" exige complemento regido de preposição "de" obrigatória. Temos, no período exemplificado, duas orações: "Falamos sobre o autor." + "Gosto da (de + a) obra do autor.". Dessa forma, se, quando construímos a oração "Gosto da obra do autor.", utilizamos a preposição "de", devemos mantê-la quando da utilização do pronome relativo para evitar a repetição do termo "o autor" na segunda oração: "Falamos sobre o autor de cuja obra gosto.". É preciso ainda atentar para o fato de que a concordância em gênero e número é expressa pelo pronome relativo "cuja", permanecendo a preposição "de" invariável.

II) "Falamos sobre o autor em cuja obra acredito.": o verbo "acreditar" exige complemento regido de preposição "em" obrigatória. Temos, no período exemplificado, duas orações: "Falamos sobre o autor." + "Acredito na (em + a) obra do autor.". Dessa forma, se, quando construímos a oração "Acredito na obra do autor", utilizamos a preposição "em", devemos mantê-la quando da utilização do pronome relativo para evitar a repetição do termo "o autor" na segunda oração: "Falamos sobre o autor em cuja obra acredito.". É preciso, ainda, atentar para o fato de que a concordância em gênero e número é expressa pelo pronome relativo "cuja", permanecendo a preposição "em" invariável.

III) "Falamos sobre o autor por cuja obra procuro.": o verbo "procurar" pode ser construído ou não com complemento regido de preposição "por" obrigatória. No primeiro caso, teríamos complementos regidos pela preposição "por", no segundo, a mesma construção do verbo "conhecer" – transitivo direto. Temos, no período exemplificado, duas orações: "Falamos sobre o autor." + "Procuro pela (ou simplesmente a) obra do autor.". Dessa forma, se, quando construímos a oração "Procuro pela obra do autor.", utilizamos a preposição "por", devemos mantê-la quando da utilização do pronome relativo para evitar a repetição do termo "o autor" na segunda oração: "Falamos sobre o autor por cuja obra procuro.". É preciso ainda atentar para o fato de que a concordância em gênero e número é expressa pelo pronome relativo "cuja", permanecendo a preposição "por" invariável. Se, contudo, optássemos pela segunda construção, não teríamos um complemento preposicionado: "Falamos sobre o autor cuja obra procuro.". As duas construções estão corretas.

IV) "Falamos sobre o autor a cuja obra me refiro.": o verbo "referir-se" – pronominal – exige complemento regido de preposição "a" obrigatória. Temos, no período exemplificado, duas orações: "Falamos sobre o autor." + "Refiro-me à (a + a) obra do autor.". Dessa forma, se, quando construímos a oração "Refiro-me à obra do autor.", utilizamos a preposição "a", devemos mantê-la quando da utilização do pronome relativo para evitar a repetição do termo "o autor" na segunda oração: "Falamos sobre o autor a cuja obra me refiro.". É preciso, ainda, atentar para o fato de que a concordância em gênero e número é expressa pelo pronome relativo "cuja", permanecendo a preposição "a" invariável, isto é, sem a contração com o artigo feminino "a", que geraria o fenômeno da crase.

Regência nominal

Questão 1:

Gabarito: a

a) aos – de – ao – ao
b) a – a – para o – ao
c) com – da – para o – a
d) com os – da – ao – ao

Comentários:

I) "Ser fiel aos amigos é uma arte.": o adjetivo "fiel", na frase em questão, comporta-se de modo transitivo e exige uma preposição, no caso, "a", para completar-lhe o sentido. Dessa forma, temos "fiel a" + "os amigos" = "fiel aos amigos".

II) "Você é indigno de minha amizade.": o adjetivo "indigno", na frase em questão, comporta-se de modo transitivo e exige uma preposição, no caso, "de", para completar-lhe o sentido. Dessa forma, temos "indigno de" + "minha amizade" = "indigno de minha amizade"; entretanto, não devemos nos esquecer de que o artigo definido é facultativo quando usado antes dos possessivos. Desse modo, também poderemos ter "indigno de" + "a minha amizade" = "indigno da minha amizade".

III) "O trabalho em excesso é prejudicial ao coração.": o adjetivo "prejudicial", na frase em questão, comporta-se de modo transitivo e exige uma preposição, no caso, "a", para completar-lhe o sentido. Dessa forma, temos "prejudicial a" + "o coração" = "prejudicial ao coração".

IV) "Os médicos dizem que o vinho é útil ao coração.": o adjetivo "útil", na frase em questão, comporta-se de modo transitivo e exige uma preposição, no caso, "a" ou "para", para completar-lhe o sentido. Dessa forma, temos "útil a/para" + "o coração" = "útil ao coração" ou "útil para o coração".

Questão 2:

Gabarito: b

Comentários:

a) "Os estagiários estão ansiosos de novos desafios.": correto. O adjetivo "ansioso" pode ser usado com complemento regido das preposições "de" e "por".

b) **"Aqui é certo que todos têm horror de mudanças.": incorreto. O substantivo "horror" exige complemento regido de preposição "a" obrigatória, e não "de". A construção correta, portanto, seria: "Aqui é certo que todos têm horror a mudanças.".**

c) "O substituto não tivera dúvidas acerca do que fazer.": correto. O substantivo "dúvida" pode ser usado com complemento regido das preposições "acerca de", "em" e "sobre".

d) "A devoção dele para com o trabalho era inquestionável.": correto. O substantivo "devoção" pode ser usado com complemento regido das preposições "a", "para com" e "por".

Questão 3:

Gabarito: c

a) a – à – à
b) de – à – a
c) a – na – da
d) de – da – da

Comentários:

No período "Alheia a todos os riscos, a seção estava segura na decisão que havia sido tomada e acreditava estar próxima da resolução dos conflitos.", temos que o adjetivo "alheia" demanda complemento regido de preposição "a"; o adjetivo "segura" exige complemento regido de preposição "em" ou "de", e o adjetivo "próxima" requer complementação regida de preposição "de" ou "a".

Questão 4:

Gabarito: b

Comentários:

a) "Não fazemos entregas a domicílio.": incorreto. A preposição "a" indica aproximação. Dessa forma, em "Não fazemos entregas a domicílio.", temos um erro de regência, pois as entregas não são realizadas em um local próximo à residência, mas na própria residência, o que demanda o uso da preposição "em". A construção correta, portanto, seria: "Não fazemos entregas em domicílio.".

b) **"Responderei a todas as dúvidas apresentadas.": correto. O verbo "responder" exige complemento regido, obrigatoriamente, da preposição "a".**

c) "O curso será oferecido a nível de pós-graduação.": incorreto. Também neste caso, a preposição "a" indica aproximação. Dessa forma, em "O curso será oferecido a nível de pós-graduação.", temos um erro de regência, pois o curso se enquadra "em" um nível específico, e não se aproxima dele. Desse modo, a construção correta seria: "O curso será oferecido em nível de pós-graduação.".

d) "Eles não residem mais à rua Jornalista Orlando Dantas.": incorreto. Neste caso, a preposição "a" indica aproximação. Dessa forma, em "Eles não residem mais à rua Jornalista Orlando Dantas.", temos um erro de regência, pois a residência não é próxima à rua Jornalista Orlando Dantas, mas nesse mesmo lugar. Desse modo, a construção correta seria: "Eles não residem mais na rua Jornalista Orlando Dantas.".

Questão 5:

Gabarito: a

a) **O respeito do diretor era grande.**

b) O respeito às leis é dever de todo cidadão.

c) No trabalho, o respeito para com os colegas é fundamental.

d) Encontraram no respeito por seus valores a solução de seus problemas.

Comentários:

Em "O respeito do diretor era grande.", o uso da preposição gera ambiguidade, pois a construção não deixa claro se o diretor é a pessoa que sente respeito (por algo ou alguém não expresso na frase) ou se ele é o objeto do respeito de uma terceira pessoa.

Questão 6:

Gabarito: d

a) A regência empregada é a única possível.

b) A regência correta seria, exclusivamente, "aversão por aquilo".

c) A regência correta seria, exclusivamente, "aversão para aquilo".

d) A regência está correta, e o adjetivo prevê, ainda, complementação com as preposições "por" ou "para".

Comentários:

Alguns nomes podem ser utilizados com complementos regidos de diferentes preposições. É o caso do substantivo "aversão", que prevê complementos regidos pelas preposições "a", "para" ou "por".

Questão 7:

Gabarito: b

a) Falso

b) Verdadeiro

Comentários:

O adjetivo "próximo" rege as preposições "de" ou "a" indiferentemente. Dessa forma, a frase "Nunca estivemos tão próximos do perigo." está correta bem como a construção "Nunca estivemos tão próximos ao perigo.".

Questão 8:

Gabarito: a

a) nesta
b) sobre esta
c) acerca desta
d) frente a esta

Comentários:

O adjetivo "seguro" pode ser utilizado com complementos regidos das preposições "de" ou "em".

Questão 9:

Gabarito: d

a) por – à
b) por – a
c) para – à
d) a – para a

Comentários:

O adjetivo "compreensível" exige complemento regido de preposição "a". Já o adjetivo "impróprio" pede complementação regida de preposição "para".

Questão 10

Gabarito: d

a) A regência correta seria, exclusivamente, "devoção a".
b) A regência correta seria, exclusivamente, "devoção por".
c) A regência correta seria, exclusivamente, "devoção para com".
d) A regência está correta, e o adjetivo prevê, ainda, complementação com as preposições "a" ou "por".

Comentários:

Alguns nomes podem ser utilizados com complementos regidos de diferentes preposições. É o caso do substantivo "devoção", que prevê complementos regidos pelas preposições "a", "para com" ou "por".

Gabaritos e comentários
Autoavaliações

Módulo 5 – Modelos de escrita

Escrita comercial

Questão 1:

Gabarito: d

a) constituir o livro de atas da empresa.
b) aprovar as decisões tomadas nas reuniões.
c) registrar o quórum das reuniões da empresa.
d) registrar a memória das reuniões ocorridas na empresa.

Comentário:

A ata é o registro fidedigno de tudo o que ocorre em uma reunião, incluindo o quórum, a data, a duração e todas as falas e ocorrências. Dessa forma, a ata é a memória das reuniões de uma empresa ou de um grupo que dela lançam mão.

Questão 2:

Gabarito: c

a) A circular tem sempre um caráter assertivo, de ordem expressa, enquanto o memorando veicula mensagens de aviso.

b) A circular é sempre enviada a diversos setores e pessoas, enquanto o memorando é sempre interno, dirigindo-se a uma pessoa especificamente.

c) A circular veicula orientações e esclarecimentos, ao passo que o memorando é utilizado para mensagens mais breves e menos formais, como pedidos e consultas.

d) A circular é documento oficial, escrita em papel timbrado, e o memorando, por sua vez, é documento extraoficial, que prescinde da identificação oficial da empresa por meio de timbres ou logos.

Comentários:

Tanto a circular quanto o memorando são documentos oficiais, dirigidos a diferentes e numerosos destinatários, de acordo com o assunto tratado. A diferença é que a circular, mais longa e mais formal, traz orientações, ordens e esclarecimentos, enquanto o memorando, menos formal, traz mensagens mais curtas, com o caráter de consulta ou solicitação.

Questão 3:

Gabarito: c

a) Tom formal e ameaçador; distanciamento; crença na má-fé do cliente.

b) Tom informal e casual; texto pré-formatado; crença na boa-fé do cliente.

c) Tom amistoso e cordial; texto personalizado; crença na boa-fé do cliente.

d) Tom imperioso e assertivo; texto personalizado; crença na má-fé do cliente.

Comentários:

O objetivo da carta de cobrança é convencer o inadimplente a quitar sua dívida. Dessa forma, é importante que, em um primeiro contato, mantenha-se o tom cordial e amistoso, demonstrando predisposição em ajudar, apresentando um texto personalizado, dirigido, especialmente, àquele cliente, e deixando claro que sua boa-fé não está sendo colocada em dúvida.

Questão 4:

Gabarito: b

a) persuasão.
b) objetividade.
c) pessoalidade.
d) assertividade.

Comentários:

A carta particular, a despeito do adjunto "particular", não deve ser confundida com carta pessoal no ambiente de trabalho. Sua finalidade é dar informações objetivas a respeito de alguém que se candidata a um cargo – seja por autoapresentação, seja por recomendação – ou que deseja se desligar do emprego.

Assim, a assertividade e a persuasão não têm espaço nesse tipo de texto, que deve ser, acima de tudo, sintético e objetivo.

Questão 5:

Gabarito: b

a) informar o cliente, buscando impressioná-lo.
b) informar o cliente, demonstrando cortesia e credibilidade.
c) convencer o cliente, a partir da descrição detalhada da missão e da visão da empresa.
d) impressionar o cliente, ao utilizar um tom cortês e demonstrar conhecimento das metas da empresa.

Comentários:

A carta comercial é o contato entre empresas, e entre empresas e clientes. Ela deve ser informativa, passando ao leitor credibilidade e alinhamento com as metas e características da empresa.

Questão 6:

Gabarito: a

a) evitar ser prolixo.
b) descrever, detalhadamente, o assunto.
c) esgotar o assunto em inúmeras mensagens.
d) manter todos os destinatários copiados, até que a questão se esgote.

Comentários:

O *e-mail* praticamente vem substituindo a comunicação direta nas empresas. Por isso mesmo, há uma tendência a escrever, indiscriminadamente, diversos *e-mails* para resolver situações. É importante lembrar que o *e-mail* não deve substituir reuniões e contatos pessoais, nos quais é apropriado discutir, detalhadamente, as situações.

Assim, no *e-mail*, não se deve ser prolixo. Deve-se buscar objetividade e atentar para o excesso de informações e detalhes, além de poupar das mensagens destinatários que já não estejam mais envolvidos com a situação em pauta.

Questão 7:

Gabarito: c

a) o uso de emoticons.
b) a utilização de saudação de despedida.
c) a utilização de caixa alta em toda a mensagem.
d) a utilização de vocativo no início da mensagem.

Comentários:

Na *web*, a caixa alta replica a fala em tom de voz alto, gritos. Assim, ao utilizar a caixa alta em frases inteiras ou mesmo em toda a mensagem, estamos adotando uma atitude rude, que equivale a gritar com nosso interlocutor.

Questão 8:

Gabarito: a

a) geral.
b) pública.
c) especial.
d) particular.

Comentários:

A procuração pode ser:

- especial – especifica os poderes do outorgado;
- particular – não necessita de registro em livro de notas;
- pública – registrada em cartório;
- geral – dá ao outorgado plenos poderes.

Questão 9:

Gabarito: b

a) O regimento é um documento interno que lida com direitos e deveres dentro da empresa; o regulamento é utilizado na realização de concursos.
b) **O regimento é um conjunto de regras que determina direitos e deveres; já o regulamento estabelece como as regras devem ser cumpridas.**
c) O regimento é um documento oficial, reconhecido pela empresa; o regulamento é informal e tem como objetivo esclarecer as regras veiculadas no regimento.
d) O regimento e o regulamento possuem a mesma finalidade: elencar regras de comportamento e fazer conhecer os direitos e deveres de todos os componentes de um grupo.

Comentários:

Embora comumente confundidos, regimento e regulamento possuem funções diferentes. O primeiro veicula uma série de informações sobre direitos e deveres dos componentes da empresa ou do grupo. Essas informações são gerais e se aplicam a todas as situações.

O regulamento, por sua vez, explicita a forma como determinadas regras devem ser cumpridas e pode ser adaptado a determinadas situações, não sendo, portanto, necessariamente, de caráter geral.

Escrita oficial

Questão 10:

Gabarito: b

a) nota de diplomata.
b) desligamento de função.
c) confirmação de resolução.
d) correspondência entre a alta chefia da empresa.

Comentários:

O desligamento de função é comunicado por meio da carta particular, especificamente com essa finalidade, de modo objetivo e sucinto.

A carta oficial é utilizada eminentemente para comunicação oficial:

- ratificação ou retificação de resoluções governamentais;
- notas de diplomatas e
- correspondência social da alta chefia da empresa.

Apêndice gramatical V

Pontuação

Gabarito: b

a) Falso
b) Verdadeiro

Comentários:

Podemos afirmar que há erro no emprego da pontuação. Na frase: "Membro da Câmara, estava em alta velocidade e não prestou socorro.", não cabe vírgula após "Câmara". É de se notar que "Membro da Câmara" é sujeito de "estava" e, como tal, não pode ser separado do verbo por meio de vírgula. A frase correta, portanto, é "Membro da Câmara estava em alta velocidade e não prestou socorro.".

Gabarito: d

Comentários:

a) "Prefiro chocolate e João, chá."/"Prefiro chá e João, chocolate.": nas duas frases, a vírgula é usada para marcar a elipse do verbo preferir.
b) "Tenho estudado muito, isto é, tenho tentado."/"Tenho estudado muito, ou melhor, tenho tentado.": as duas frases contêm expressões

retificadoras, que explicam o que foi dito anteriormente; tais expressões – "isto é" e "ou melhor" – vêm intercaladas na oração e, por esse motivo, são marcadas por vírgulas.

c) "Comprei chocolate, sorvete, bolo e queijo."/"O que mais gosto de comer é chocolate, sorvete, bolo e queijo.": as frases do último par mostram-nos um dos usos mais comuns da vírgula, que é pontuar os diversos elementos de uma enumeração; para finalizar a enumeração, usamos a conjunção "e".

d) **"Os pobres que trabalham dão maior valor ao dinheiro."/"Os pobres, que trabalham, dão maior valor ao dinheiro.": naturalmente, podemos supor que há uma diferença de sentido entre as frases "Os alunos agitados saíram da sala." e "Os alunos, agitados, saíram da sala.", devido à presença das vírgulas; em outras palavras, as vírgulas, na escrita, têm por função marcar a diferença de intenção comunicativa do sujeito que fala, do produtor do enunciado. Assim, temos que, em I, há vários alunos na sala, mas nem todos estão agitados; ou seja, sala de aula = alunos agitados + alunos que não estão agitados; a frase I mostra-nos que "somente os agitados" saíram da sala, enquanto os que não estavam agitados permaneceram. Desse modo, temos que sala de aula = alunos que não estão agitados e fora da sala de aula = alunos agitados. É de se notar que o campo "sala de aula" foi restringido, ou seja, antes havia, na sala, alunos agitados e não agitados; agora, a sala contém apenas estes, já que aqueles saíram. O mesmo não se dá com a frase II, pois aí as vírgulas têm a função de indicar que todos os alunos da sala estavam agitados e, provavelmente por esse motivo, saíram da sala, ou seja, temos o mesmo adjetivo, "agitados", mas com função explicativa. O mesmo ocorre com as frases desta opção: a primeira frase do par afirma que somente os que trabalham valorizam o dinheiro, ao passo que a segunda frase revela-nos que todos os pobres trabalham.**

Questão 3:

Gabarito: d

Comentários:

a) "Ele, com raiva, acariciou-me.": correto. A locução adverbial "com raiva" está deslocada de sua posição original na ordem direta, no caso, no final da frase ("Ele acariciou-me com raiva."); para marcar esse deslocamento, a expressão vem entre vírgulas.

b) "João, faça os deveres de casa!": correto. "João" é o vocativo da frase, ou seja, o interlocutor. O vocativo é uma função discursiva e vem marcado por um sinal de pontuação, que, na maioria das vezes, é a vírgula, porque se trata de um termo isolado – não é termo determinante nem determinado. Acrescente-se que, além do verbo no imperativo, a presença do ponto de exclamação ao final da sentença reforça a impressão que temos de que uma ordem está sendo dada a João.

c) "São Paulo, 26 de novembro de 2005.": correto. Devemos separar a localidade – "São Paulo" – da data – "26 de novembro de 2005" – por meio de vírgula. Temos aqui duas expressões adverbiais de valores diferentes, uma vez que a primeira indica lugar, e a segunda, tempo; tais expressões, quando conjugadas, devem vir separadas por uma vírgula.

d) "Antônio o seminarista, tem uma bela voz.": incorreto. O aposto explicativo, no caso, "o seminarista", deve vir isolado na sentença, ou seja, entre vírgulas, até porque se trata de uma expressão que está intercalada entre o sujeito "Antônio" e o verbo "tem". Como o sujeito não pode ser separado do verbo por meio de vírgula, qualquer expressão ou palavra que se interponha entre eles deverá vir mediada por vírgulas. A construção correta, portanto, seria: "Antônio, o seminarista, tem uma bela voz.". Outra construção possível consideraria "Antônio" como o interlocutor (vocativo), ou seja, pessoa gramatical diferente de "seminarista", o responsável por ter uma bela voz: "Antônio, o seminarista tem uma bela voz.".

Questão 4

Gabarito: b

Comentários:

a) "João disse: "Estou com fome.": na frase, os dois pontos indicam que uma fala será introduzida; esse é um uso que ocorre, tipicamente, no discurso direto, corroborado pelo uso das aspas ou do travessão para reproduzir a própria fala da personagem.

b) **"Acho bom você ir agora, senão...": temos aqui uma advertên-cia, um conselho ou uma ameaça – o que dependerá do contexto em que a frase estiver inserida – jogados ao vento, ou seja, à imagina-ção do leitor, conforme nos revela o uso das reticências, que tam-bém podem marcar a interrupção do pensamento do locutor para pensar melhor no que irá dizer, entre outros possíveis sentidos.**

c) "Preciso sair agora. Estou atrasada.": o ponto-final após "agora" está sendo usado no lugar da conjunção "pois" ou "porque", que denota explicação: "Preciso sair agora, pois (porque) estou atrasada.".

d) "Você passou?? Como!!?? Não estudou nada!": a concentração de pontos de interrogação ou exclamação e interrogação, em sequência, denota espanto e surpresa da parte do locutor; no caso, tais demons-trações justificam-se no contexto, uma vez que não era esperada a aprovação do interlocutor, pois subentendemos que ele não estudara.

Questão 5:

Gabarito: b

Comentários:

a) "– Vai sair hoje? – Não.": correto. No caso, há uma alternância de interlocutores em um par adjacente (pergunta e resposta); para mar-car essa mudança, o travessão é o sinal mais apropriado, embora as aspas também possam exercer essa função.

b) **"Todos gritaram, e ele fugiu.": incorreto. A vírgula obrigatória indica que duas orações com sujeitos diferentes estão coordenadas entre si; observe a diferença: "Ele entrou e sentou-se."; trata-se de duas estruturas coordenadas, mas, como o sujeito é o mesmo (ele), não são separadas por vírgula; entretanto, na frase desta opção, temos que o sujeito de "gritaram" é "todos" e o de "fugiu", "ele"; nesse caso, o uso da vírgula para marcar essa diferença é obrigatório.**

c) "Nossa, hoje estou "um bagaço".": correto. De fato, trata-se de um dos usos das aspas, destacar a presença de uma gíria no texto, como é o caso de "um bagaço", que significa que o locutor está extremamente cansado.

d) "Terei (por que não falar a verdade?) muitos aborrecimentos.": correto. Entre outros usos, os parênteses são apropriados quando queremos intercalar frases, orações ou períodos de valor explicativo, digressões, pensamentos e sentimentos da personagem em um texto narrativo.

Questão 6

Gabarito: a

a) **Falso**
b) Verdadeiro

Comentários:

Em "Os pais que são responsáveis pelos filhos olham por eles.", a oração adjetiva "que são responsáveis pelos filhos" não pode ser restritiva, dispensando as vírgulas, porque todos os pais são responsáveis por seus filhos. Sem a vírgula, portanto, sugere-se que existem pais que podem não possuir essa obrigação: ser responsáveis pelos filhos. A construção correta é: "Os pais, que são responsáveis pelos filhos, olham por eles.".

Questão 7:

Gabarito: a

Comentários:

a) **vírgula – vírgula – vírgula: correto. As duas primeiras vírgulas separam palavras coordenadas ("cão", "gato", "menino") não ligadas por conectivo; a terceira separa a conjunção coordenativa adversativa ("mas").**
b) reticências – reticências – reticências: incorreto. Não há nada no contexto que justifique o uso das reticências, usadas, sobretudo, para denotar um pensamento incompleto ou interrompido.
c) vírgula – ponto de interrogação – vírgula: incorreto. Também não há nada no contexto que justifique o uso do ponto de interrogação, usado, sobretudo, nas perguntas diretas, como, por exemplo, "Você me empresta o seu livro?".
d) ponto de exclamação – ponto de exclamação – vírgula: incorreto. Não há nada no contexto que justifique o uso do ponto de exclamação, usado, sobretudo, para expressar os estados emocionais das personagens em um texto narrativo.

Questão 8

Gabarito: c

Comentários:

a) "aspas – assinalar citação": correto. O próprio fragmento é uma citação, daí a presença das aspas.
b) "vírgula – destacar interlocutor": correto. "Alberto" é o interlocutor (= vocativo) presente no fragmento, daí vir isolado por vírgulas.
c) **"dois-pontos – introduzir vocativo": incorreto. O vocativo "Alberto", que é o interlocutor presente no fragmento, vem isolado**

por vírgulas, e não por dois-pontos; no texto, os dois-pontos estão sendo usados para introduzir citação.

d) "ponto de exclamação – marcar exaltação": correto. O ponto-final é um dos sinais de pontuação que podem encerrar um período; os outros são – ponto de exclamação, ponto de interrogação e reticências.

Questão 9:

Gabarito: c

Comentários:

a) "De César é a famosa frase: "Vim, vi e venci.": correto. As aspas foram utilizadas para isolar citação textual.

b) "A onda "abraçou" o pescador na noite escura.": correto. As aspas foram utilizadas para mostrar que a palavra "abraçou" está sendo usada fora de seu sentido habitual, já que, logicamente, ondas não possuem braços.

c) **"Acabei de ler esta notícia "Na Folha de São Paulo.": incorreto. Nos títulos de periódicos, não devemos utilizar a combinação da preposição com o artigo sem destacar os elementos do título original. Podemos usar o apóstrofo para indicar essa combinação ou empregarmos, ainda, outra opção: "Acabei de ler esta notícia n'A Folha de São Paulo." ou "Acabei de ler esta notícia em "A Folha de São Paulo.".**

d) "A palavra "deletar" é um neologismo na língua portuguesa.": correto. As aspas foram utilizadas para isolar palavra estranha – um neologismo – à língua culta.

Questão 10

Gabarito: a

Comentários:

a) **"Coma os biscoitos *Arenque* e diga: "Isto é um biscoito?":** Uma vez que o pronome "isto" permanece o mesmo nas quatro alternativas, só podemos atribuir a mudança de sentido à entonação que, sendo ascendente no final, marca a presença de uma interrogação direta, que, associada ao demonstrativo neutro ("isto"), torna o tom em que a frase foi dita pejorativo, ao contrário da exclamação, que expressa contentamento e ênfase, o que confere um tom valorizador à frase e, naturalmente, ao produto a que ela se refere.

b) "Coma, os biscoitos *Arenque* e diga: "Isto é um biscoito!": incorreto. A vírgula após "coma" apenas torna a frase inadequada, uma vez que não podemos separar o verbo de seus objetos por meio de vírgula ("biscoitos" é objeto direto de "coma").

c) "Coma os biscoitos *Arenque* e diga: "Isto, é um biscoito!": incorreto. A vírgula após "isto" apenas torna a frase inadequada, uma vez que não podemos separar o verbo de seu sujeito por meio de vírgula ("isto" é sujeito de "é").

d) "Coma os biscoitos *Arenque* e diga: – Isto é um biscoito!": incorreto. Substituir as aspas pelo travessão não altera em nada o sentido da frase, até porque ambos têm a mesma função, que é introduzir a fala de alguém.

O sentido das palavras

Questão 1:

Gabarito: a

a) multiplicar e refinar sentidos.
b) reduzir as possibilidades de sentido.
c) encobrir o real sentido das palavras.
d) tornar complexa a forma de expressão dos sentidos.

Comentários:

As palavras contam com inúmeros recursos e estratégias, usando e abusando de inter-relações, a fim de multiplicar e refinar sentidos.

Questão 2

Gabarito: b

a) censo e senso.
b) branco e alvo.
c) motivar e indagar.
d) insegurança e indecisão.

Comentários:

Podemos citar como exemplos de palavras sinônimas:

- branco/alvo;
- motivar/incentivar;
- medo/temor.

Questão 3

Gabarito: a

a) oposta.
b) semelhante.
c) controversa.
d) complementar.

Comentários:

Palavras antônimas são as que apresentam significação oposta, como:

- branco/negro;
- contratar/despedir;
- dia/noite.

Questão 4

Gabarito: b

a) testar, dizendo a mesma coisa de várias formas.
b) estar atentos às condições em que se processa o ato comunicativo.
c) pensar sobre como o processo cognitivo acontece em nosso cérebro.
d) consultar o dicionário sempre que quisermos dizer algo com precisão.

Comentários:

É importante que estejamos sempre atentos às condições em que se processa todo ato comunicativo, para realizarmos a correta e a melhor seleção de palavras, aproveitando tudo aquilo que elas têm a dizer.

Questão 5

Gabarito: b

a) pronúncia e grafia diferentes.
b) mesma grafia e mesma pronúncia.
c) mesma grafia, mas pronúncias diferentes.
d) mesma pronúncia, mas grafias diferentes.

Comentários:

Os homônimos perfeitos – ou homófonos homográficos – são aqueles que possuem a mesma grafia e a mesma pronúncia. Já os homógrafos heterofônicos possuem a mesma grafia, mas pronúncias diferentes; e os homófonos heterográficos possuem a mesma pronúncia, mas grafias diferentes.

Questão 6

Gabarito: a

a) livre (substantivo) e livre (verbo).
b) jogo (substantivo) e jogo (verbo).
c) colher (substantivo) e colher (verbo).
d) transtorno (substantivo) e transtorno (verbo).

Comentários:

Livre (substantivo) e livre (verbo) são o único exemplo de palavras que possuem a mesma grafia e a mesma pronúncia. Desse modo, são classificadas como homônimos perfeitos ou homófonos homográficos.

Questão 7

Gabarito: a

a) Minha esposa é o sol da minha vida.
b) Devemos passar filtro solar para proteger nossa pele da ação do sol.
c) A distância da Terra ao sol é de cerca de 150 milhões de quilômetros.
d) O sol aquece nosso planeta todos os dias e fornece a luz que nos permite enxergar.

Comentários:

O uso das palavras em sentido figurado não está presente apenas nos textos literários, mas representa um imenso potencial expressivo que pode e deve ser explorado pela linguagem que utilizamos nas diversas situações do cotidiano de nossas vidas.

Questão 8

Gabarito: b

a) citação.
b) denotação.
c) conotação.
d) reutilização.

Comentários:

As palavras podem ser usadas em sentido próprio ou denotativo, e em sentido figurado ou conotativo.

Questão 9

Gabarito: c

a) ao caráter fixo das ideias.
b) à natureza irregular da língua.
c) ao valor polissêmico das palavras.
d) ao caráter engessado dos vocábulos.

Comentários:

O valor polissêmico das palavras e sua capacidade de ressignificação contínua abrem-nos um leque praticamente infinito de possibilidades interpretativas, muito além dos sentidos próprios que originalmente estão associados às palavras.

Questão 10

Gabarito: a

a) estilo.
b) coerção.
c) obrigação.
d) falta de opção.

Comentários:

O estilo engloba as preferências individuais que fazem a diferença entre cada um de nós, pelo que somos, pelo que fazemos, pelo que sentimos ou pensamos.

Esta obra foi produzida nas
oficinas da Imos Gráfica e Editora na
cidade do Rio de Janeiro